OS QUATRO **PAPÉIS**

Os quatro papéis

Copyright © Yuri Trafane

1ª edição: Junho 2024

Direitos reservados desta edição: Citadel Editorial SA

O conteúdo desta obra é de total responsabilidade do autor
e não reflete necessariamente a opinião da editora.

Autor:
Yuri Trafane

Edição:
Fernando Alves

Preparação de texto:
Marieta Pagliuso Koehler

Revisão:
Tadeu Cristovam Oliveira
3GB Consulting

Projeto gráfico:
Guilherme Henrique Martins Salvador

Capa:
Dimitry Uziel

DADOS INTERNACIONAIS DE CATALOGAÇÃO NA PUBLICAÇÃO (CIP)

Trafane, Yuri
  Os quatro papéis : lições de liderança, gestão, estratégia e empreendedorismo na carreira gerencial / Yuri Trafane. — Porto Alegre : Citadel, 2024.
  368 p.

  ISBN: 978-65-5047-477-5

  1. Administração de empresas 2. Desenvolvimento profissional I. Título

24-2866   CDD - 658

Angélica Ilacqua - Bibliotecária - CRB-8/7057

Produção editorial e distribuição:

contato@citadel.com.br
www.citadel.com.br

OS QUATRO **PAPÉIS**

LIÇÕES DE LIDERANÇA, GESTÃO, ESTRATÉGIA
E EMPREENDEDORISMO NA CARREIRA GERENCIAL

YURI TRAFANE

CITADEL
Grupo Editorial

2024

PREFÁCIO

O tema da liderança me fascina. A minha trajetória de mais de trinta anos, passando por grandes empresas de vários lugares do mundo e diversas indústrias, me permitiu desenvolver uma visão profunda sobre liderança. Esse caminho também me possibilitou conhecer pessoas brilhantes, observadoras, perspicazes. Yuri Trafane, com quem tive o privilégio de trabalhar alguns anos atras, é uma delas, o que me deixa mais emocionado com o convite para comentar esta obra.

Baseado em sua vivência como professor, educador e consultor – e também recorrendo a estudos e pesquisas acadêmicas sobre o tema –, Trafane apresenta quatro papéis cruciais que toda pessoa em um cargo gerencial precisa exercer: líder, gestor, estrategista e empreendedor.

Com aquilo que vivenciei, aprendi, estudei e experimentei sobre liderança durante a minha carreira, de uma coisa tenho certeza: para liderar, conhecimento técnico é fundamental e necessário. Mas não suficiente. Precisa muito mais para liderar pessoas e negócios. E Yuri neste livro nos ajuda a entender como desenvolver esse "muito mais".

Bastante atrativa a abordagem de Yuri quando ele inicia contando uma história fictícia – mas baseada em incontáveis fatos reais – de uma pessoa extremamente competente no que faz, que, alçada a um cargo de liderança, "encarnaria papéis diferentes daqueles com os quais estava habituada, e para sustentá-los precisaria desenvolver competências sobre as quais sabia pouco". Por isso, este livro é essencial para quem quer entender a interseção das complexidades dos seres humanos e do mundo corporativo.

Mais do que jogar luz sobre isso, Trafane organiza conceitos e ajuda o leitor a enxergar o caminho a seguir.

Ele inicia justamente diferenciando o líder do gestor, termos que, embora utilizados como sinônimos, são conceitos correlacionados, mas diferentes. Ser líder vai além de ocupar um cargo de autoridade, mas, principalmente, a liderança só existe se houver pessoas. Um líder verdadeiro tem humildade e sabedoria para compreender que seu sucesso depende do sucesso dos seus liderados.

Já no papel de gestor, o foco é cuidar do trabalho das pessoas sem fazer o trabalho em seu lugar. É mais comum do que se imagina que pessoas tecnicamente impecáveis, quando alçadas a um cargo de liderança, resistam a se afastar do operacional, quando seu papel deveria ser conectar o indivíduo e sua função, incentivando a compreensão dos desafios e a tomada de decisões.

Muito interessante como Trafane discorre sobre o papel do estrategista, que compreende que a organização é um sistema, por isso precisa garantir a excelência desse sistema, mesmo que isso signifique reduzir a performance de um subsistema. Essa abordagem, à primeira vista, pode parecer paradoxal, e o autor aponta essa aparente contradição, mas é ela que também está no cerne de quem sabe montar uma equipe de verdade e tem a mentalidade *team first*. Brilhante o exemplo trazido pelo autor, e vivido pelo jovem Yuri no time de basquete da sua cidade!

E, por fim, o autor diferencia o papel de empreendedor, que exige visão, criatividade, resiliência e uma extrema conexão com o mundo exterior. Em uma realidade em constante mudança como a nossa, a capacidade de adaptação pode significar a vida ou a morte de uma organização. Para isso, é extremamente necessário não temer o erro. Sempre digo que "não tem problema em ter problema", porque é da superação deles que vêm os aprendizados e muitos saltos criativos. Este livro aborda justamente a importância de desafiar as verdades estabelecidas, estimulando a inovação e a busca por novas formas de fazer as coisas. E, para isso, precisa muita coragem. Simon Sinek fala que "chamamos alguém de líder não porque tem um cargo, mas porque tem coragem: coragem de ir primeiro, coragem de arriscar primeiro, coragem de confiar primeiro". A coragem de ser resiliente é a coragem do empreendedor.

Trafane nos oferece, enfim, uma abordagem completa e prática para o desenvolvimento e para o aprimoramento desses quatro papéis gerenciais cruciais para as empresas. E queria acrescentar um elemento essencial nessa equação que levo como um mantra na minha vida, que é a paixão. A paixão conecta pessoas, e isso pode mudar tudo. É a mesma paixão que com certeza conduziu o meu amigo Yuri a compartilhar todo o seu conhecimento nesta excelente obra.

Uma ótima leitura e uma ótima jornada!

Andrea Martini – CEO Bauducco

Para
Minha mãe, Maria Luiza.
Minha esposa, Josi.
E minhas filhas, Luiza e Manuela.

Como gratidão pelo privilégio de caminhar ao lado de quatro mulheres maravilhosas e que me fazem entender a cada dia, através de seus desafios e conquistas, o quanto o mundo será melhor à medida que tivermos mais mulheres na liderança, gestão, estratégia e empreendedorismo.

SUMÁRIO

1. **ENTENDENDO OS QUATRO PAPÉIS** 15
Uma história que se repete 17
Papéis do executivo 24
Visão geral do papel do líder 31
Visão geral do papel do gestor 40
Visão geral do papel do estrategista 52
Visão geral do papel do empreendedor 60
Competências e papéis 65
Mensagem central 73

O LÍDER 75
Retomando a essência do líder 79
Gerando engajamento 82
Engajamento na prática 87
O líder deixa claro o que espera de cada liderado 90
O líder disponibiliza os recursos básicos para o trabalho 94
O líder coloca cada um para fazer aquilo que
tem talento para fazer 97
O líder reconhece abundantemente 100
O líder se importa com o colaborador como pessoa 105
O líder estimula o desenvolvimento do liderado 109
O líder leva a opinião do liderado em consideração 112
O líder mostra a relevância da empresa
e da função desempenhada 115
O líder enfrenta prontamente os sinais
de descompromisso 120

O líder cria o clima adequado para
o aparecimento das amizades 124

O líder dá *feedback* constantemente 128

O líder ensina aquilo que sabe para os liderados 132

Refletindo 134

Inspiração e seu contraponto 140

Pressão positiva na prática 144

Refletindo sobre a pressão 150

Além do comprometimento 151

Competências 152

O líder, os papéis e as competências 152

Desenvolvendo competências na prática 158

Orientação verbal individual 160

Observação de profissionais mais experientes 161

Observação do liderado 163

Feedback 165

Delegação 167

Tarefa 168

Coaching interno 170

Mentoring interno 171

Counseling 172

Integração individual (também conhecida como *onboarding*) ... 174

Encaixe papel/perfil 175

Coaching externo 177

Mentoring externo 177

Terapia 178

Cursos externos de curta duração 179

Cursos externos de longa duração 180

Palestras 181

Grupo de discussão externo 183

Vivências e experiências 184

O GESTOR 187

Retomando a essência do gestor 189

Os pilares centrais da gestão 190

A responsabilidade como premissa para a meta 192

O objetivo criando referências finais
e intermediárias para o colaborador 197

As metas como quantificação dos objetivos 200

Depois da meta, o método 203

Diretrizes como regras gerais 204

Processos e projetos 207

Execução 215

Acompanhamento 228

O ESTRATEGISTA 235

Ampliando os horizontes 237

A empresa como sistema 238

Intenção sistêmica 242

Exposição seletiva 243

Percepção seletiva 246

Retenção seletiva 248

Distorção seletiva 249

Realidades parciais 250

O papel de estrategista na promoção da intenção sistêmica 253

Visão sistêmica 260

O papel do estrategista na visão sistêmica 268

O ambiente impactando o sistema organizacional 271

O ambiente organizacional 273

Concluindo 281

O EMPREENDEDOR 283

Despertando através da metáfora do esporte 286

Muito além do esporte 288

Cada vez mais rápido 292

O papel da arrogância 297

Tropeços corporativos 299

O outro lado da moeda 301

Os desafios do intraempreendedor 303

Ingredientes fundamentais 305

Motivação intraempreendedora 305

Competências 311

Capacidade de perceber oportunidades 311

Criatividade 317

Capacidade de correr riscos 325

Planejamento 339

Execução 340

Persistência 342

REFERÊNCIAS BIBLIOGRÁFICAS 347

SOBRE O AUTOR 357

SOBRE A YNNER 359

ENTENDENDO OS QUATRO PAPÉIS

UMA HISTÓRIA QUE SE REPETE

Daniela era uma ótima profissional. Começou como *trainee*. Em seguida, foi promovida a assistente de marketing. Primeiro, júnior, e depois, plena. Não demorou muito para ser promovida a sênior, ajudando a cuidar de um importante produto da companhia, com o qual fez um trabalho digno de seus passos anteriores. Respeitada pelo chefe. Rotulada com *high potential* pelo RH. Sua imagem se espalhou para além dos muros da corporação, e ela entrou no radar dos *head hunters*. Recebeu uma proposta para ser gerente de produto em outra empresa. Cuidar do maior produto por lá. Adorou a ideia de ter uma equipe. "Três pessoas sob minha responsabilidade. Que oportunidade!", pensou. "Finalmente, vou ser gerente. Ter um time, e não ficar cuidando só de uma linha de produtos." A proposta financeira era imbatível, e a organização que a vira nascer profissionalmente tentou, mas não conseguiu segurá-la. Depois de um mês cuidando do *hand over* de forma tão dedicada quanto tudo que já havia feito, estava pronta para assumir suas atribuições na nova organização.

Tudo parecia perfeito, mas, escondido sob o manto dessa trajetória exitosa, nascia um paradoxo com potencial para devorar sua carreira. Todo o sucesso que tinha feito até então estava baseado no seu conhecimento do marketing e na capacidade de gerenciar o próprio trabalho. Para crescer, daí em diante teria que escrever uma história muito diversa. Ao ingressar no que vamos chamar neste livro de *carreira gerencial*, ela encarnaria papéis diferentes daqueles com os quais estava habituada, e para sustentá-los precisaria desenvolver competências sobre as quais sabia pouco. A empresa que lhe tinha servido de berço profissional investira muito nela, mas nunca em áreas que seriam úteis numa posição de liderança. Havia concluído um MBA dois anos antes: reviu alguns conceitos importantes de marketing e pôde se aprofundar um pouco mais nas diversas funções empresariais. Adorou aprender finanças de verdade – sua faculdade tinha sido limitada nessa matéria – e entender um pouco mais de logística. Mas pouco foi dito sobre como conduzir, na prática, o trabalho de uma equipe sob sua batuta. Algumas teorias sobre Gestão de Pessoas. Não muito mais.

Além do MBA, tinha frequentado vários cursos de ponta em sua área. Todos patrocinados pela empresa: pesquisa mercadológica, comportamento do consumidor e até uma atualização em marketing digital nos Estados Unidos. Um inesquecível treinamento na área de Gestão do Tempo mudou sua percepção sobre o estabelecimento de prioridades e a ajudou a ser ainda mais produtiva e eficaz na execução de suas atividades. Mas "essa história" de liderança ainda lhe era turva. É verdade que tinha observado seus chefes e os chefes dos seus chefes em ação, o que acabou permitindo a elaboração de alguns princípios pessoais sobre o que é ser líder. Quase tudo muito intuitivo e subjetivo.

Leituras ajudaram a ampliar sua visão sobre o tema, mas também provocaram certa confusão. Autores consagrados diziam que o papel de um gestor engloba o de líder, enquanto outros, também respeitados, diziam o contrário. Num livro de Mintzberg, lera que liderança é a gestão bem feita. Em outro, de Drucker, encontrou a ideia de que a gestão é mais ampla que a liderança (informações completas sobre esses livros e todos os demais citados aqui são encontradas nas *Referências bibliográficas*, no final do livro).

Afinal, qual era a diferença entre ser líder e gestor? Para apimentar ainda mais a questão, lembrou-se do módulo de estratégia do MBA. "Para que aprendi estratégia se uso tão pouco do que vi? Será que ao me tornar gestora deveria também ser uma estrategista? Ou só precisaria pensar nisso quando atingisse determinado patamar hierárquico na organização? Só diretores pensam em estratégia? Até que ponto uma gerente de nível inicial ou médio precisa se preocupar com a estratégia? E como? Que influência tenho sobre a estratégia para me preocupar com isso?" E para coroar a confusão, se deu conta de que os executivos da empresa que deixava para trás estavam passando por um programa de desenvolvimento em empreendedorismo. Vira seu último chefe ser incentivado a assumir uma postura mais ousada, criativa e realizadora. "Agir como dono", diziam. Então era importante também ser empreendedora no degrau para o qual estava subindo? "Afinal, sou executiva ou empreendedora? Como posso empreender se trabalho para uma empresa? Sou uma funcionária da organização. Empreendedora? Como assim?", perguntou, a si mesma, Daniela. "Como essa história de empreendedora se relaciona com os outros papéis sobre os quais andara refletindo? Liderança, Gestão, Estratégia, Empreendedorismo: devo me preocupar em entendê-los ou é melhor baixar a cabeça e trabalhar?"

A confusão era grande para a Daniela, assim como é para todos que habitam o ecossistema corporativo. E, apesar de, por um instante, essas indagações parecerem apenas semânticas, elas encerram armadilhas fatais, com poder para travar o desenvolvimento da carreira de um profissional. Afinal, uma pessoa age de acordo com a leitura que faz de seu papel. Se essa leitura está confusa, ela irá se comportar de uma forma confusa e, pior ainda, terá enorme dificuldade para se desenvolver, já que para cada papel há um conjunto de competências a cultivar, e é fundamental saber quais são. O que só é possível quando se compreende a natureza de tal papel.

A história da nossa protagonista hipotética aconteceu, casualmente, na área de marketing. Mas poderia ter acontecido – e vem acontecendo – em qualquer outra: analistas financeiros são atirados à gerência da área sem preparo, todos os dias; programadores geniais alçados a coordenadores dos seus pares sem muito apoio; engenheiros transformados em líderes da engenharia por seus bons serviços prestados em suas atribuições técnicas. Os resultados? Tenho conversado nos últimos vinte anos com diretores e gerentes de RH de empresas de grande envergadura, para as quais trabalhamos na Ynner, e eles lamentam o impacto que essas movimentações de carreira causam em suas organizações: executivos frustrados tentando arrastar subordinados desmotivados e desorientados. "Chefes" que não sabem como ser "bons chefes" destruindo a carreira e infernizando o dia a dia de colaboradores que gostariam de contribuir muito mais – e, a propósito, gostariam de ser mais felizes no trabalho também. O que em última instância beneficiaria a própria empresa, como bem diz Márcio Fernandes, presidente da Elektro, no livro *Felicidade dá Lucro*.

Mas como isso pode acontecer? Como alguém chega à liderança sem dominar o assunto? As pessoas não fazem faculdades que as preparam para trabalhar em organizações antes de ingressar nelas? Não é para isso que elas estudam?

O fato é que, com raríssimas exceções – se é que realmente há exceções genuínas –, não se aprende como percorrer a carreira gerencial na faculdade. Nessas instituições, o que se estuda, basicamente, é o conjunto de funções empresariais (Marketing, Operações, Finanças, Recursos Humanos, Logística etc.) e algumas matérias conceituais que as sustentam (Matemática, Sociologia e Psicologia, por exemplo). No máximo, se discute como pensar nelas de forma integrada através da cadeira de Estratégia. Liderança é tratada dentro de uma perspectiva bastante conceitual, quando entra na pauta. Temas mais práticos sobre o cotidiano empresarial são abordados mais superficialmente. Note que os professores dos cursos de administração e áreas afins são especialistas em RH, Finanças, Marketing, Operações etc. E boa parte deles nunca viveu dentro de uma empresa tempo suficiente para absorver e transmitir experiências executivas práticas. E aqueles que viveram estão frequentemente cerceados por planos de aula focados nas tais funções corporativas: teorias e conceitos sobre as atividades das diversas áreas que formam a empresa.

Há uma grande diferença entre ser executivo e dominar os temas digeridos nos cursos ligados à administração. Enfatizo que estudar administração ou alguma área correlata é muito importante para o sucesso numa organização; mas não é suficiente. Alguns autores, como Mintzberg, insistem, inclusive, que "gestão" nem é uma área do conhecimento, mas uma prática. Já vi alguns bons professores da academia terem dificuldades para contribuir efetivamente nas salas de treinamento executivo, porque geralmente quem leciona em universidades se prepara e gosta de falar das funções empresariais. Poucos são aqueles que se dispõem a falar de temas supra funcionais, relevantes para o cotidiano empresarial de forma realista, e estão preparados para isso. Esses poucos conseguem entender que existe uma diferença significativa entre dominar um conceito e praticá-lo à luz das dificuldades concretas de uma organização.

A situação fica ainda mais dramática quando falamos de executivos egressos de faculdades como Engenharia, Veterinária, Agronomia, Computação e Direito, por exemplo. Eles começam as carreiras em funções técnicas e progridem para o universo gerencial, mas não são preparados adequadamente para tal. Os mais dedicados fazem MBAs, em que o foco também está nas funções organizacionais, que, certamente, são úteis, mas, como dito e repetido, definitivamente insuficientes. Se derem sorte receberão insights superficiais e geralmente conceituais sobre liderança, gestão, estratégia e empreendedorismo.

Certa vez, fui convidado pelo CFMV (Conselho Federal de Medicina Veterinária) a viajar pelo país participando de conferências para conscientizar os diretores das faculdades de veterinária sobre a importância de ensinar gestão e empreendedorismo em seus cursos. Afinal – aprendi com eles –, a maioria dos veterinários, após a formatura, assume automaticamente o papel de um empresário, quando abre sua clínica ou então começa a trabalhar em uma corporação com uma função técnica, para, em pouco tempo, já nos primeiros degraus da carreira, ser alçado a um cargo de natureza gerencial. É intrigante constatar que esses profissionais exercem ambas as atividades (em suas clínicas ou em empresas) lastreados basicamente por seus instintos. Afinal, além de não terem sido treinados nas competências executivas, essas pessoas conhecem muito superficialmente as funções empresariais. Não é exatamente igual, mas é quase como se eu, com minha formação na área organizacional, quisesse fazer uma cirurgia em seu animal de estimação usando meu bom senso. Você deixaria?

O incrível é que, passados alguns anos dessa empreitada no CFMV, converso com alunos de cursos de Veterinária e constato que, com algumas exceções honrosas, tais temas ainda são tratados com grande superficialidade. Gestão? Empreendedorismo? Competências empresariais? Muito, muito superficialmente. Quando são abordadas.

Não é à toa que Ram Charan emplacou, há um bom tempo, um sucesso editorial no rastro dessa situação, mostrando, no interessante livro *Pipeline de Liderança,* a importância de mudar valores, habilidades e a forma de administrar o tempo à medida que se evolui através dos diversos níveis da carreira gerencial. Ele mostrou que é muito diferente gerenciar a si mesmo (e suas atribuições profissionais diretas) de gerenciar outras pessoas, o que por sua vez é distinto de gerenciar gestores. E tudo continua mudando à medida que se evolui para os próximos níveis da carreira executiva: gerenciar funções, gerenciar negócios, gerenciar grupos e gerenciar corporações. Segundo o autor, para cada um desses níveis há uma série de mudanças que a pessoa deve empreender, e quando isso não acontece todos saem perdendo: profissionais, que não progridem, e empresas, que colhem resultados abaixo do que poderiam.

Meu objetivo central com este livro é mostrar que, além de ampliar a leitura vertical dos papéis de um executivo, como faz Charan, é necessário, ainda, ampliar a visão horizontal, que, como o próprio termo indica, alarga os horizontes e organiza os diversos papéis de um executivo de forma prática, servindo-lhe de lastro para o desenvolvimento profissional rumo à excelência no cumprimento de suas missões – em qualquer estágio do *pipeline*.

> Meu objetivo central com este livro é mostrar que, além de ampliar a leitura vertical dos papéis de um executivo, como faz Charan, é necessário, ainda, ampliar a visão horizontal, que, como o próprio termo indica, alarga os horizontes e organiza os diversos papéis de um executivo de forma prática.

É fundamental, mas não basta entender a diferença entre os diversos degraus da carreira executiva. É essencial perceber também que em cada degrau há um conjunto de papéis diferentes, mas complementares, que devem ser representados harmonicamente para que o êxito individual e corporativo possa acontecer de forma consistente e perene.

PAPÉIS DO EXECUTIVO

Há mais de trinta anos, me pergunto: quais são os ingredientes fundamentais que levam uma pessoa a ser bem-sucedida profissionalmente? No começo, essa questão emergia motivada por causas próprias. Como um jovem ambicioso dando os primeiros passos no mundo corporativo (na Johnson & Johnson, Unilever, Parmalat, Bauducco e Grupo Abril), eu queria entender onde aplicar minha energia e vontade de aprender. Em função do meu perfil, sempre afeito à compreensão conceitual das coisas (entendi isso melhor depois de conhecer o *assessment* CliftonStrengths), vasculhava publicações de todos os tipos em busca de respostas. Encontrei várias. Muitas mesmo. Tantas, que o efeito – colateral – foi uma visão cada vez mais fragmentada da atuação executiva. Descobri dezenas de autores dizendo coisas diferentes sobre como contribuir com as organizações e outros tantos aconselhando sobre como capitalizar tais contribuições para a construção de uma carreira exitosa. Não faltavam informações, mas faltava, sim, um fio que perpassasse essa enorme massa de *insights,* organizando-os de forma a me oferecer uma visão ampla e integrada da eficácia na carreira gerencial.

Quando resolvi redirecionar minha vida profissional, cocriando a Ynner, uma empresa de treinamento e desenvolvimento, senti que uma chance ímpar emergia. Além de trabalhar com o que eu mais amava (conhecimento, que depois se ampliou e se transformou na paixão pela ideia de desenvolvimento de competências), teria a chance de discutir esse tema com muitos profissionais da área de gestão de talentos das empresas e com líderes empresariais de grande envergadura, que enxergam as organizações a partir do topo. Com isso, imaginei, teria naturalmente essa visão estrutural sobre as competências demandadas dos executivos em busca de resultados para suas corporações e para si.

O que encontrei foi, simultaneamente, estimulante e frustrante. Estimulante, porque trabalhar com o que mais se gosta traz um prazer indescritível. Além disso, pude realmente observar a questão de um ponto de vista privilegiado. Discutir o tema com muitos presidentes, diretores e gerentes de RH – e de outras áreas –, construindo uma visão cada vez mais ampla das competências requeridas para aquele que quer contribuir com sua empresa e cultivar sua carreira, tem sido estimulante.

A parte da frustração veio da minha dificuldade inicial em perceber ordem na enorme massa de demandas rumo a um modelo simples e realmente útil. Isso porque cada empresa abordava a questão de uma forma diferente.

Quando comecei a escutar os presidentes, diretores e gerentes para ajudá-los a estruturar programas de capacitação gerencial, cada pedido parecia carregar particularidades profundas. Cada demanda se revestia de uma especificidade que me fazia acreditar ser única. Isso era reforçado por um discurso bastante comum no mundo empresarial, "aqui as coisas são diferentes de todos os outros lugares", o que é uma verdade bastante relativa quando consideramos alguns conceitos nevrálgicos para a sobrevivência e prosperidade organizacional. Certamente, a abordagem didática e os exemplos num treinamento devem ser diferentes para cada empresa, de forma a se adaptar às suas particularidades cotidianas, mas isso não significa que a essência conceitual, os princípios e práticas da atuação dos gestores sejam significativamente diversos.

Com o passar do tempo e o consequente aumento do número de projetos de treinamento e desenvolvimento, a massa de dados foi ganhando forma, e comecei a perceber um padrão. Aos poucos, foi emergindo certa ordem em meio ao aparente caos das solicitações.

Apesar de cada organização usar uma linguagem diferente, praticamente todas as demandas de treinamentos para a carreira gerencial que recebi orbitavam ao redor de um mesmo conjunto de questões. Depois de tirar a espuma do topo, ficava claro que estávamos falando quase sempre de quatro grandes temas. As solicitações centrais que norteavam as demandas de nossos clientes eram: (1) precisamos fazer com que nossos líderes consigam lidar com as pessoas de seus times para que possam ajudar cada um a externar todo o seu potencial; (2) nossos gerentes precisam transformar o potencial das pessoas em produtividade, de forma que suas equipes entreguem os resultados de forma eficaz; (3) os profissionais da nossa empresa, principalmente os gerentes de cada área funcional, precisam trabalhar juntos; temos colaboradores competentes, mas que não agem em um sistema coeso; (4) nossa liderança precisa estimular e catalisar as mudanças necessárias para que a empresa continue evoluindo; precisa inovar e se reinventar o tempo todo, porque o mundo não para de mudar, e, se continuarmos fazendo as coisas da mesma forma como sempre fizemos, vamos ficar para trás.

As formas de apresentar essas quatro questões eram diferentes, mas a essência era frequentemente a mesma. Cada empresa dizia à sua maneira, mas estavam quase sempre fazendo referência a uma das quatro demandas ou a algumas delas, quando não a todas as quatro.

A partir do momento em que isso ficou claro, passamos, então, a discutir com nossos clientes essa abordagem quadripartite para capacitar os profissionais que entravam na trilha gerencial de carreira. E, quanto mais discutíamos, mais fazia sentido. As discussões começaram a se transformar em treinamentos e programas de treinamento baseados nesses quatro pilares, e, durante os encontros, os participantes conseguiam ver seus desafios refletidos nessas quatro áreas. Vi seus olhos brilharem enquanto faziam uma "cara" de "ahhh; agora faz sentido".

A cada encontro a abordagem se legitimava mais e mais. Emergia gradativamente um modelo ao mesmo tempo simples (permitindo fácil assimilação) e abrangente (de forma a organizar o enorme arco-íris de abordagens diferentes ligadas aos papéis e às competências da carreira gerencial).

Mais curioso foi constatar que, depois de afastar toda a névoa conceitual, existe uma coerência interessante na nomenclatura usada dentro das organizações para se referir a essas quatro dimensões.

Obviamente, existem exceções, mas a primeira questão (precisamos fazer com que nossos diretores, gerentes, supervisores e coordenadores consigam lidar com as pessoas) está principalmente ligada à prática do que se convencionou chamar *Liderança*. Liderança é um conceito que não sobrevive sem a palavra *pessoas* (ou algum sinônimo). A segunda demanda (nossos gerentes precisam cuidar da produtividade do trabalho) mantém estreita relação com o que se denomina *Gestão*. Afinal, lidero pessoas, mas gerencio o trabalho que essas pessoas fazem. A Liderança tem uma ligação essencial com "gente", enquanto a Gestão está mais conectada com "produtividade". A terceira preocupação (as pessoas da nossa empresa precisam trabalhar juntas) está ligada à *Estratégia*, que busca seu cerne na visão sistêmica. Não bastam pessoas certas fazendo o trabalho certo: elas precisam agir como um time. E a essência da estratégia está ligada à capacidade de fazer um conjunto de pessoas trabalhar coerentemente na mesma direção: a direção estratégica da empresa. Por fim, quando manifestam sua quarta preocupação (nossos líderes precisam estimular e catalisar as mudanças e a inovação), estão mergulhando no cerne do conceito de *Empreendedorismo*, ou, por se tratar do ambiente corporativo, do *Intrapreendedorismo* (Empreendedorismo Intracorporativo), que impulsiona a organização para que ela inove e mude seus processos internos e sua relação com o ambiente que a cerca.

Notamos, ainda, que tal abordagem não apenas organiza a visão do seu usuário com relação aos papéis da carreira gerencial, mas principalmente dá conta de que aqueles que vivem o cotidiano empresarial consideram esses quatro papéis a essência de suas responsabilidades profissionais. Afinal, um executivo que (1) consegue extrair o melhor resultado das pessoas, (2) garante que elas estejam realizando o trabalho certo de forma produtiva, (3) articula as diversas pessoas e trabalhos em um sistema coeso, rumo aos objetivos organizacionais, e (4) renova a empresa e seus *outputs* continuamente, em consonância com as oportunidades internas e demandas ambientais, parece merecer reverência dos *stakeholders* por sua capacidade de entregar os resultados desejados.

> Um executivo que (1) consegue extrair o melhor resultado das pessoas, (2) garante que elas estejam realizando o trabalho certo de forma produtiva, (3) articula as diversas pessoas e trabalhos em um sistema coeso, rumo aos objetivos organizacionais, e (4) renova a empresa e seus *outputs* continuamente, em consonância com as oportunidades internas e demandas ambientais, parece merecer reverência dos *stakeholders* por sua capacidade de entregar os resultados desejados.

Com o passar do tempo, o acúmulo de discussões à luz de desafios reais dos participantes dos nossos treinamentos nos permitiu lapidar ainda mais o modelo com o intuito de equilibrar amplitude e profundidade para a compreensão dos quatro papéis: Líder, gestor, Estrategista e Empreendedor. As competências que levam à prática de cada papel também foram ficando cada vez mais nítidas e permitindo a construção de um sistema organizado que facilita sua compreensão e aprendizado e que será apresentado neste livro.

Neste momento, fica claro aquilo que foi dito sobre o trabalho de Ram Charan. Enquanto ele se preocupou em nos ajudar a entender a perspectiva vertical na carreira executiva, nossa proposta é que compreendamos que há uma dimensão horizontal que também deve ser considerada.

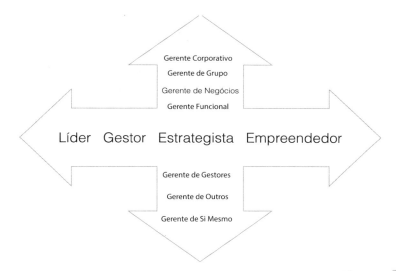

Figura 1
Quatro papéis e pipeline

E para coroar toda essa convicção relativa à relevância das quatro dimensões, a parceria que estabelecemos com a Gallup veio nos mostrar que existe um lastro estatístico para esse nosso raciocínio. Fomos escolhidos por essa poderosa instituição para representá-la na formação de *Coaches* de Pontos Fortes no Brasil. E no mergulho profundo na metodologia de desenvolvimento baseado em talentos e pontos fortes, descobrimos que os 34 Temas de Talentos que emergiram em mais de cinquenta anos de estudos da Gallup foram organizados em quatro grandes *clusters*, chamados de *Domínios de Talentos*, que guardam surpreendente paralelismo com os quatro papéis que abordamos neste livro. São eles:

- *Relacionamento*, dimensão que, segundo a Gallup, está ligada à capacidade de construir laços humanos fortes, o que se conecta naturalmente com o papel do Líder e sua abordagem pessoal.
- *Execução*, que, segundo a Gallup, está lastreada em predisposições que levam ao saber como fazer as coisas acontecerem. A proximidade conceitual com a questão do trabalho e da produtividade é indisfarçável, remetendo naturalmente ao papel de gestor.
- *Pensamento Estratégico*, que, segundo a Gallup, está relacionado à capacidade de entendimento conceitual amplo de uma situação e suas possibilidades integradas, o que não só se liga ao papel de Estrategista, como também carrega a mesma palavra em sua nomenclatura (*Estratégico*).
- *Influência*, que está lastreada em competências que permitem assumir o controle, enfrentar riscos e energizar sistemas de forma perseverante, influenciando pessoas e arrastando as grandes realizações, capacidades que se alinham coerentemente com o papel do Empreendedor Intracorporativo.

Enfatizo que, ainda, não existem estudos que conectam os dois modelos, mas o paralelismo é inexorável, e nossos trinta anos de observações empíricas nos conferem ainda mais confiança com relação à beleza da equação que ora se desenha.

Para fechar este capítulo com o gancho necessário para suportar a continuidade do trabalho, vamos ver a essência de cada um desses papéis, para que depois, ao longo do livro, possamos detalhá-los, apontando, em cada novo capítulo, de forma objetiva, as técnicas que permitem colocá-los em prática.

VISÃO GERAL DO PAPEL DO LÍDER

Vamos começar discutindo o que é ser líder, na prática. Não queremos teorizar e abstrair, mas ajudá-lo a entender o que significa liderar concretamente. Quando alguém diz que você precisa ser um bom líder, o que essa pessoa quer dizer de verdade? Sem compreender a essência do termo, será impossível trilhar o caminho do (auto) desenvolvimento contínuo.

Quando você toma contato com as diversas definições disponíveis no mercado, parece haver pouco consenso, mas, se formos ao âmago da maioria delas, perceberemos uma grande convergência nos aspectos centrais, que acabam ofuscados pelos arabescos e alegorias usados pelos autores para enriquecer suas explicações. Vamos trabalhar para simplificar a questão, pois a clareza nasce do que é simples (mas não do que é simplista nem simplório).

Quando eu estava começando os estudos na faculdade, assisti a diversos professores explicarem um tema a partir da definição extraída do dicionário. Eles começavam lendo a palavra e sua descrição para depois, então, alargar seu conceito e flexibilizá-lo de acordo com a perspectiva que queriam imprimir. Sempre me pareceu um bom ponto de partida, pois a definição de um termo carrega seus elementos essenciais, que costumam ser o "fio da meada" para uma discussão consistente. Como primeiro passo, achei que pudesse fazer uma releitura desse método para a era da internet e, em vez de recorrer ao dicionário, digitar no Google a palavra *liderança*, recolhendo entre os links as definições que aparecessem mais bem colocadas. O famoso mecanismo de "ranqueamento" do site de busca indica a relevância no universo virtual. Sabemos que isso não necessariamente garante precisão ou confiabilidade, mas é um bom ponto de partida para entender o uso prático e cotidiano do termo.

As primeiras explicações encontradas estão transcritas a seguir, e eu gostaria de desafiá-lo a identificar duas palavras que se repetem em todas elas. Não necessariamente de forma idêntica, mas, em algumas das definições, como sinônimos. Você verá que, apesar de existirem diferenças significativas na forma de escrever, todos fazem referências a dois aspectos fundamentais. E que, em nosso entender, são a alma da liderança.

> "Liderança é a arte de obter resultados desejados, acordados e esperados através de empregados engajados."
>
> Carlos Faria

> "Liderança é o processo de conduzir um grupo de pessoas, transformando-o numa equipe que gera resultados."
>
> Wikipedia

> "Liderança é a habilidade de influenciar pessoas para trabalharem entusiasticamente, visando atingir os objetivos identificados como sendo para o bem comum."
>
> James Hunter

> "Liderança é a capacidade de alinhar o grupo em torno de uma visão, mostrando o caminho a ser percorrido e garantindo o comprometimento de todos para chegar lá."
>
> Luiz Piovesana

> "Liderança é a criação das condições necessárias para que as pessoas contribuam, voluntariamente e da melhor forma possível, para os interesses da organização, nomeadamente para que esta atinja os seus objetivos."
>
> Paulo Nunes

Percebeu quais são as palavras? Note que, apesar de estarem escritas de formas diferentes, todas as definições fazem referências às *pessoas* (respectivamente, na ordem das definições apresentadas: empregados, grupo de pessoas, pessoas, grupo e pessoas) e *resultados* (respectivamente, na ordem das definições apresentadas: resultados, resultados, objetivo, chegar lá, objetivos).

Para não melindrarmos os mais rigorosos conceitualmente, baseando-nos apenas na internet, vejamos definições de alguns autores e publicações reconhecidos. Notem a persistência dessas duas ideias (insisto, às vezes como sinônimos ou implicitamente). O objetivo não é teorizar, mas mostrar que práticos e teóricos convergem na essência da compreensão da liderança.

- John Kotter, da Harvard Business School, diz que "Os líderes estabelecem direções através do desenvolvimento de uma visão do futuro (aonde querem chegar, ou seja, o resultado que querem atingir) e engajam as pessoas (termo exato que estamos apontando), comunicando-lhes essa visão e inspirando-as a superar obstáculos".
- Stephen Robbins, em livro de referência sobre comportamento organizacional, diz que "Liderança é a capacidade de influenciar um grupo (de pessoas, obviamente) para alcançar metas (que são os resultados desejados)".
- Ao escreverem o clássico livro que divulgou o reverenciado conceito de Liderança Situacional, Paul Hersey e Kenneth Blanchard disseram, há décadas, que "liderar é alcançar objetivos organizacionais (resultados objetivados pela organização), com e por meio de pessoas (termo que estamos enfatizando) e grupos (de pessoas, obviamente)".
- Em uma abordagem que liga a questão da liderança ao universo digital, Charlene Li, que foi vice-presidente da

Forrester Research, define a expressão *Liderança Aberta* (também o título do livro) como "ser confiante e humilde o suficiente para abrir mão da necessidade de estar no controle, ao mesmo tempo em que inspira em cada pessoa (termo que usamos) o compromisso de alcançar objetivos comuns (resultados desejados pelo grupo)".

Mesmo em abordagens mais formais, os termos que fazem referências às pessoas e aos resultados se apresentam. Isso não é por acaso. Apesar de todo o carnaval construído ao redor do tema, a essência gravita em torno dessas palavras. O resto é, principalmente, ornamento.

Vamos pensar, então, nos dois termos. Primeiro, recorra à sua sensibilidade e você verá que é realmente impossível falar em liderança sem considerar as pessoas. É absolutamente antinatural dizer que alguém lidera uma máquina ou um recurso físico, mas faz sentido óbvio falar em liderar pessoas. A conclusão é que não dá para definir liderança sem incluir a relação que o líder tem com as pessoas que ele lidera. Essa condição é absolutamente necessária, apesar de insuficiente.

A questão dos resultados ganha centralidade quando nos damos conta de que, principalmente em uma organização, as pessoas são agregadas ao redor de um líder porque querem chegar a algum lugar. Um líder não tem um papel proeminente dentro do grupo que habita por acaso. Ele é investido de poder (por carisma, posição formal ou mesmo força)* para conduzir o grupo para algum lugar. A liderança só faz sentido quando se quer alguma coisa (ainda que seja continuar no mesmo lugar). E o líder tem o papel de catalisar a energia das pessoas rumo a esse algo que se quer.

Em nome da beleza do que é simples, proponho então que limpemos toda essa parafernália conceitual para chegar ao âmago da liderança: **Líder é aquele que busca atingir resultados através das pessoas.** Por consequência: **Liderança é a busca por resultados através das pessoas.** Note que digo "busca atingir" resultados, e não "atinge" resultados. O motivo vai ficar claro em breve, quando entendermos que a pulsão inicial do resultado são as pessoas, mas que é necessário um conjunto de outras condições (que se materializam por meio dos demais papéis) para que o resultado efetivamente aconteça.

> **Líder é aquele que busca atingir resultados através das pessoas.** Por consequência: **Liderança é a busca por resultados através das pessoas.**

E como se faz isso? Como busco resultados a partir daqueles que trabalham comigo? Do meu time? Dedicaremos um capítulo para detalhar essa questão, mas, para situar inicialmente a liderança com relação aos outros papéis (gestor, Estrategista e Empreendedor), precisamos ter uma visão básica do *modus operandi* do líder.

Se alguém quer gerar resultados através das pessoas, esse alguém precisa fazer uma pergunta óbvia: quais são as condições básicas para que uma pessoa gere resultados? Quem responder a essa questão estará de acordo com nossa definição, diante dos elementos fundamentais da equação da liderança. Quem entender como uma pessoa gera resultados terá tudo para ser um bom líder.

Considerando os aspectos *endógenos* (explicaremos em seguida a importância desse termo), podemos dizer que uma pessoa precisa, para fazer qualquer coisa, fundamentalmente, de dois ingredientes: querer e poder. Repetindo: para fazer qualquer coisa, uma pessoa precisa, inicialmente, querer e poder. Quando eu quero e posso, dou o primeiro grande passo para fazer. Pelo menos o passo que está sob meu controle (portanto, endógeno).

No mundo empresarial, temos muitos nomes para designar o "querer": *engajamento, comprometimento* ou, o mais comum (e banalizado) deles, *motivação*. Se formos rigorosos conceitualmente, veremos que se trata de conceitos diferentes. Em sua essência prática, todavia, podemos nos permitir essa licença (até porque não existe consenso entre os teóricos da área) e usar os três como entidades ligadas ao "querer fazer". É bastante intuitivo que, se uma pessoa não tem vontade de fazer algo, nada acontece. Todo movimento nasce de um impulso interno rumo à ação. Ele é o ponto de partida.

Já o "poder" está ligado à capacidade para fazer algo. O que é bem diferente da vontade de fazer (apesar de tão fundamental quanto). Tem a ver com as qualidades do indivíduo que possibilitam que a vontade se transforme em realidade. As tão famosas *competências*, no jargão corporativo. Nas empresas, dizemos que alguém é competente quando acreditamos que esse alguém "pode" fazer algo. Tem as condições individuais necessárias para tal. Diferentemente de alguns autores, que alegam que uma competência só pode ser chamada assim quando colocada em ação, acredito e enfatizo a natureza potencial das competências. Entendo que alguém é competente quando reúne os ingredientes para fazer. Entretanto, esses ingredientes só são colocados em prática quando impulsionados pela energia necessária (o querer). E fica óbvio que o senso comum aponta nessa direção quando escutamos os comentários eventuais nos corredores organizacionais: "Aquele cara é muito bom, mas não tem comprometimento. Se ele se dedicasse, poderia até ser presidente da empresa. Competência para isso ele tem".

Sintetizando: se alguém tem o desejo de fazer e as competências para executar, estão postos os ingredientes endógenos para a realização. Se alguém quer e pode, fará o que deve ser feito, e, a menos que haja fatores exógenos impedindo, o resultado tende a vir.

Neste momento, vale a pena esclarecer por que o termo *endógeno* é importante na compreensão da liderança. O termo está colocado aí para deixar claro que entendemos que mesmo pessoas capazes e motivadas podem não gerar resultados. Se um conjunto de condições complementares (que chamamos de *exógenas*) não estiver presente, o resultado pode não vir à tona. As competências e o comprometimento são os fatores sob controle de uma pessoa ou, se você preferir, ligados diretamente a ela. É aquilo que um líder pode impactar a partir do seu relacionamento com seus liderados. Por outro lado, existem fatores exógenos, não ligados às pessoas, que, uma vez ausentes, podem atrapalhar o atingimento dos resultados. No momento certo, falaremos deles. Por enquanto, vamos nos concentrar nos fatores endógenos e admitir como ponto de partida que, para uma pessoa gerar resultado, ela precisa **querer e poder**.

Partindo dessa premissa, fica claro, então, que a grande responsabilidade de um líder, para que possa criar condições de gerar resultados através das pessoas, é garantir que as pessoas queiram e que as pessoas possam. Óbvio, não? Se uma pessoa precisa querer e poder para gerar resultados, e o líder cria condições para se gerar resultados através das pessoas, ele deve investir seu tempo, energia e capacidades para aumentar a probabilidade de que as pessoas queiram e possam. Essa é a natureza do trabalho do líder. Em uma linguagem corporativa, ele deve garantir que as pessoas sob sua liderança estejam engajadas e sejam competentes para empreender as atividades que devem levar a cabo. É disso, e principalmente disso, que alguém deve cuidar para ser chamado de *líder*.

Quando Jim Collins, no livro *Good to great*, diz que a tarefa do líder é contratar gente boa e deixar trabalhar, entendemos que é disto que ele está falando: gente boa é gente motivada e competente. Em nossa interpretação da abordagem de Collins, o raciocínio é simples: se alguém está engajado e é competente, só precisamos deixá-lo trabalhar. Ele fará o que deve ser feito. O ideal, então, é encontrar as pessoas com as competências certas e com o nível certo de comprometimento. Essa seria a única responsabilidade do líder em um mundo ideal. Quase todo o resto ficaria por conta dos liderados.

O contraponto aqui é constatar que nem sempre é possível montar um time em que todos são motivados e competentes. Seria ótimo se tudo fosse assim, mas na prática não é. Todas as equipes têm pessoas com comprometimento e qualificações abaixo das ideais. A próxima pergunta, que imagino sair da boca de Collins, é: então por que você as contratou? É uma questão justa. Se a pessoa não era a ideal, então por que você a trouxe para dentro da empresa?

As respostas estão ligadas à concretude do mundo empresarial, e não ao seu funcionamento teórico. Primeiro, porque, toda vez que o mercado de trabalho for demandante (mais gente empregando do que candidatos), é possível que tenhamos que abrir mão da perfeição. Quem nunca precisou contratar alguém que não era ideal, mesmo depois de procurar exaustivamente? Não é o ideal! Isso deve ser evitado tanto quanto se possa, mas as vezes é inevitável.

Depois, e esta é uma afirmação afiada, "porque nem todo imperfeito é necessariamente ruim". O imperfeito pode estar a caminho da perfeição – ainda que nunca chegue lá. A pessoa pode, por exemplo, ser promissora e simplesmente estar em desenvolvimento. Imagine um *trainee* extremamente animado com seu trabalho, mas com algumas competências comportamentais ainda em evolução, ou totalmente inexperiente e com algumas lacunas de informação ainda não absorvidas, ou então um profissional extremamente capaz que, nas mãos de um gerente agressivo e insensível, está sem energia para realizar – ou seja, desmotivado.

Essas pessoas podem, sim, valer a pena. Podem e devem ser acompanhadas rumo à excelência. Se considerarmos uma matriz com duas dimensões, competência e motivação, uma pessoa excelente é aquela que está no vértice superior direito.

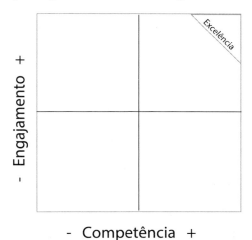

Figura 2
Competência = Excelência × Motivação

Como nem todos estão nessa situação, o trabalho do líder é conduzir as pessoas que trabalham em seu time rumo ao vértice da excelência e garantir que os que chegaram lá, lá permaneçam pelo maior tempo possível. Essa é a essência da liderança. Ser um bom líder não significa ter todos do seu time em "ponto de bala", mas continuar trabalhando para encontrar o maior número de pessoas nessa situação e conduzir para o vértice ideal aqueles que não estão.

Quando o liderado chega ao topo, o trabalho do líder não está encerrado. Em um mundo mutável e com demandas crescentes, o líder deve trabalhar junto ao liderado para que ele se mantenha competente, desenvolvendo-se para continuar, no mínimo, tão bom quanto já é. Sem contar que a instabilidade natural do ser humano pode fazer com que alguém engajado hoje esteja desengajado amanhã, exigindo um trabalho constante de manutenção do líder com relação a esse aspecto também.

Eis que surge, no entanto, uma questão de ordem prática: enquanto a pessoa não está pronta para conseguir uma performance excelente sozinha, ela não corre o risco de comprometer (às vezes, seriamente) os resultados de suas atividades? Enquanto o líder está trabalhando para conseguir dela engajamento e competências superiores, ela vai continuar conduzindo suas atividades. Seu trabalho será imperfeito, levando à imperfeição da atuação do grupo em que está inserida ou mesmo da empresa para a qual trabalha, o que pode ser fatal, principalmente em ambientes altamente competitivos. A resposta para a questão do começo do parágrafo é "sim". Enquanto a pessoa não estiver pronta para conseguir uma performance excelente sozinha, ela corre, sim, o risco de comprometer (às vezes, seriamente) os resultados de suas atividades. E é, em grande parte, mas não apenas, em função dessa resposta que surge a necessidade de que o executivo desempenhe, com diligência, seu segundo papel: o de gestor.

VISÃO GERAL DO PAPEL DO GESTOR

Que palavras vêm à sua cabeça quando você pensa no conceito de "gestor"? Se suas percepções forem parecidas com as dos participantes dos nossos treinamentos, algumas palavras são: objetivos, processos, análise, planejamento, execução, recursos e controle. E essas ideias apontam o caminho para a compreensão do papel de "gestor". Ao fazer esse exercício com a palavra *liderança*, você verá que lhe vêm à cabeça palavras mais conectadas a questões predominantemente humanas, enquanto na gestão os aspectos ligados com o trabalho em si se destacam. Têm mais a ver com coisas do que com pessoas. Vamos caminhar adiante para entender melhor essa afirmação.

Como vimos no tópico anterior, sobre os desafios do líder, existem pessoas que ainda não estão preparadas para cuidar de forma totalmente autônoma do seu trabalho – em função da existência de lacunas de comprometimento e/ou competência. Nesses casos, o líder deve se aproximar das atividades em si. Deve trabalhar com o colaborador nos processos sob sua responsabilidade. E ele pode manter níveis diferentes de distância. Quando age junto àqueles profissionais com maior domínio sobre o seu trabalho, o gestor orienta de forma mais ampla, criando, principalmente, o norte para a realização das atividades e estabelecendo diretrizes gerais de atuação. Quando a intervenção é junto aos menos maduros, pode chegar até à discussão mais detalhada da ação cotidiana. Essa é a natureza da gestão. Enquanto o líder cuida das pessoas, o gestor cuida dos trabalhos que as pessoas fazem – junto com elas.

> Você lidera pessoas e gerencia seus trabalhos. É bom que se diga desde já que isso não significa fazer as coisas no lugar das pessoas, nem – necessariamente – determinar como elas devem fazer; mas interagir de forma produtiva para que elas façam o trabalho maximizando seu potencial e suas competências.

Você lidera pessoas e gerencia seus trabalhos. É bom que se diga desde já que isso não significa fazer as coisas no lugar das pessoas, nem – necessariamente – determinar como elas devem fazer; mas interagir de forma produtiva para que elas façam o trabalho maximizando seu potencial e suas competências. É criar uma triangulação mais forte entre você, a pessoa e o seu trabalho, em que o eixo mais denso está na relação entre a pessoa e suas tarefas, com você funcionando como um elemento de coesão entre eles.

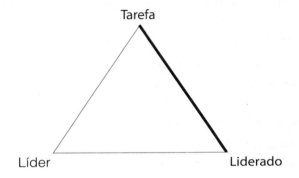

Figura 3
Triângulo da gestão

O gestor dedica esforços para ser o melhor catalisador possível, facilitando a conexão entre a pessoa e seu trabalho, através do estímulo à compreensão dos desafios, à criação de alternativas, à decisão sobre o melhor caminho e à construção de planos de ação eficazes. Mesmo que a gestão tenha foco no trabalho, o relacionamento do gestor acontece com as pessoas, e não com a atividade em si. É por meio delas que se dá a relação do gestor com o trabalho. A diferença é que, nesse caso, a principal preocupação não é a pessoa, mas suas atividades e consequentes contribuições.

Obviamente, como dito acima, isso deve acontecer em consonância com o grau de maturidade do liderado. A intensidade da intervenção nas atividades de uma pessoa deve ser pensada e encaminhada em função desse nível. Um profissional que esteja comprometido e seja competente pode receber do gestor apenas o direcionamento para entender quais são suas responsabilidades e objetivos em um primeiro momento, e depois realizar algumas discussões periódicas de priorização e troca de ideias. Com base nesses *insights,* o profissional maduro estará preparado para usar seu próprio arsenal de competências, definindo como fazer o que deve ser feito.

Já uma pessoa com um menor grau de desenvoltura na atividade precisa ser acompanhada mais de perto, embora esse acompanhamento deva acontecer dentro de certos limites, sempre permitindo que cada um realize seu máximo potencial, sem o qual a empresa estaria desperdiçando o capital intelectual pago por ela e que, muitas vezes, ela se abstém de utilizar.

Quantas empresas oferecem um salário para contar com um ser humano em suas múltiplas e ricas dimensões, mas, em função de gestores centralizadores, acabam lançando mão apenas dos braços e pernas, e desprezando o cérebro, que, aliás, é a parte mais nobre e valiosa que um ser humano pode – e quer – oferecer. Cérebro esse que, se estimulado, pode, além de

> É inocência acreditar que uma pessoa fará tudo certo só porque o ser humano tem potencial para fazê-lo. Potencial não é garantia de realização.

tudo, gerar impactos positivos sobre o grau de comprometimento do liderado, o que mostra a natural sinergia entre os papéis de líder e do gestor, assim como de suas práticas. O que estou dizendo é que dar autonomia para uma pessoa do seu time gera simultaneamente uma maior eficácia na condução dos processos (o que está ligado ao papel de gestor) e ao mesmo tempo motiva a pessoa (o que está ligado ao papel de líder).

A relevância do papel do gestor nasce do fato de que nem todas as pessoas estão prontas para enfrentar todos os desafios que lhe são apresentados. Seria pernicioso abandonar à própria sorte alguém ainda não totalmente lapidado para uma tarefa. É inocência acreditar que uma pessoa fará tudo certo só porque o ser humano tem potencial para fazê-lo. Potencial não é garantia de realização.

Esse equilíbrio entre proximidade e distância do "trabalho em si", a partir da leitura do grau de maturidade do profissional, é um dos maiores desafios que um executivo enfrenta ao exercer seu papel de gestor. É muito comum os executivos oscilarem entre posturas extremas, apresentando dificuldade de encontrar uma abordagem equilibrada e condizente com as necessidades das pessoas de sua equipe.

Quando é promovida a um posto gerencial, a pessoa tende a acreditar que, se continuar agindo como agia antes da promoção, estará no caminho. Afinal, como o ser humano é um repetidor de comportamentos bem-sucedidos, o novo gestor pensa, ainda que inconscientemente: "Se eu repetir o que me fez ser promovido, continuarei crescendo". Então, se o que a levou à promoção foi sua capacidade de executar bem o trabalho, essa pessoa continua dirigindo seus esforços para a execução. Continua realizando o trabalho que fazia antes da promoção, e que agora deveria ser feito por seus colaboradores diretos. Muitos se transformam em superexecutores, mobilizando todos os seus subordinados, que passam a agir como assistentes para que ele possa gerar os resultados com as próprias mãos, sentindo o prazer da ação e sorvendo o mérito decorrente. Transfere as atividades de apoio, mas continua cuidando do essencial.

Um gerente de vendas recém-promovido, por exemplo, pode continuar se sentindo responsável pela venda, mas usa os vendedores como facilitadores de tarefas mais operacionais, como marcar reuniões, enviar e-mails e fazer o *follow-up* da entrega com a área de logística. Nesse caso, ele não está gerenciando o trabalho, mas fazendo-o, literalmente, ainda que com ajuda, lançando mão de alguns braços adicionais e mutilando intelectualmente aqueles que compõem seu time.

Alguns gerentes nunca acordam para essa situação e passam a vida inteira entalados no primeiro degrau da carreira gerencial por não terem se libertado da fase anterior. Outros, em algum momento, percebem que esse comportamento está limitando seu crescimento e partem em direção ao extremo oposto, com voracidade desmedida. Acordam para a realidade que desfila diante deles e sentem um impulso que os impele a transferir responsabilidades de forma indiscriminada. Param de fazer tudo e deixam que os outros façam, chamando esse exercício de *delegar*. Acreditam que "deixar fazer" significa delegar, quando na verdade "deixar fazer" é o que chamamos ironicamente de *deLargar*. Veremos oportunamente que delegar é um processo com algumas etapas cruciais, tais como escolher a pessoa com o perfil adequado, contextualizar, estabelecer objetivos... e assim por diante. Não se trata de um simples arremessar de tarefas, seguido de abandono, travestido de autonomia.

Agir como gestor requer, então, buscar o afastamento dos extremos desaconselháveis (centralizar e largar) e buscar uma postura compatível com o grau de maturidade do liderado. Para isso é importante ter em mente os dois elementos centrais que norteiam aqueles que conseguem transformar motivação e competência em resultados: metas e métodos.

Tudo começa com clareza em relação aos fins a que se destinam as tarefas realizadas por um liderado. As metas, no sentido amplo da palavra. Na abordagem que sugerimos, associamos três conceitos a elas: (1) responsabilidades, (2) objetivos e (3) quantificação desses objetivos. Se esses aspectos não estiverem evidentes – e, em grande parte dos casos, não estão –, o profissional passa a entender, às vezes inconscientemente, que as atividades que ele realiza têm fins em si mesmas. Que acontecem porque devem acontecer. Parece inacreditável, mas aqueles que vivem dentro das empresas sabem disso.

Em muitas situações, as pessoas passam a ser meras repetidoras de hábitos corporativos herdados, sem perceber que as atividades que realizam têm um propósito – ou deveriam ter. Esse propósito está ligado às contribuições que a empresa espera dele, pois cada trabalho realizado em uma organização é exatamente isto: uma contribuição para a construção de um todo maior. Isto ficará ainda mais claro para o colaborador quando o executivo esclarecer o contexto das tarefas realizadas, exercitando, assim, seu próximo papel frente ao time: estrategista, o que será explicado no tópico posterior, ainda neste capítulo.

Um exercício que já tive a oportunidade de realizar diversas vezes foi perguntar a um chefe e a seu subordinado, separadamente, o que o primeiro espera do segundo. O que cada um considera um trabalho bem-sucedido? E adivinhem: deparei-me com muito mais dissonâncias do que consonâncias. Ou seja, o que o chefe acha que é o objetivo de um colaborador é diferente do que o próprio colaborador acha que é seu objetivo. Sem um acordo explícito sobre aonde se deve chegar, é mais provável que uma pessoa fique vagando aleatoriamente sem atingir nada relevante, mesmo que seja competente e esteja motivada. E uma armadilha comum é confundir responsabilidades e objetivos com tarefas. Ao perguntar "Qual é seu objetivo nesse departamento?", já recebi como resposta "Elaborar a Demonstração de Resultados do Exercício". Isso é confundir fins com meios. Um equívoco mais comum do que se imagina e que vamos equacionar no capítulo que detalha o papel do gestor, quando refletiremos com mais profundidade sobre a definição das responsabilidades, objetivos e metas. E iremos além, discutindo os aspectos ligados ao método, que é o caminho para a meta. Aliás, a palavra *método* se origina no idioma grego; da junção de *meta* e *hodos* – caminho. Então, o método é o caminho para a meta. Para entender essa dimensão do papel do gestor, iremos discutir quatro aspectos a ela ligados: (1) diretrizes; (2) processos e projetos; (3) execução; e (4) acompanhamento.

As diretrizes são regras gerais que irão nortear as ações. Parâmetros que permitirão ao colaborador tomar decisões, principalmente quando as situações enfrentadas saírem do script acordado com o gestor – o que é cada vez mais comum no instável mundo atual. Algo que nem todo mundo percebe é que, entre uma meta e um rol de ações que levam em direção a ela, existe sempre um conjunto de princípios que guiam os passos. Sem eles uma pessoa precisa rerracionalizar toda decisão para um nível muito baixo, retardando a ação.

A dificuldade de entender tais princípios nasce do fato de que frequentemente eles são sutis, quando não implícitos. Se estou no trânsito e decido pisar no freio ao chegar a um cruzamento, existe um princípio implícito de que uma das vias é preferencial. Eu não racionalizo isso a cada vez que chego a um entroncamento, porque existe uma regra geral que antecede a situação específica e que cria referência para a ação. Em um departamento, pode existir um princípio estabelecendo que precisão é mais importante que velocidade – ou vice-versa –, e, se isso fica claro, o profissional não precisa da bênção do seu gestor para tomar cada decisão que envolva esse dilema com características contumazes.

Então, gestor e colaborador precisam de um acordo quanto aos princípios que norteiam a ação para a execução do conjunto de tarefas específicas em questão: precisão é mais importante que agilidade? Até quanto se pode gastar sem a autorização do gestor? Na ausência de certeza, é melhor decidir mesmo correndo o risco de errar ou esperar e se certificar? Se a resposta for "depende", a próxima pergunta é: dependo do quê? Quantas vezes já ouvimos o

48   ENTENDENDO OS QUATRO PAPÉIS

responsável por um departamento cobrar alguém por uma postura que jamais havia sido discutida, presumindo que as premissas que tinha em mente eram óbvias e desconsiderando que o que é claro para um pode soar absolutamente incoerente para outro.

Com as diretrizes claras, o gestor deve ajudar a definir quais processos e projetos as materializarão, dando concretude ao método. Tudo que uma pessoa faz em uma empresa depois que seus objetivos e diretrizes estão definidos pode ser encaixado dentro do universo dos processos, ou dos projetos. Os objetivos determinam aonde se quer chegar, as diretrizes lançam os princípios gerais que devem nortear as ações, mas são os processos e projetos que dão vida e materialidade à empresa. Dizendo de forma ampla e inicial, os processos são as atividades contínuas que uma pessoa ou grupo desenvolvem e que, quando conectados, dão existência prática à empresa. São as atividades recorrentes do dia a dia. Para um contador, pode incluir, por exemplo, a emissão diária de relatórios de caixa. Para um vendedor, o exercício da venda em si. Para a analista de comunicação, a emissão do jornal interno, e assim por diante.

> Tudo que uma pessoa faz em uma empresa depois que seus objetivos e diretrizes estão definidos pode ser encaixado dentro do universo dos processos, ou dos projetos.

Uma organização é um grande processo de geração de valor que vai sendo detalhado em subprocessos que dão origem a subsubprocessos ainda mais granulares, até chegar à unidade de execução individual que os materializa através da execução de tarefas específicas. Já os projetos são atividades com começo, meio e fim, que apresentam propósitos específicos, e que proporcionam os saltos de performance da empresa em áreas definidas ou na corporação como um todo. Para a área de engenharia, pode ser a construção de uma nova parte da fábrica; para a área de TI, a implementação de um ERP; e para o marketing, o lançamento de um produto. Para aqueles que gostam da abordagem japonesa para a questão, os processos estão mais ligados ao Kaizen, enquanto os projetos, ao conceito de Kaikaku. O primeiro se baseia na filosofia de melhoria contínua, e o segundo pretende provocar saltos de performance.

Um papel central do gestor é ajudar o profissional da sua equipe a administrar seu portfólio de processos e projetos de forma que eles possam atingir os objetivos acordados e executar com excelência as responsabilidades para as quais foram contratados. Praticamente todas as pessoas de todas as empresas têm mais atividades sob sua asa do que tempo e recursos para executá-las. Não ter consciência desse desequilíbrio e tentar fazer tudo com o mesmo grau de prioridade é um dos maiores equívocos que uma pessoa pode cometer. Afinal, quando tudo é prioridade, nada é prioridade. O gestor, com sua experiência e visão mais ampla, deve interagir com o colaborador, ajudando-o a definir onde e com que intensidade focar.

Para entender a essência da administração de portfólio de projetos e processos, é fundamental saber que uma das formas de enxergar a gestão é como um conjunto de apostas de causa e consequência. Ninguém sabe cientificamente, dentro de uma empresa, que ações levarão ao atingimento de quais metas. Por um simples motivo: ninguém sabe ler o futuro. Não é possível garantir, por exemplo, que o aumento na verba de marketing digital levará a um crescimento de vendas em uma situação específica. Mas, com base nas boas práticas de outras empresas, na experiência do profissional, no conhecimento do padrão histórico de reação daquele tipo de cliente, em seus hábitos de mídia e lastreado por outras dúzias de microevidências, é razoável se fazer uma aposta de que existe uma relação causal entre os dois eventos – aumento da verba de marketing digital e crescimento de vendas, no nosso exemplo.

Assim é com tudo no mundo empresarial. Queremos alguma coisa e apostamos (sim, isso mesmo: apostamos; por mais assustador que possa parecer) que, ao realizar determinada ação, seremos levados ao que queremos. Então, o gestor deve, em conjunto com o gerido, definir quais apostas querem fazer. Quais são os processos e projetos, que eles acreditam, que, se forem realizados, maximizarão a probabilidade do atingimento dos objetivos esperados.

Depois, é necessário priorizar esse conjunto de apostas. Afinal, basta ter trabalhado uma semana em uma empresa para perceber que a ambição humana e sua costumeira vontade de superestimar suas capacidades irão fazer com que se definam mais processos e projetos do que o exequível dentro do tempo e da capacidade física disponível. O que nem sempre é ruim, como veremos – o importante é ter maturidade para entender a diferença entre desejo e realidade. Sendo assim, o gestor precisa ajudar o profissional que está gerindo a priorizar, para que ele possa ser não apenas eficiente, fazendo cada coisa direito, mas também eficaz, fazendo aquilo que é mais importante primeiro e/ou com maior foco.

Com os projetos e processos claros e suas respectivas priori-dades estabelecidas, o gestor precisa colaborar com os membros da equipe no tocante ao desenho dos processos e projetos. Pensar junto em como fazer. Note que não usamos as palavras *determinar* ou *especificar* o que precisa ser feito, mas sim *colaborar*. É nesse aspecto específico que o gestor deve ter a sabedoria para se en-volver na medida certa, funcionando, sempre que possível, como um estimulador para que a pessoa faça boas escolhas e defina a melhor forma de executar suas atividades. Quando essa postura mais indireta não couber em função das limitações de maturidade profissional do colaborador, ele deve estar preparado para desenhar, a quatro mãos, os métodos que levarão à consecução dos objetivos, evitando a todo custo definir sozinho o que fazer e muito menos executar a tarefa em si.

Se, por um lado, o gestor não deve fazer, por outro lado ele deve acompanhar o que está sendo feito e funcionar como um parâmetro externo de acurácia para o profissional que está gerindo. Estamos falando do envolvimento com a execução, uma responsabilidade magna do gestor que parece muito simples, mas que acaba sendo complicada na prática, na medida em que exige sabedoria para manter a distância certa e compatível com a maturidade do liderado. Escorregar e "botar a mão na massa" ou "abandonar" o colaborador durante a execução são dois pecados sobre os quais já falamos e nos quais iremos nos aprofundar ainda mais. E à medida que a execução acontece, indicadores finais e intermediários devem ser acompanhados para que se possa ajustar sempre que houver lacunas entre o pretendido e o estabelecido.

Os iniciados devem ter percebido o tempero do ciclo PDCA nessa explicação inicial sobre o papel de gestor. E não é à toa. Ele é realmente um dos lastros que usamos para sustentar a nossa abordagem de gestão, embora partamos de um escopo mais amplo, abraçando o conjunto de processos, e não processos específicos. Nesse sentido, nos aproximamos do que Vicente Falconi chama de *Gerenciamento pelas Diretrizes*. Veremos isso com mais detalhes no respectivo capítulo.

De forma muito resumida, o que vimos até agora foi:

- O líder cria condições de gerar resultados através das pessoas. Ele faz isso buscando o comprometimento dos liderados e o desenvolvimento de suas competências.
- O gestor ajuda as pessoas a cuidarem de seus trabalhos. Ele faz isso atuando no estabelecimento de metas e dos respectivos métodos.

O aprofundamento de todo esse conjunto de atividades será visto nos respectivos capítulos que tratam especificamente de liderança e gestão.

VISÃO GERAL DO PAPEL DO ESTRATEGISTA

Se você analisar os dois papéis anteriores (liderança e gestão), mantendo certa distância e adotando uma postura crítica, vai perceber que esses dois papéis têm algo em comum: são ambos muito ensimesmados. O foco está muito para dentro da área em que o líder/gestor atua. Se sou um executivo que toma conta, digamos, do departamento financeiro e penso em liderança, estou com o foco nas pessoas. Mas quais pessoas? Obviamente as pessoas que eu lidero, as pessoas da área financeira: "as **minhas** pessoas". Quando coloco o meu "chapéu de gestor", me concentro no trabalho. Que trabalho? Obviamente o trabalho da minha área, o trabalho das pessoas que atuam em finanças: "o trabalho do **meu** pessoal". Se eu for excelente nesses dois papéis, terei uma equipe cada vez mais comprometida e competente, realizando com grande destreza processos e projetos sob minha aba. A pergunta é inevitável: e isso não é suficiente? Gente boa trabalhando bem não é o "nirvana"? A resposta é aguda e talvez seja frustrante: "nem de longe". Repito: uma equipe sensacional trabalhando com grande eficiência é um bom ponto de partida. Só isso. Uma empresa pode ter esses dois ingredientes e, ainda assim, ser um fracasso, se o bom trabalho em questão estiver centrado em cada uma das áreas da empresa.

Então, o que mais falta? Não vamos entregar essa resposta antes de dar a você a chance de pensar no assunto. Para provocá-lo com relação a essa questão, gostaríamos que você refletisse sobre o quanto acredita na seguinte afirmação: "Se cada um fizer a sua parte da melhor maneira possível, o resultado será o melhor possível".

Não se apresse. Não tire conclusões precipitadas. Pense com calma antes de seguir para o próximo parágrafo.

Sabemos bem que a frase é sedutora. Em nossos treinamentos na Ynner, quando lançamos tal reflexão, vemos alguns executivos meneando positivamente suas cabeças, enquanto outros, desconfiados, fazem rápidas análises mentais e começam a perceber que nem tudo é como parece. "Talvez haja uma armadilha nessa questão." As coisas começam a ficar mais claras quando conto uma história que se passou comigo, há muito tempo, e que peço permissão para contar também aqui. É uma metáfora baseada em uma experiência real da época em que eu era bem jovem, mas que pode abrir as portas para consolidar uma convicção nevrálgica para a abordagem que propomos para o papel de estrategista.

Eu tinha uns 17 anos e jogava basquete. Fazia parte de um time bem razoável do interior de São Paulo (chegamos a ser campeões desse capítulo da Federação Paulista de Basquete). Era a equipe que representava minha cidade natal: São João da Boa Vista. E você deve imaginar o que significa se destacar no time de uma cidade pequena. Ser o "cestinha" de um jogo – aquele que faz mais pontos num jogo. Você aparecia de forma destacada no jornal da cidade. Alguns professores veriam, e o tratamento seria, de alguma forma, especial durante as aulas. Nos *bailinhos* (era assim que chamávamos as "baladas" da época), talvez você tivesse uma atenção especial das meninas. Enfim, era muito bom estar na vitrine. Em destaque.

Isso posto, você está apto a se imaginar em minha posição na cena que narro agora. Era um jogo do Campeonato Paulista. Estávamos perdendo por três pontos, bem no finalzinho do jogo. Faltavam dois pontos para que eu me transformasse no cestinha da partida. Fizemos a jogada indicada pelo treinador ("Seu" Neto), e recebi a bola do Gustão (meu amigo-irmão). O caminho estava livre, e fui em direção à cesta. Um adversário afoito correu para me bloquear. Falta! Fui atingido de forma ilegal por ele, e teria direito a cobrar dois lances livres. Vale lembrar que, no basquete, um arremesso de quadra vale dois pontos, e cada lance livre soma um ponto. Olhei para o cronômetro regressivo. Faltavam quatro segundos. Apenas quatro segundos para acabar o jogo. Posicionei-me e fiz minha dedicação aos treinamentos valer. Cesta. Agora estávamos perdendo por dois pontos. E eu tinha um arremesso que valia um ponto em minhas mãos.

Agora peço um tempo no nosso jogo para refletir com você sobre a questão: o que eu deveria fazer naquele momento? Olhando a partir da perspectiva puramente individual, faria todo o sentido tentar acertar. Afinal, considerando-se apenas o papel intrínseco de um jogador, podemos dizer que ele tem a obrigação de converter o maior número de pontos que puder. Além do mais, no meu caso, isso significaria ser cestinha sozinho do jogo. Destaque. Atenção. Êxito.

Mas, olhando a partir da perspectiva do time, a única coisa certa a fazer era... errar. Tentar fazer com que a bola batesse no aro e voltasse para o meio do garrafão. Se isso acontecesse, era possível que algum companheiro de equipe pegasse o rebote e convertesse a cesta de quadra. Empataríamos o jogo. Como no basquete não existe empate, iríamos para a prorrogação e teríamos a chance de ganhar a partida. Era a única forma de vencer.

Eu estava diante de um dilema sistêmico, embora não tivesse a menor noção disso. Se fizesse o ponto, realizaria minha tarefa individual com precisão e ainda seria o cestinha. Se errasse, preju-dicaria minha performance individual, mas o time teria chance de ganhar. Àquela época eu não entendia nada de sistemas e dilemas, mas sabia que errar era a coisa certa a fazer – veja como essa frase soa paradoxal: "errar é o certo". Além do que, se eu convertesse, certamente iria tomar uma dura dos companheiros no vestiário. Caprichei para errar. A bola espirrou no aro, e o Ratinho (esse era o apelido do Marcelo, outro grande amigo de vida) pegou o rebote e converteu. Empatamos. Na prorrogação, ganhamos.

Um observador incauto pode achar que se trata apenas de uma história boba de um jovem jogando basquete. Para os frequentadores atentos do mundo corporativo, é uma metáfora para um dilema que assola profissionais de todas as áreas o tempo todo. Talvez diariamente. Cansei de ver e viver situações em que o que fazia sentido do ponto de vista de um indivíduo ou departamento era terrível para a organização como um todo.

Comecemos refletindo sobre casos básicos e cotidianos: em um treinamento que ministrei na Ernst & Young University, uma executiva deu um exemplo na esfera operacional. Simples, mas esclarecedor: "No esquema de trabalho que usamos, hoje as pessoas não têm escritório fixo. Cada consultor chega pela manhã com seu computador e ocupa uma estação disponível, perto de colegas diferentes e em uma posição diversa. Do ponto de vista individual, isso dá mais trabalho e diminui a eficiência. Afinal, perdemos tempo todo dia para organizar nosso espaço e depois precisamos recolher tudo no final do expediente. Sem contar que é mais difícil ficar confortável em um lugar diferente a cada dia, além do barulho decorrente do *open space*. Pensando na equipe e na velocidade com que as informações correm, no entanto, essa é a melhor decisão. O nível de integração e a velocidade de comunicação são significativamente maiores". Ruim para o indivíduo, bom para a equipe.

Outra situação: um profissional de criação em uma agência que exige um tempo enorme para chegar a um anúncio maravilhoso e impecável, com direito a prêmios e honrarias, pode estar sendo individualmente perfeito, mas deficiente na perspectiva organizacional se o preço for entregar o material depois do prazo para a veiculação. Afinal, de nada adianta um anúncio grandioso que não é veiculado.

Um vendedor que bate sua meta de volume distribuindo descontos agressivos e destruindo a rentabilidade da empresa é outro caso. Ele pode até ganhar comissões e prêmios, mas estará agindo de forma ensimesmada.

Não faltam exemplos para ilustrar o tal dilema sistêmico, e as situações apresentadas abundam cotidianamente no mundo corporativo. Você certamente tem suas próprias histórias que refletem esse paradoxo.

Por isso, a frase que gostaríamos de propor em contraposição àquela citada alguns parágrafos atrás é a seguinte: "Pessoas inteligentes, agindo inteligentemente de forma individual, podem gerar um resultado coletivo não inteligente". Quem gosta de esporte já deve ter visto times compostos por jogadores geniais que não conseguem entregar a performance compatível com a soma das suas qualidades individuais.

Para aqueles que já tiveram contato com a Teoria Geral dos Sistemas, não é difícil entender essa questão, que pode ficar ainda mais dramática quando nos damos conta de que em um sistema, composto por subsistemas – que é exatamente o caso de uma empresa –, a otimização de um desses subsistemas pode significar a perda de performance do sistema. Como assim? Como podemos fazer uma parte melhor comprometer o todo? Olhemos para um sistema que conhecemos bem: o corpo humano.

Nosso organismo pode ser entendido como um grande sistema composto de subsistemas: digestório, circulatório, músculo-esquelético, neurológico, fonador etc. Agora, pense no que acontece quando uma pessoa trabalha priorizando radicalmente um desses subsistemas. Por exemplo, vamos ilustrar com o

> A otimização do subsistema frequentemente leva à perda de performance no sistema. Em alguns casos, à sua falência.

sistema músculo-esquelético. Imaginem alguém com uma preocupação obsessiva, buscando a proeminência absoluta dessa dimensão. É o caso de alguém que queira ficar muito, muito forte e com os músculos intensamente destacados ou queira atingir uma performance grandiosa em um esporte a qualquer custo. Submete-se a uma carga absurda de exercícios, ingere substâncias e aplica medicamentos para esse fim. Depois de um tempo, os resultados virão para o subsistema: a pessoa vai ficar muito forte ou com uma performance atlética superior. Mas qual o resultado para o sistema? Para o corpo como um todo? Para a vida saudável e equilibrada? Para a sobrevivência e o desenvolvimento? Abundam evidências, se não provas, de que os problemas serão muitos. E a morte é um desses problemas, eventualmente. No famoso caso de *doping* no ciclismo, na era Armstrong, por exemplo, existem várias histórias de atletas que morreram por causa de práticas destinadas a melhorar a performance, como nos conta Juliet Macur no livro *Circuito de mentiras*.

O mesmo acontece em uma organização se uma área for privilegiada em detrimento das outras. Imagine um hipotético diretor de TI que, fascinado pelo seu conhecimento narcísico do que é "excelência" nessa área, empreenda uma busca frenética pela perfeição: comprando o hardware corporativo mais robusto, construindo a rede mais sofisticada, oferecendo aos usuários os computadores mais avançados com os *softwares* mais elaborados disponíveis, lançando mão do ERP mais bem avaliado do mercado. Fará sentido? Talvez sim, talvez não. Será que a organização tem condições de absorver todo esse investimento e transformá-lo em valor que justifique a sua aquisição? É possível que não. E dependendo da voracidade com que se gaste todo o dinheiro necessário, o estrago no caixa pode levar a uma fratura financeira fatal. Se fizermos o mesmo exercício com qualquer área, o resultado será igual. A otimização do subsistema frequentemente leva à perda de performance no sistema. Em alguns casos, à sua falência. Tivemos a oportunidade de acompanhar de perto a história de um empreendedor que amava a fábrica de seus produtos. Amava tanto que gastou o que tinha e o que não tinha para levar a sua planta aos píncaros da excelência industrial. Seus olhos chegavam a ficar marejados ao olhar do alto de sua sala para as linhas de produção. Quebrou. O mercado não estava disposto a pagar o valor extra produzido pela qualidade adicional que vinha daqueles investimentos altíssimos, e a lacuna de caixa condenou a empresa à falência. A excelência no subsistema fabril levou o sistema à morte.

Quando entende verdadeiramente a natureza sistêmica das organizações, o executivo está apto a tomar posse de seu papel como estrategista.

Professores e consultores renomados definem estratégia de formas diferentes, e alguns sofisticam exageradamente a questão, que em sua essência é muito simples, apesar de ter potencial para se complicar quando detalhada. Em seu núcleo, ter estratégia é garantir, em primeira instância, que todos os subsistemas de uma organização trabalhem em uníssono pela excelência do sistema, e em segundo lugar perceber que a tal excelência só é possível quando o sistema está harmonizado com seu ambiente. Ou seja, ter estratégia é garantir inicialmente que todos remem na mesma direção, tomando cuidado para que a direção para onde se rema seja compatível com o tipo de rio em que o barco está, de forma que o destino não seja uma catarata mortal.

Então, na prática, o papel de estrategista do executivo se materializa em duas dimensões:

Primeiro, fazendo com que os membros do seu time trabalhem com alta coesão, formando um subsistema sinérgico e coeso. Assim, por exemplo, todas as pessoas do departamento de suprimentos desenham processos alinhados uns com os outros e se esforçam para mantê-los coerentes ao longo do tempo e ainda dentro dessa dimensão, garantindo que o seu subsistema (departamento, área, função) trabalhe de forma integrada com os demais subsistemas da empresa, gerando as melhores contribuições possíveis dentro da perspectiva holística. Usando ainda o mesmo exemplo, a área de suprimentos precisa entender que não existe excelência ideal, apenas excelência contextualizada. Isto é: a excelência é a maximização da contribuição para a estratégia e para o modelo de negócio da empresa como um todo, e não a otimização de indicadores departamentais.

Depois, o papel do estrategista se materializa colaborando para que o sistema organizacional esteja em harmonia com os clientes, com o ambiente competitivo e com o entorno contextual que engloba forças tecnológicas, econômicas, culturais, naturais, demográficas e institucionais, entre outras. É necessário estar atento aos aspectos do ambiente que impactam a empresa. Por exemplo, a área de transportes dentro do departamento de suprimentos precisa garantir que os veículos utilizados para entregar as mercadorias produzidas respeitem as leis de emissões do país em que opera e também considerem o impacto da opinião pública local em relação a essa questão.

No capítulo adequado, iremos detalhar as práticas que materializam o papel do estrategista, discutindo com mais profundidade como fazer isso no cotidiano.

Líder, gestor e estrategista. A nossa visão holística do executivo está a ponto de se consolidar. Para fechar o quadrado perfeito, vamos agora entender o papel do empreendedor.

VISÃO GERAL DO PAPEL DO EMPREENDEDOR

Você conseguiu formar uma equipe motivada e competente, portanto, é um bom **líder**. Fez com que todos fossem produtivos a partir de uma visão clara das metas e métodos de trabalho, o que lhe vale a alcunha de **gestor** eficaz. Conectou as pessoas, seu departamento e a empresa em um todo coeso e harmônico, transformando-se num bom **estrategista**. Agora acabou? Teria acabado se o mundo fosse estático; se o ambiente não mudasse, obrigando as empresas e, como consequência, os seus profissionais a mudarem também.

Em uma realidade instável como a que vivemos, a capacidade de se adaptar pode ser a diferença entre prosperar ou fracassar. É como na frase atribuída a Darwin: "Não é o mais forte nem o mais rápido que sobrevive, mas aquele que se adapta mais rapidamente". Adaptar-se significa fazer algo novo para conseguir um efeito novo em um ambiente que se reconfigurou. Melhor ainda se o executivo for além e provocar mudanças no ambiente (em vez de segui-las), obrigando o concorrente de sua empresa a se adaptar para não morrer. Esse é o nirvana do empreendedorismo. Impor mudanças. Ir além de segui-las (o que já é muito interessante). Como disse Peter Drucker: "A melhor forma de prever o futuro é criá-lo".

Para começar nossa reflexão em relação ao tema, pense em palavras que lhe vêm à cabeça quando você invoca o termo *empreendedor*. É provável que uma delas seja "inovar", "novo", ou esteja ligada ao tema da "inovação". Palavra, aliás, que é uma das poucas unanimidades do mundo corporativo atualmente. Afinal, nenhuma empresa acredita que possa prosperar fazendo tudo igual por muito tempo. Ainda que nem todas consigam revolucionar o seu mercado ou o modelo de negócios com o qual atuam, todas precisam, no mínimo, evoluir continuamente, para que gradativamente se ajustem às novas exigências setoriais.

Uma metáfora pode nos ajudar a entender o que está acontecendo: imagine uma bola de futebol recebendo pressões de fora vindas de várias direções. Imagine agora que esses pontos de pressão vão se intensificando gradativamente. Mais e mais. O que acontece? A bola, que representa a sua empresa, implode. Essas pressões simbolizam, por exemplo, os novos concorrentes que entram no mercado com novas propostas de valor, ou então as novas propostas de valor dos concorrentes já estabelecidos e novas exigências dos clientes. Atuando continuamente, elas acabam por esmagar as corporações, que não resistem, perdem espaço e se desfazem. Como diz Jim Collins, são arremessadas à irrelevância. Exemplos não faltam: Kodak, Nokia, Varig, Yahoo, Blockbuster, Toys R Us.

Se a empresa não quiser implodir nem se tornar irrelevante, precisa gerar um conjunto de forças internas que pressione em sentido contrário, como se de dentro da bola viessem impulsos para equilibrar a pressão externa. Esse é o papel dos executivos-empreendedores que ombreiam os empreendedores externos, no mínimo igualando as pressões de dentro para fora com aquelas de fora para dentro e impedindo a empresa de implodir.

Isso quer dizer que as organizações precisam que seus colaboradores desenvolvam as competências que lhes permitam agir como empreendedores intracorporativos, ou, se você preferir, como *intrapreendedores*. Profissionais que, de forma ousada, expandem os limites da empresa através da inovação. Mais do que isso, os executivos precisam estimular e catalisar a atitude intrapreendedora dentro de suas equipes para que a evolução constante e a revolução eventual renovem a empresa rumo à sobrevivência e à prosperidade em todos os níveis hierárquicos.

Esse termo, que foi difundido na década de 80 com o lançamento do livro *Intrapreneur*, de Ginfor Pinchot III, vem sendo cada vez mais utilizado, e não por simples modismo ou retórica vazia, mas para caracterizar um papel requerido de todos os colaboradores das organizações contemporâneas e, principalmente, por aqueles que ocupam posições mais altas na pirâmide organizacional.

Iremos detalhar, no respectivo capítulo, algumas das competências que caracterizam um profissional proeminente no desempenho desse papel, mas de forma geral podemos estabelecer que existem, em primeiro lugar, desafios relacionados à ampliação dos horizontes, como perceber oportunidades que possam melhorar o desempenho da empresa; criar soluções que permitam aproveitar as oportunidades; entender e estar disposto a correr os riscos envolvidos com a mudança, considerando tanto o ponto de vista da empresa quanto do profissional. Vamos chamar tais características de *Competências Divergentes*, pois abrem o leque de perspectivas profissionais e organizacionais. Depois, existem desafios ligados à capacidade de trazer os novos horizontes para a realidade, como elaborar planos que permitam a venda interna da ideia e a organização dos esforços e recursos para viabilizar o projeto que traz o novo; colocar em prática o que foi planejado; e persistir com tenacidade, de forma a não ser aniquilado pelos anticorpos organizacionais. A essas vamos dar o nome *Competências Convergentes*, na medida em que transformam possibilidades em realidades.

Com relação à percepção de **oportunidades**, o grande desafio é se livrar dos antolhos mentais ancorados em culturas arraigadas e que bloqueiam o aproveitamento de situações benéficas, seja na relação com o mercado, seja na concepção ou aplicação de novos processos de trabalho. O executivo precisa se livrar das amarras mentais que a organização impõe e trabalhar a partir de novos paradigmas, enquanto estimula seu time a fazer o mesmo.

O desenvolvimento da **criatividade** também enfrenta os obstáculos vindos dos hábitos arraigados e das crenças autodepreciativas que transbordam nas organizações. Para ser criativo, um executivo e sua equipe precisam ter espaço emocional para considerar outras formas de fazer as coisas, desafiando as verdades estabelecidas.

A resistência aos **riscos** pode interromper o processo de renovação organizacional, mesmo que as oportunidades sejam percebidas e as soluções criativas sejam geradas. Entender o que significa correr riscos quando você empreende dentro da empresa e desenvolver uma relação saudável com o erro são fatores-chave para o sucesso nesse aspecto.

O **planejamento** é frequentemente deixado para trás pelos empreendedores, primeiro porque o perfil realizador desse tipo de profissional se caracteriza muito mais pela ação do que pelo pensamento, que é por eles, algumas vezes, considerado supérfluo. E depois porque as pessoas atribuem um nível desnecessário de complexidade ao exercício do planejamento, imaginando um grau de sofisticação não necessariamente real para a atividade. Veremos oportunamente que a definição mais simples e, em nossa opinião, mais precisa dá conta de que "planejar é pensar antes de fazer". Simples assim. É óbvio que, em grandes empreitadas, esse "pensar" precisa ser mais elaborado e formal. Por outro lado, contudo, há situações nas quais um instrumento fácil e prático pode resolver. O que não combina com o empreendedorismo de sucesso é o que chamamos (ironicamente) de *estratégia Zeca Pagodinho* (deixa a vida me levar, vida, leva eu). Ir fazendo sem se preparar. Até porque, em uma empresa, o plano tem dois papéis simultâneos: é, primeiro, um guia de ação, na medida em que ajuda o executivo a programar seus passos em um projeto específico; além disso, é ainda uma ferramenta de venda interna, pois é apresentando o seu plano para seus líderes que o executivo consegue o apoio necessário para ir em frente. Quando um executivo tem um plano para implementar uma inovação, ele fica mais confiante e consegue vender melhor o projeto para seus superiores.

Tão importante quanto pensar no que fazer é fazer o que se pensa, sob pena de se transformar em um sonhador corporativo – um poeta que declama feitos fabulosos aos quatro ventos, mas que não concretiza nada. Por isso, as competências ligadas à **execução** devem estar ativadas no empreendedor, e, em nossa forma de entender, a palavra-chave para encaminhar essa questão é *priorização*, já que os executivos geniais que conhecemos não são pessoas que fazem tudo, mas que conseguem escolher, entre as infinitas alternativas que a vida oferece, aquelas que mais colaboram com o progresso rumo ao atingimento dos objetivos.

E para finalizar essa introdução às competências do intrapreendedor, que serão discutidas com mais profundidade no capítulo específico, precisamos lembrar que aqueles que não **persistem** nas boas ideias acabam por enterrar grandes sucessos por falta de tenacidade. Basta observar a história da humanidade para se deparar com diversos "heróis" e seus feitos grandiosos, em relação aos quais houve resistência indelével durante muito tempo. Ideias que só vieram para os holofotes porque seus defensores resistiram o tempo necessário. Desde Ghandi e Mandela, em um nível quase transcendental, até os exaustivamente citados criadores do Post It na 3M, passando por gênios como Thomas Edison, com seus milhares de tentativas de achar a configuração da lâmpada, ou, ainda, Ozires Silva, que nunca desistiu em sua longa jornada para transformar a Embraer em uma empresa proeminente.

Essa última capacidade (persistência) aponta para outro ingrediente que precisaremos discutir na configuração do papel do empreendedor, que é sua motivação para romper com o *status quo*. Veremos que questões ideológicas e ambição material são dimensões fundamentais no impulso interno que move os intrapreendedores.

É claro que, para instigar o rompimento dos paradigmas nas instituições em que atua, um executivo precisará mobilizar as pessoas, lançando mão do papel de líder, organizar os processos, com o que estará invocando suas responsabilidades de gestor, além de alinhar as diversas pessoas e seus trabalhos ao longo da empresa, colocando em prática suas competências de estrategista. Essa interação entre os diversos papéis discutidos é um dos aspectos importantes para que o executivo possa contribuir de forma densa com o desenvolvimento da corporação a que está associado e, como decorrência, com sua própria carreira.

COMPETÊNCIAS E PAPÉIS

Você deve ter notado quantas vezes esses dois termos (*papéis* e *competências*) foram mencionados até agora. Não é por acaso. A essência deste livro está intimamente ligada a esses conceitos. Podemos dizer que um dos grandes objetivos deste volume é discutir as competências que um profissional na carreira gerencial precisa desenvolver para desempenhar com excelência seus quatro papéis essenciais, de forma a construir uma trajetória bem-sucedida à medida que colabora da melhor maneira possível com o êxito da organização para a qual trabalha.

Como são ideias centrais, precisamos estar em absoluto acordo sobre os significados dessas palavras, para que nossa discussão seja compreensível e proveitosa daqui para a frente. O que se entende por papéis e por competências dentro dessa proposta de trabalho?

Não tenho a pretensão de sentenciar a verdade absoluta quanto ao significado desses conceitos, mas fixar referências claras para que nossa "conversa" flua, o que não é uma tarefa muito simples, considerando a diversidade de abordagens e interpretações de que diferentes autores lançam mão nessa jovem área do universo empresarial – apesar de alguns professores acharem que o tema competência é um assunto já digerido, tenho forte convicção de que ele ainda tem muitas contribuições a prestar ao mundo corporativo, onde sua aplicação está longe de ser a ideal.

Quem se der ao trabalho de recorrer a algumas referências clássicas enraizadas na origem do tema "competências" passará, entre outros, por David McClelland – raiz americana – e Philipe Zarifian – escola francesa –, notando que eles chamam coisas diferentes pelo mesmo nome. A história fica ainda mais complicada se tomarmos outros autores. Alguns propõem suas próprias perspectivas, e diversos fazem uma releitura dos pioneiros.

A abordagem que propomos aqui para a questão das competências, e que usamos ao longo do livro, é uma composição do que encontramos de melhor em cada uma das diversas perspectivas, temperada por uma diligente preocupação em aproximar o máximo possível o uso dos termos às práticas organizacionais correntes, sugerindo ajustes que tornem esse uso mais lógico e ainda mais prático. Ou seja, vamos extrair o que nos parece mais coerente da academia e elaborar os conceitos de forma prática e que faça sentido no mundo empresarial real, lastreados por nossas experiências como professor, executivo e consultor.

O ponto de partida para nossa abordagem com relação ao tema competências nasce da constatação de que o conhecimento é algo absolutamente necessário, mas devastadoramente insuficiente, para se lograr êxito em qualquer atividade humana. Conhecer profundamente

> Conhecer profundamente teorias e modelos ligados à sua área de trabalho não vai lhe garantir sucesso. Independentemente do que signifique sucesso para você.

teorias e modelos ligados à sua área de trabalho não vai lhe garantir sucesso. Independentemente do que signifique sucesso para você.

A Mc Ber & Co constatou isso em trabalhos para o governo americano já no início da década de 1970, e, desde então, diversos autores vêm esmiuçando a questão, alimentados por estudos como o de "Inteligências Múltiplas", do professor Howard Gardner, da Universidade de Harvard, e experimentos como o quase folclórico Teste do Marshmallow, realizado por Walter Mischel (University of Colorado, Harvard University, Stanford University e Columbia University), entre muitos outros.

Minha vivência como executivo e depois como professor e consultor – que juntas somam mais de trinta anos – faz coro com esses estudos e me leva a acreditar com grande convicção que é perda de tempo depositar todas as esperanças (e esforços) sobre o conhecimento para chegar aonde quer que seja. Cansamos de ver profissionais superqualificados do ponto de vista cognitivo que fizeram suas carreiras e/ou empresas naufragarem por falta de qualidades básicas de outras naturezas. Sociais e emocionais, por exemplo.

A essência desse diagnóstico é compartilhada por praticamente todas as pessoas intelectualmente relevantes que conhecemos: "para ter sucesso, não basta cultivar o conhecimento, apesar de esse ser um ingrediente fundamental". É necessário lançar mão de um conjunto mais amplo de qualificações de naturezas diferentes para se buscar a excelência. De forma alguma o conhecimento é desimportante. Ele é muito importante. Apenas não é suficiente. E ele se robustece sobremaneira quando integra o conjunto tripartite que sustenta aquilo que chamamos de *competência*. Digo *tripartite* porque em nossa abordagem entendemos que as competências se apoiam sobre três grandes pilares: técnicas, conhecimentos e talentos, o que se assemelha a algumas abordagens existentes (por exemplo, o modelo CHA), mas não é exatamente igual, por algumas sutilezas que os iniciados perceberão e com as quais aqueles que estão tendo um primeiro contato com essa abordagem não precisarão se preocupar.

Alguém pode perguntar o motivo de empreender tal divisão para sustentar a compreensão das competências. Por que pensar em técnicas, conhecimentos e talentos e não simplesmente na competência de uma forma holística? Será mera elucubração acadêmica? Na verdade, existe um motivo muito prático para isso: a forma diferente de desenvolvimento de cada uma dessas dimensões. A diferença na natureza dos componentes das competências faz com que elas precisem ser trabalhadas de formas particulares. Insistimos que essa separação não tem motivação conceitual, mas fundamentalmente pragmática, já que a forma de desenvolver um pilar de uma competência depende de seu tipo. Vejamos...

A dimensão técnica de uma competência é aprendida principalmente através de treinamentos de processos e da prática constante, frequentemente repetitiva e às vezes exaustiva. É o que chamamos também de "saber fazer". Uma técnica é uma atividade que pode ser dividida em etapas compreensíveis e ensináveis de forma fragmentada. É possível, por exemplo, dividir uma apresentação em etapas e separar os ingredientes que a empurram rumo à excelência, ensinando a um aprendiz como melhorar sua performance em cada um desses diversos blocos e criando condições para que se busque a excelência na realização de apresentações. Logo, a realização de uma apresentação tem um forte ingrediente técnico. Note que em momento algum dissemos que isso garante excelência. O domínio da técnica é outra condição necessária, mas não suficiente para a alta performance. Se não dominamos as técnicas de uma apresentação soberba, teremos limitações para realizá-la, ainda que conheçamos profundamente o assunto e tenhamos grande desenvoltura no palco.

Entretanto, ainda que as dominemos (as técnicas), podemos não executar uma apresentação brilhante por não contar com competências de outras naturezas que nos proporcionariam o lastro para tal. Só seremos um apresentador diferenciado se sustentarmos nosso domínio técnico com os conhecimentos e a aplicação das aptidões cabíveis. Por exemplo, o conhecimento sobre o tema apresentado (saber) e a empatia necessária para ler na plateia o seu estado de espírito durante nossa exposição (ser).

Vamos refletir então sobre as competências de natureza cognitiva (eis o conhecimento novamente). Elas são aprendidas através da compreensão mental de modelos abstratos que subsidiam a técnica, além do domínio de relações amplas de causa e efeito. É o "saber" em sua configuração mais pura, e está fortemente ligado com as teorias. Poderíamos mergulhar numa discussão filosófica sobre o conhecimento, mas seria incompatível com nossa proposta. Então, nos damos por satisfeitos – e espero que você também – com essa explicação. Para desenvolver essa dimensão das competências (conhecimento), é necessário ler, assistir a aulas, estudar ou, em casos específicos, observar fenômenos recorrentes ou viver experiências ligadas ao tema, para que haja compreensão conceitual.

Ainda ilustrando nossa discussão com o caso hipotético de alguém que busca realizar uma apresentação excelente: se, além de dominar as técnicas de apresentação, essa pessoa conhece, por exemplo, os princípios que regem a comunicação não verbal, terá sua possibilidade de realizar uma boa apresentação ampliada significativamente. A partir da capacidade de entender as relações recorrentes entre o que as pessoas estão sentindo e como elas manifestam esses sentimentos através do próprio corpo, um apresentador consegue calibrar continuamente seu discurso. Além do que, pode colocar em seus próprios gestos, mensagens que contribuem com a compreensão do conteúdo que busca transmitir.

Por fim, o terceiro pilar das competências, os talentos – ou aptidões – têm uma forte relação com a essência de cada indivíduo e sua constituição cerebral. São seus padrões naturais de sentimento, pensamento e comportamento, segundo definição da Gallup, instituição que estuda profundamente esse tema. Gostamos muito de chamar essa dimensão de "ser", já que está intimamente impregnada na natureza de cada pessoa, não de forma imutável, mas com uma conformação bem menos flexível que as duas dimensões anteriores. Nossa experiência, lastreada na opinião de profundos conhecedores da área, nos diz que o caminho para o desenvolvimento nessa dimensão passa por identificar o repertório de comportamentos naturais de cada indivíduo, valorizá-los e aprender a articulá-los, aplicando-os de forma que estejam a serviço de um papel específico que se deseja cumprir. E uma das formas de alavancá-los é adicionando conhecimentos e técnicas que os complementem – em linha com as competências que se quer abraçar.

Se alguém (continuando em nosso exemplo da apresentação) se sente confortável ao falar em público, tem muito mais chance de entabular uma aula ou exposição envolvente. Melhor ainda se sente necessidade de fazer isso e gosta de estar em destaque, sendo notado e admirado. O que não significa que um bom apresentador seja necessariamente extrovertido. Já vi quem consiga transformar sua suavidade e recato em elementos sedutores e envolventes em uma aula. O importante é reconhecer as próprias tendências comportamentais e canalizá-las para alavancar os resultados que se espera obter. No caso de algumas competências, talentos específicos são decisivos, ou pelo menos facilitam muito o caminho, mas na maioria das vezes a rota de sucesso vem da identificação das próprias vocações e sua correta aplicação na construção de uma competência.

Então, invocando mais uma vez o exemplo que ilustra nossa reflexão: somando as técnicas de apresentação com conhecimentos sobre comunicação (tal como o da linguagem não verbal) e uma predisposição natural para falar em público (entre outros talentos possíveis, é claro), temos uma grande chance de ver emergir a competência para a realização de uma apresentação. Amarrando todos os parágrafos anteriores de forma sintética e esclarecedora, podemos dizer então que uma competência é "Técnica, conhecimento, talento ou combinação desses elementos que tem alta correlação com o desempenho excelente de uma atividade específica", ou, dizendo de outra forma ainda mais enxuta, "a capacidade de uma pessoa realizar apropriadamente determinado trabalho, baseada no seu ser, saber e saber fazer".

É necessário ainda, para nossa boa interação ao longo deste livro, esclarecer a confusão causada ao se atropelar a diferença entre "papel" e "competência", que boa parte dos autores parece não considerar relevante (apesar de sê-lo).

Um papel é definido em função de um conjunto de entregas específicas que se espera de alguém, ou, como aponta Giddens, "expectativas socialmente definidas que uma pessoa, em determinado status ou posição social, segue". Isso é muito diferente de uma competência, tal como viemos entendendo nos últimos parágrafos.

Note que ser um líder é cumprir um papel, pois, quando alguém recebe o rótulo de *líder* em uma empresa, forma-se imediatamente um conjunto de expectativas sociais com relação a esse alguém. Entretanto, para exercer esse papel com distinção, é necessário um conjunto de técnicas, conhecimentos, talentos ou combinação desses elementos, ou seja, um conjunto de competências. Uma dessas competências, por exemplo, pode ser a capacidade de "engajar seus liderados", que por sua vez pode estar lastreada pela "empatia", uma qualidade (aptidão) que facilita a prática da liderança, na medida em que possibilita o entendimento das idiossincrasias dos liderados.

Da mesma forma, ser gestor é cumprir outro papel que pode ser mais bem encaminhado caso a pessoa encarregada de exercê-lo tenha, por exemplo, a competência "capacidade analítica", que pode ser alavancada pelo domínio das técnicas de análise. Já vimos que há um conjunto diferente de expectativas quando se unge alguém com o nome *líder* e quando se usa o termo *gestor*. Se estamos falando de conjuntos de expectativas diferentes, é porque nos referimos a papéis diferentes. Veremos que um executivo (ou empresário) precisa entender e cuidar de ambas as dimensões (liderança e gestão), mas, para praticá-las e desenvolvê-las, é fundamental que as diferencie e apreenda o que são e como são construídas a partir de competências específicas.

Indo além, podemos entender que o papel de estrategista gera ainda outro conjunto de expectativas, ligadas, por exemplo, à capacidade de fazer todos trabalharem de forma sistêmica. E na base dessa expectativa pode estar o conhecimento do funcionamento da organização em que trabalha; além de técnicas e talentos que complementem tais conhecimentos.

Ainda nesse sentido, o empreendedor que habita uma empresa está automaticamente investido do quarto papel essencial, muito facilitado caso consiga cultivar, a título de ilustração, sua propensão a ser criativo (um talento).

Resumindo, então: um papel é o "conjunto de expectativas socialmente definidas", que uma pessoa tenta satisfazer em uma determinada posição e que se materializa através das competências: "Técnica, conhecimento, talento ou combinação desses

> Um papel é o "conjunto de expectativas socialmente definidas", que pessoa tenta satisfazer em uma determinada posição e que se materializa através das competências.

elementos que tem alta correlação com o desempenho excelente de uma atividade específica". Por sua vez, vale lembrar que os talentos, conhecimentos e técnicas são desenvolvidos de formas distintas.

Fechando: em nossa proposta, existem quatro papéis principais que um profissional, trilhando a carreira gerencial, precisa representar para aumentar sua chance de ser bem-sucedido: líder, gestor, estrategista e empreendedor. E tais papéis estarão lastreados em competências de naturezas técnicas (saber fazer), cognitivas (saber) e talentos (ser), ou compostos a partir desses pilares.

MENSAGEM CENTRAL

Existem quatro papéis que sustentam a carreira gerencial bem--sucedida: líder, gestor, estrategista e empreendedor.

Líderes geram resultados através de pessoas – e fazem isso a partir do desenvolvimento de uma equipe motivada e competente.

Gestores ajudam as pessoas a ser eficazes a partir do estabelecimento de metas e desenvolvimento de métodos de trabalho.

Estrategistas garantem que as pessoas motivadas e competentes, fazendo o trabalho de forma eficaz, estejam em sintonia entre si e com o ambiente no qual a empresa atua.

Empreendedores renovam constantemente as suas atuações, assim como as dos componentes dos seus times.

Esses quatro papéis são conjuntos de expectativas socialmente definidas e que estão lastreadas em competências que se apoiam em talentos, conhecimentos e técnicas.

O LÍDER

2

Imagine a personagem que abre o nosso livro, Daniela, chegando em sua nova empresa no primeiro dia de trabalho. Animada e ansiosa por fazer o melhor. Pronta para dar continuidade a sua carreira bem-sucedida; ela certamente está com as melhores intenções do mundo. Mas de nada valerá toda a sua energia e boa vontade se ela não conseguir mobilizar a equipe sob seu comando a favor dos desafios que precisa enfrentar. Ainda que ela seja heroicamente competente e dedicada, jamais será poderosa o suficiente para vencer todo o conjunto de tarefas que um departamento desenvolve. Até mesmo o mítico Aquiles lutou ao lado dos mirmidões.[1] E considerando que não existem líderes empresariais reais com poderes homéricos, fica ainda mais difícil "dar conta do recado" sem uma equipe à altura dos desafios.

Você certamente consegue imaginar Daniela passando pelos corredores rumo a sua nova área, acompanhada pelo seu novo chefe e sendo observada de soslaio por seus novos liderados, enquanto sorri esperançosa para todos, tentando adivinhar quais são, naquele horizonte de faces e telas, os escudeiros que marcharão ao seu lado nas batalhas por vir. "Quem, entre todos aqueles, seriam os seus cinco liderados?" Quando os dois entram na sala e fecham a porta, o zumbido externo cresce, e os comentários são, inevitavelmente, sobre ela. "É essa a nova chefe?", "O que você achou da cara dela?", "De onde vem?", "Tomara que seja gente boa!", "Será que ela também vai fazer nossa vida ser um inferno?". O *frisson* aterrissa lentamente enquanto cada um volta a mergulhar na tela do seu próprio mundo virtual, dividindo os pensamentos entre a tarefa que está executando e as fantasias sobre aquele que, talvez, seja o maior influenciador do seu bem-estar nos próximos

---

1 Os mirmidões eram os guerreiros seguidores de Aquiles e que lutaram com ele na Guerra de Troia. Aos interessados em saber mais, sugiro o filme *Troia*.

anos. As pesquisas da Gallup quantificam de forma contundente o impacto do gestor direto no engajamento de uma pessoa: 70%. Isso mesmo, 70% da variância no engajamento de um colaborador estão ligados ao líder direto!

É provável que Daniela não se dê conta, mas ela terá o poder de pintar de azul ou ferir de vermelho a vida dessas pessoas e até das pessoas que convivem diariamente com elas fora da empresa, já que poucos são os que conseguem arquivar o humor junto com as planilhas no final do expediente antes de partir rumo às suas casas. O seu impacto, como chefe, no estado emocional dos seus liderados será maior do que o impacto causado por todo o resto da empresa neles. É como disse um dos participantes dos nossos treinamentos, qualificando o que a Gallup quantificou: "Prefiro trabalhar para um chefe bom numa empresa ruim a trabalhar para um chefe ruim numa empresa boa". Não há dúvida: quem transforma a vida das pessoas em um inferno ou lhes pavimenta o caminho para o paraíso em uma corporação é aquele que tem ascendência direta sobre elas. Quem viveu um dia em uma organização sabe disso. A responsabilidade é grande. E a oportunidade também. Alguns "líderes" preferem ser vampiros corporativos, sugando toda a energia dos liderados e entregando-os como trapos emocionais para suas famílias ao final do dia. Outros trilham o caminho oposto e optam por estimular e desenvolver as pessoas, abrindo-lhes horizontes e talvez cansando-lhes o corpo e a mente ao longo de uma jornada vigorosa de trabalho, mas fortalecendo-lhes a alma na medida em que fazem com que elas ganhem autoconfiança e vontade de continuar crescendo. Mas essa dimensão semifilosófica está longe de esgotar a questão da liderança. É fundamental notar

> "Prefiro trabalhar para um chefe bom numa empresa ruim a trabalhar para um chefe ruim numa empresa boa."

que, além de fazer todo o sentido do ponto de vista substantivo, saber trabalhar com as pessoas tem um caráter instrumental – dentro da perspectiva weberiana. A questão certamente também passa pela geração de resultados concretos, tão importante no universo empresarial.

A liderança bem conduzida une o melhor das duas dimensões. Afinal, o bom líder exerce, simultaneamente, um impacto positivo na vida das pessoas (substantivo) e consegue, exatamente por causa disso, aumentar significativamente a probabilidade de gerar resultados (instrumental), o que nos leva de volta à definição que propusemos no Capítulo 1.

RETOMANDO A ESSÊNCIA DO LÍDER

Vimos que, depois de removermos os acessórios que rebuscam as definições de liderança, chegamos a uma sentença simples, mas esclarecedora:

"Liderança é a busca por resultados através das pessoas."

O uso da palavra *busca* não é acidental. Sua utilização sublinha o fato de que o papel do líder não garante, mas apenas inicia o processo que leva ao resultado. Este somente se materializa na medida em que os outros papéis (gestor, estrategista e empreendedor) se fazem presentes e complementam o exercício da liderança, como veremos.

No universo empresarial, a expressão *resultado* é quase auto-explicativa. A premissa fundamental sobre o funcionamento de uma organização é que ela só sobrevive na medida em que agrega valor, em primeira instância, para os acionistas, e também para todos os outros *stakeholders*. E, como o resultado organizacional é uma composição (não mecânica, mas sistêmica) das suas diversas partes, cada líder deve se preocupar em gerar resultados em suas respectivas áreas para que, ao serem agregados, se chegue aos objetivos estabelecidos para o todo.

O vocábulo *através* evidencia o fato discutido por Ram Charan em *Pipeline de Liderança*: quando alguém deixa de cuidar apenas de si mesmo e do próprio trabalho, precisa entender que é um catalisador de atividades, e não mais um executor delas. É alguém que para de fazer diretamente as coisas e trabalha de forma a facilitar a vida dos que fazem. Não gostaria que essas palavras carregassem tintas de utilitarismo, fazendo parecer que as pessoas são meros objetos, apesar de achar poético demais para o universo corporativo se opor ao uso da expressão "recurso" ao se referir às pessoas. Somos, sim, instrumentos para a consecução dos objetivos de um organismo maior que cada indivíduo, que é a organização. Só não somos principalmente isso. Nossa humanidade transcende a questão do trabalho, mas não o exclui. Não somos *apenas* recursos, mas somos recursos *também*. De qualquer forma, respeito empresas que, por sua cultura e inclinação particularmente cuidadosas com essa palavra, preferem usar outra menos contundente, como a Mary Kay, que, ao me convidar para ministrar uma palestra para suas diretoras nacionais, me pediu para substituir o "através" da definição por "com", deixando a definição mais leve (Liderança é a busca por resultados *com* as pessoas), embora um pouco menos esclarecedora, na medida em que esconde a óbvia relação de poder que se estabelece entre líderes e liderados nas corporações. Negá-la seria subtrair o caráter prático que este livro pretende ter. Lembrando que relações de poder não levam, necessariamente, à exploração de um pelo outro. Algumas mães e pais entendem isso claramente – infelizmente, nem todas/todos.

Terminamos a definição com a palavra mais importante: *pessoas*. A única entidade que admite ser liderada. São as pessoas que fazem a empresa existir através de suas ações. O líder é alguém que precisa entender de pessoas dentro de múltiplas perspectivas: psicológicas, sociológicas, antropológicas e até filosóficas, mesmo que não saiba que entende. Porque não se trata de um entendimento teórico, mas aplicado.

E é essa visão multidimensional que permite ao líder perceber que, no cerne da capacidade de gerar resultados, estão duas grandes questões: o querer e o poder. Os autores do interessante *Influencer,* baseando-se no grande psicólogo Albert Bandura, esclarecem que todas as forças com impacto no comportamento humano estão enraizadas em duas grandes questões que as pessoas propõem a si mesmas: "Consigo fazer o que está sendo pedido?" e "Vai valer a pena?". A primeira questão pode ser simplificada para "Eu posso?", e a segunda, para "Eu quero?". Traduzindo para a linguagem corporativa, estamos falando de "competências" e "motivação/comprometimento/engajamento", sendo que essas últimas palavras fazem referência a três conceitos diferentes, mas que, dentro da perspectiva prática, vão ser usados por nós como sinônimos. Quem responde sim para a primeira pergunta se entende como competente. Quem acena positivamente à segunda está motivado.

A essência do comportamento humano é esta: ter impulso rumo a uma ação específica e ter condições práticas de fazer o que deve ser feito. De forma objetiva, então, a liderança se concretiza através da capacidade para lidar com essas duas forças que movem as pessoas rumo às entregas desejadas. É daí que nascem as perguntas centrais deste capítulo: (1) Como gerar engajamento? (2) Como apoiar as pessoas no desenvolvimento de competências?

GERANDO ENGAJAMENTO

Gostaria de começar esta seção com uma pergunta provocativa, para que possamos refletir sobre o impacto do comprometimento dos colaboradores de uma organização em sua produtividade. Quanto de seu potencial máximo você acha que uma pessoa precisa entregar para garantir o emprego? Explico: considerando que um colaborador ideal, totalmente comprometido, entrega 100% do seu esforço, quanto um colaborador que está disposto a apenas fazer o mínimo para manter o emprego precisa entregar? Para não ser notado? Para ficar quietinho no seu canto o maior tempo possível? Não estamos falando de crescer nem prosperar na empresa. Estamos falando de ficar estacionado, mas continuar recebendo seu desejado salário e "tocando a vida".

É claro que a resposta depende de especificidades de cada situação, tais como o perfil da empresa e do chefe, mas sabemos não ser impossível abstrair e apontar um valor médio. Então repito a questão: quanto seria esse percentual? Não continue a leitura sem pensar alguns segundos no assunto e propor mentalmente um valor para o qual sua experiência e intuição apontam (pausa para pensar).

As respostas que temos obtido recorrentemente dos participantes dos nossos cursos na Ynner apontam para um valor incômodo: de 30% a 50%.

E isso está alinhado com as informações oferecidas por Liz Wiseman no best-seller *Multipliers*. Ela pergunta em seus seminários, num dos quais estive presente: "Quantos de vocês concordam que a grande maioria da força de trabalho tem mais capacidade, criatividade, talento, iniciativa e versatilidade do que seus atuais cargos permitem ou mesmo exigem que sejam usados?". As respostas afirmativas são de 99%. Instigada por essa situação, Wiseman coordenou uma pesquisa que concluiu, entre muitas outras coisas interessantes, que, diante de certos tipos de chefes, as pessoas se dispõem a entregar de 20% a 50% de sua capacidade. Apenas 20% a 50%. Obviamente, essa é a faixa de segurança na opinião dos desmotivados. A zona de esforço mínimo que eles acham suficiente para garantir seus empregos. Em linha com o que estimam os participantes de nossos cursos.

Qual a implicação dessas constatações? Não é absurdo pensar, com base nos números compartilhados acima, que, em uma organização com baixo grau de comprometimento, a liderança tem condições de dobrar ou até triplicar a energia aplicada no trabalho, aumentando de forma brutal a produtividade. Vale lembrar que produtividade é a relação entre *outputs* e *inputs* de um trabalho – ou resultado e esforço. Se dobramos os resultados através do comprometimento, mantendo as mesmas pessoas, estamos dobrando a produtividade.

O já citado estudo desenvolvido por Liz Wiseman conclui que, sob a liderança de um *Multiplicador* (nome que ela dá para os líderes que extraem o melhor dos liderados), as pessoas rendem 1,97 vez mais do que quando sob a batuta de um *Diminuidor* (cujo efeito é evidente pelo nome). Bingo de novo! E as evidências quantitativas da importância do engajamento não param por aí. Numa pesquisa da Gallup (estudo citado no livro *Liderança Essencial*) em 2012 com amostragem bastante densa, os números são autoevidentes. Organizações com pessoas comprometidas são 22% mais lucrativas. Isso acontece porque são 21% mais produtivas, têm clientes 10% mais satisfeitos, 41% menos problemas de qualidade, 25% menos rotatividade de pessoal e 48% menos acidentes de trabalho.

Por mais interessante que tudo isso possa ser, até agora estamos no mesmo estágio de alguns palestrantes motivacionais que dizem o que fazer, mas se esquecem de dizer "como". Gritam aos quatro ventos que é importante manter os colaboradores engajados, mas se esquecem de contar o que deve ser feito. Estamos conscientes disso. Nossa intenção nesta seção é conseguir incomodá-lo a ponto de você reforçar suas convicções sobre a importância de ter uma equipe comprometida. No mínimo, gostaríamos que você passasse a considerar esse assunto com o carinho que merece. Espero que tenhamos conseguido. Prossigamos. Vamos, agora, começar a refletir um pouco sobre como fazer isso.

Supondo que eu realmente queira motivar as pessoas do meu time, o que devo fazer na prática? Confesso que, durante toda a minha carreira como executivo, fiquei bastante incomodado por receber apenas conselhos muito genéricos a respeito do tema. Alguns professores tentaram me mostrar o caminho, apelando para a proverbial Pirâmide de Maslow. Apesar de ser um modelo muito discutido – ainda que entendido apenas superficialmente pela maioria –, ele é, no entanto, predominantemente teórico e não satisfaz automaticamente os anseios daqueles que buscam uma orientação prática. As ideias desenvolvidas por esse famoso psicólogo americano no celebrado *A Theory of Human Motivation* são realmente muito interessantes, mas precisam ser cozidas no fogo da experiência prática para que possam ser utilizados no cotidiano empresarial.

O primeiro passo é entender que animar ou energizar as pessoas não é a mesma coisa que motivá-las. Não é um discurso, uma atividade vigorosa, nem uma palestra motivacional (ou dezenas delas) que vão transformar seu time em uma equipe comprometida.

Para chamar a atenção de forma bem-humorada para essa questão, nos nossos treinamentos de liderança, mostro o trecho de um filme espanhol em que um gerente de vendas faz um inflamado discurso para uma atenta equipe comercial prestes a sair para o trabalho. Ele desafia, grita, pula e faz pular com o intento de garantir que sua equipe saia para a jornada de trabalho com "a faca nos dentes". Em uma atitude caricata e bem-humorada, o protagonista do vídeo acaba por escancarar que os participantes do treinamento (como a maioria de nós) têm uma visão frágil sobre o que é motivar na prática, o que provoca uma gargalhada generalizada, seguida por uma *poker face* que dura até que comecemos a propor uma reflexão um pouco mais consistente sobre o tema. Note que não estou dizendo que um discurso enérgico e emocionalmente carregado, em alguns momentos, seja inútil. Mas estou dizendo, sim, que isso não gera motivação duradoura que deságue em comprometimento consistente. Esse tipo de abordagem faz com que as pessoas fiquem "pilhadas" por um momento relativamente curto de tempo. Período esse que pode levar de algumas horas a no máximo poucos dias. Energização, sim. Motivação real e comprometimento, não.

Sendo assim, esse caminho da "palestra motivacional" faz sentido quando uma equipe está prestes a enfrentar um desafio em que será exigida intensamente e, portanto, precisará mobilizar todos os seus recursos – principalmente emocionais – para atingir objetivos ambiciosos no curto prazo. É por isso que técnicos esportivos lançam mão desse expediente com sucesso. O jogador é tocado emocionalmente por um discurso ou um vídeo e sai "babando" para o campo de jogo. Quando o efeito daquele estímulo começar a declinar, o jogo também acabou. É perfeito. É uma ferramenta adequada para essa situação. Para não desqualificar essa abordagem de energização circunstancial e situá-la em um contexto pertinente, fazendo um contraponto com o filme que acabei de citar, mostramos outros vídeos no treinamento, como um discurso que Al Pacino faz na pele de um técnico de futebol americano no filme *Um Domingo Qualquer*, para estimular seus jogadores antes de uma partida decisiva. Em situações como essa, a energização é uma ferramenta a se considerar.

Transportando a reflexão para o mundo corporativo, isso pode fazer sentido quando, por exemplo, uma equipe de vendas precisa "dar um gás" nos dias que antecedem o fechamento do mês, ou quando um grupo de executivos vai participar de um breve encontro que vai exigir grande concentração, dedicação e doação criativa/emocional. Ou ainda quando o pessoal da área financeira vai "virar a noite", trabalhando para fechar o resultado e apresentá-lo no dia seguinte para o presidente. Atividades que energizam são especialmente pertinentes quando o desafio vai durar apenas poucas horas, como equipes de vendas que fazem pequenas festas toda manhã antes de sair para um dia desafiador de trabalho. O problema, nesse caso, é que a repetição do mesmo estímulo pode banalizá-lo, anestesiando seu efeito.

> Gerar engajamento consistente é muito diferente de animar, agitar e energizar as pessoas, que é aquilo em que uma boa parte dos líderes pensa quando se refere a motivação, comprometimento ou engajamento.

Resumindo: gerar engajamento consistente é muito diferente de animar, agitar e energizar as pessoas, que é aquilo em que uma boa parte dos líderes pensa quando se refere a motivação, comprometimento ou engajamento.

Esses últimos parágrafos nos fizeram caminhar um pouco, na medida em que deixamos claro, em primeiro plano, o que *não* é gerar engajamento. Então, depois de dizer o que não fazer, vamos discutir o que os estudos sérios e nossa experiência apontam como o caminho a seguir.

ENGAJAMENTO NA PRÁTICA

Ao longo da minha jornada como executivo, recebi dicas esparsas sobre como ganhar o comprometimento dos liderados. Colecionei muitos palpites e impressões dos meus chefes e dos executivos mais graduados das empresas por onde passei. Se existe uma área nas organizações onde o "achismo" impera, é esta: comportamento humano. Sociologia, psicologia, filosofia e antropologia – as bases de uma visão possivelmente mais consistente sobre o tema – são vistas pelos gestores como as matérias chatas na faculdade e leituras desagradáveis, teóricas e portanto inúteis para um executivo. Apesar da pouca consistência dos *inputs* recebidos dos meus mentores nessa área, acabei desenhando, por sede de sistematização, algumas relações de causa e efeito sobre a questão da motivação e do comprometimento, e era a partir delas que interagia com meus liderados. Quando passei a me dedicar à educação corporativa, tive acesso a dezenas de autores que me mostraram algumas facetas interessantes da questão. Com base nelas, refinei algumas hipóteses sobre como agia o líder motivador. Mas sempre senti falta de uma abordagem simultaneamente prática e consistente conceitualmente. Teóricos geniais, como Abraham Maslow, Albert Bandura e Edward Deci, criaram modelos que possibilitam ver o quadro amplo ligado à questão, mas seus modelos dizem pouco sobre a aplicação cotidiana, particularmente sobre a aplicação no dia a dia empresarial. No lado oposto do espectro, estão aqueles que compartilham suas experiências práticas: os executivos-escritores, profissionais de grande destaque que compartilham suas vivências específicas, lastreadas basicamente em suas experiências pontuais, que são interessantes, mas limitadas, já que de alguma forma estão ligadas profundamente às culturas das organizações nas quais trabalharam. Sem contar que são fragmentadas e carecem de uma amplitude investigativa que dê maior confiabilidade às suas abordagens. Bons *insights*. Não muito além disso.

Minha experiência como executivo e esse contato com autores celebrados foram me trazendo uma perspectiva interessante sobre o tema, mas ainda insuficiente para minha sede de consistência. Discussões acaloradas sobre motivação em treinamentos de liderança na Ynner, por décadas, me levaram além, na medida em que enriqueceram ainda mais a minha visão prática do assunto, mas ainda não me satisfaziam. Queria algo imediatamente aplicável e ao mesmo tempo sólido. Com características científicas, mas sem perder a concretude. É obvio que precisaria ser consonante com minhas experiências profissionais, validando anos de vivência e observação. Francamente, quase desisti! Até me deparar com um interessantíssimo estudo da Gallup sobre o qual tomei conhecimento através do livro *12 Elementos da Gestão de Excelência*, de Rodd Wagner e James Harter. Com base em mais de 10 milhões de entrevistas, esse estudo apontou 12 aspectos do trabalho que têm alta correlação com o nível de engajamento dos colaboradores de uma empresa. Unindo metodologia científica e uma diligente preocupação quanto à aplicabilidade, a Gallup chegou a um conjunto de elementos interessantes e extremamente úteis. Podemos encarar esses tópicos como 12 práticas que funcionam como o núcleo de um contrato implícito entre funcionários e empregadores. É como se as pessoas estivessem dizendo: "Se vocês fizerem essas coisas por nós, faremos o que a empresa precisa". No entanto, diferentemente das outras propostas de ação com as quais tive contato, não eram 12 práticas vindas da experiência de um executivo isolado em uma circunstância específica, mas nascidas de um estudo sistemático e estatisticamente embasado, portanto consistente, como deve ser. Sem perder a praticidade, para que possa ser utilizado no ambiente corporativo.

Nas próximas páginas, vou falar sobre esses comportamentos, mas não vou reproduzir o resultado da pesquisa. Não é minha proposta. Para isso você pode comprar o livro e acessar o conteúdo diretamente. Vale a pena para quem quiser se aprofundar em cada um dos comportamentos. O que vou fazer é uma leitura desses 12 aspectos à luz de minha experiência como executivo, consultor e professor, enxertando, sempre que julgar necessário, *insights* de outros autores que possam enriquecer o entendimento e a aplicação dessas interessantes práticas.

Antes de tudo, cito os 12 comportamentos, que na minha opinião nascem dos 12 aspectos levantados pelo estudo original, mas temperados com minha perspectiva sobre o tema. Escritos de forma a deixar claro o que o líder deve fazer, diferentemente do estudo original, que coloca os mesmos tópicos como questões dirigidas ao liderado. Insisto em minha sugestão: aqueles que quiserem conhecer o conteúdo original devem ler o livro *12 Elementos da Gestão de Excelência*.

Vamos aos comportamentos em referência. O líder inspirador:

- Deixa claro o que espera de cada liderado.
- Disponibiliza os recursos básicos para o trabalho.
- Coloca cada um para fazer aquilo que tem talento para fazer.
- Reconhece abundantemente.
- Importa-se com o colaborador como pessoa.
- Estimula o desenvolvimento do liderado.
- Leva a opinião do liderado em consideração.
- Mostra a relevância da empresa e da função desempenhada.
- Enfrenta prontamente os sinais de descompromisso.
- Cria o clima adequado para o aparecimento das amizades.

- Dá *feedback* constantemente.
- Ensina aquilo que sabe para os liderados.

Vamos agora refletir sobre a essência de cada um deles.

O LÍDER DEIXA CLARO O QUE ESPERA DE CADA LIDERADO

As pessoas querem saber aonde ir. Poucas coisas angustiam mais o ser humano do que a falta de referências. Quando se sentem perdidas, desmotivam-se. Perdem comprometimento. Em contraposição, quando entendem para onde devem ir, sentem-se estimuladas e abraçam seus desafios. E por que os líderes nem sempre dizem aos seus liderados o que esperam deles? Em primeiro lugar, muitos líderes presumem que seus liderados sabem o que se espera deles. Não é verdade. É uma armadilha achar que porque algo é claro para você, também é claro para o outro. É sinal da falta de capacidade de entender a complexidade do mundo que nos cerca. E de perceber quantos caminhos possíveis se abrem diante de qualquer pessoa em qualquer função. Pergunte, por exemplo, a cem gerentes de contabilidade o que é ser um gerente de contabilidade e você receberá dezenas de respostas diferentes. Talvez perto de uma centena. Além de concepções diferentes sobre a área, vai ficar evidente que, em empresas distintas, as necessidades serão bastante diversas. E mesmo que eles concordem com os objetivos que devem perseguir, haverá centenas de estratégias que podem nortear tais objetivos. E ainda que convirjam com relação às estratégias, será possível apontar milhares de atividades que podem concretizar tais estratégias. E ainda que concordem com as atividades a realizar, haverá milhões de formas de priorizá-las e outras tantas de executá-las. Portanto, não basta contratar alguém e deixá-lo trabalhar. Tampouco é suficiente jogar um *job description* no colo do colaborador, tentando equacionar essa situação. É necessário discutir profunda e constantemente as responsabilidades, objetivos e estratégias. E, em alguns casos, esclarecer quais são os projetos e processos que materializarão tais estratégias e até mesmo detalhar a forma de conduzi-los, dependendo do nível de maturidade profissional e senioridade do liderado.

No mundo empresarial, abundam evidências de que isso não é feito. Pelo menos não com o cuidado devido. Se você tiver dúvidas, faça o seguinte teste: primeiro pergunte, em particular, para um liderado, quais são, em sua opinião, suas responsabilidades, objetivos e atividades prioritárias. Depois faça o mesmo com seu líder. Você encontrará mais dissonâncias do que consonâncias. Já tive a oportunidade de fazer isso várias vezes e fiquei perplexo. No dia a dia, essa diferença acaba se transformando em conflitos ou demonstrações sutis – às vezes explícitas – de insatisfação do líder, o que, com o tempo, vai desgastando a autoestima do liderado e roubando sua vontade de contribuir.

Também é equivocado achar que declamar uma vez suas expectativas fará com que o liderado absorva a sua mensagem. Os seres humanos precisam ouvir repetidamente a mesma coisa para que incorporem verdadeiramente uma mensagem. É curioso notar que alguns líderes entendem que basta dizer os objetivos no início do ano – durante o planejamento – e depois deixá-los por conta das pessoas, para voltar a cobrá-los no fim do período. Não funciona. A correria do dia a dia e a pressão por dar conta das tarefas urgentes roubarão a atenção dos liderados, que deixarão o que é importante em segundo plano, mesmo que tenham boa intenção, pois acreditam que aquilo que é importante, mas não urgente, pode ser feito depois. Um "depois" que acaba por nunca chegar. Para evitar essa dispersão, as pessoas precisam ser lembradas periodicamente dos seus reais desafios – o que tem impacto direto na produtividade e na motivação dos liderados.

Jamais me esquecerei da lição vivida na prática quando trabalhei com o Andrea Martini na Bauducco. Quando ele assumiu a diretoria de marketing da empresa, percebeu que as torradas tinham um enorme potencial e vendiam abaixo desse potencial. Depois de um diligente diagnóstico, ficou claro que o erro era expor as torradas na prateleira de produtos diet dos supermercados, pois isso fazia com que os consumidores as vissem como produtos para dieta, e não como alimentos saborosos para todos os tipos de público, reduzindo o seu potencial de vendas. A partir daí, Andrea definiu, junto com a equipe de marketing, que as torradas deveriam ficar junto aos biscoitos salgados no ponto de venda, ajudando as pessoas a entenderem suas reais possibilidades de consumo. Após essa definição, ele falava diariamente e em todos os foros sobre essa questão. Quando visitava um supermercado com um gerente ou vendedor, a primeira pergunta que fazia era: "Onde estão expostas as torradas? Vamos dar uma olhada?". Nas reuniões com a equipe de vendas, esse era o tema que tinha prioridade. Com o gerente de produto de torradas, o assunto era trazido à tona frequentemente. Até mesmo com Massimo Bauducco, presidente da empresa, a insistência era notável: "Massimo, você tem falado com o pessoal de vendas para colocar a torrada junto com os biscoitos?", dizia ele no seu português "italianado", o que dava um charme especial à cobrança. E, mesmo com essa obstinação, demorou certo tempo até que as pessoas assumissem o novo posicionamento como verdadeiro.

Mais tarde, quando fizemos o *turn around* na marca Bauducco, mudando o posicionamento, alterando radicalmente o logotipo e pintando todas as embalagens de amarelo, ele focou a atenção na exigência de que todos os produtos fossem expostos juntos nas gôndolas dos supermercados, para construir uma "parede amarela" no ponto de venda. Esse se tornou o tom do discurso por mais de um ano. Ele falava disso com todos o tempo todo. E a estratégia se realizou. Como queríamos.

Outro personagem que avalizou com sua experiência prática esse tópico iluminado pela pesquisa da Gallup veio de um dos templos universais do conhecimento empresarial. Drew Gilpin, a primeira mulher a assumir a presidência de Harvard, em uma entrevista para a revista *Fast Company* (ao completar sete anos à frente da instituição), foi muito clara. Quando perguntada sobre qual seu aprendizado mais surpreendente à frente de Harvard nesse período inicial, respondeu:

"Bom, uma coisa que vim a entender é sobre a importância de ouvir para um líder... a outra coisa – e isso parece conflitante com o que acabei de dizer – é que estou perplexa com quão desafiador é comunicar mensagens em uma grande organização. Você tem que dizer a mesma coisa de novo e de novo. Como professora, eu estava acostumada a dizer algo uma vez e nunca mais voltar a dizer novamente. Se fizesse uma apresentação em que dizia algo que já tinha publicado em um dos meus artigos, as pessoas balançariam a cabeça e comentariam 'Ela não tem nada de novo a dizer sobre isso'. Mas um líder precisa ter uma mensagem que pode ser identificada, entendida e incorporada consistentemente pelos liderados. Então, você simplesmente tem que continuar falando a mesma coisa de novo e de novo."

É bom enfatizar que, nesse momento, estamos nos referindo à clareza como elemento impulsionador do comprometimento: quando alguém entende para onde deve caminhar, sente-se mais seguro e, portanto, consegue se comprometer efetivamente com seus desafios. No Capítulo 3, veremos que essa mesma prática é uma ferramenta essencial no exercício do papel de gestor (que está mais ligado a aspectos processuais) e detalharemos sua execução. Essa situação, em que uma mesma atividade está ligada ao exercício de mais de um papel, se repetirá várias vezes, pois os papéis (líder, gestor, estrategista e empreendedor) conversam entre si num sistema dinâmico, interativo e iterativo.

O LÍDER DISPONIBILIZA OS RECURSOS BÁSICOS PARA O TRABALHO

Note que a sentença que encabeça este texto não fala de disponibilizar os últimos e mais avançados recursos, e sim os mais básicos. É possível entender esse fator como higiênico (dentro do conceito proposto por Frederick Hezberg), ou seja, oferecer recursos cada vez mais abundantes não leva a níveis crescentes de comprometimento, mas a privação dos recursos mais elementares pode enfraquecer o compromisso com a empresa. Então, se sua empresa tem condições de dar o que os funcionários precisam para trabalhar e não o faz, ela pode estar erodindo a motivação da equipe.

> Quando o líder diz claramente que percebe a ausência de recursos, explica os motivos (ainda que o liderado não concorde) e valoriza o esforço do liderado em trabalhar em uma situação desfavorável, o impacto negativo diminui.

No entanto, e se a empresa, por alguma razão, não tem condições de dar nem o mínimo para os colaboradores? Ou então, se existem outras prioridades ligadas à sobrevivência da empresa que precisam ser satisfeitas? Que fazer? Como minimizar o impacto dessa lacuna de recursos no comprometimento dos liderados? Nossa experiência mostra que, quando o líder diz claramente que percebe a ausência de recursos, explica os motivos (ainda que o liderado não concorde) e valoriza o esforço do liderado em trabalhar em uma situação desfavorável, o impacto negativo diminui. Por exemplo:

"Sei que os computadores de vocês já estão ultrapassados e reconheço o esforço que vocês têm feito para trabalhar em programas pesados e que deixam o computador ainda mais lento. Preciso que vocês continuem ajudando por um tempo. Acontece que nossas vendas caíram 15% neste ano, e os recursos para novos investimentos ficaram comprometidos. O *budget* foi cortado, e tivemos que ser rigorosos, inclusive para não precisar cortar pessoas."

A transparência e a honestidade têm o poder de amenizar a situação, que fica ainda menos incômoda se o líder deixa claro que intercede genuinamente por sua equipe nas instâncias superiores, "batalhando" por melhores condições e ferramentas. Quando o time percebe a real dedicação do "chefe" para suprir as eventuais lacunas de recursos, seu esforço é reconhecido e ele é visto como um membro legítimo do grupo. "Hoje à tarde, tenho uma reunião com o diretor financeiro e vou dizer que precisamos priorizar a compra dos novos computadores. Vou mostrar a ele que essa ferramenta é essencial para o trabalho da nossa equipe e que vocês estão sendo penalizados além dos limites."

Vale dizer que, dependendo do tipo de empresa e da natureza do trabalho, os recursos básicos necessários são diferentes, mas, para qualquer área e função, um aspecto é fundamental e pode ser considerado um recurso básico: o ambiente físico onde as pessoas desenvolvem suas tarefas. Desde os estudos primordiais da administração, como aqueles desenvolvidos por Elton Mayo no século passado, essa questão está presente. E o passar do tempo não diminuiu a importância do assunto, muito pelo contrário. E de alguma forma é perceptível que a maioria das empresas se preocupa com isso. Principalmente com relação à criação de ambientes no mínimo agradáveis para os trabalhadores do conhecimento. Como regra geral, podemos dizer que as empresas tentam oferecer escritórios agradáveis para seus funcionários. Em paralelo, contudo, querem fazer com que tais escritórios facilitem o trânsito de informações, e para isso derrubam as paredes, criando o máximo possível de espaços abertos que facilitam a comunicação e as interações entre as pessoas, o que é absolutamente legítimo, embora criem-se alguns paradoxos com isso. Paradoxos que nascem na medida em que privam seus funcionários de um dos recursos mais básicos para o trabalho intelectual: o silêncio, que é uma das matérias-primas para a concentração. Temos ouvido com frequência em nossos treinamentos que as pessoas não conseguem trabalhar direito pela falta de concentração, em função do zumbido reinante nos escritórios sem barreiras. Isso irrita quase todo mundo, e alguns estudos mostram que as empresas ganhariam muito em produtividade se os colaboradores tivessem um pouco mais de privacidade e silêncio para trabalhar. Não estou pregando aqui o fim do *open space*, mas acho que o seu uso deve ser temperado com a criação de espaços em que os colaboradores possam ficar sozinhos e concentrados.

Outra alternativa é oferecer a possibilidade de que as pessoas possam fazer *home office* ou *coffee office* se quiserem. O período da pandemia mostrou o quanto a possibilidade de trabalhar em um ambiente mais reservado pode impactar positivamente a produtividade individual. É inegável que teremos cada vez mais trabalhadores do conhecimento em detrimento dos trabalhadores braçais, e que portanto precisaremos entender como oferecer condições básicas para quem usa a mente como recurso produtivo. Sendo assim, há que se equilibrar as vantagens do escritório sem barreiras com a necessidade de concentração e privacidade, o que é – e continuará sendo – um desafio para os líderes contemporâneos.

O LÍDER COLOCA CADA UM PARA FAZER AQUILO QUE TEM TALENTO PARA FAZER

Minha intuição, construída sobre uma série de observações ao longo de minha vida profissional, sempre me disse que existe uma relação íntima entre o grau de comprometimento de alguém com suas atividades e o quanto essa pessoa se sente vocacionada para elas. Por isso, fiquei muito satisfeito em saber que, na pesquisa da Gallup, esse aspecto foi aquele que, isoladamente, melhor explicou o nível de comprometimento de uma pessoa. Cada um de nós tem um conjunto de qualidades que precisam ser externadas para que nos sintamos plenos como seres humanos. Sentimo-nos mais completos quando usamos pelo menos algumas das características que consideramos nossos dons. O filósofo Baruch Spinoza traduziu essa característica da nossa essência já no século 18, quando disse que "ser o que somos, e nos tornarmos o que somos capazes de nos tornar, é o único objetivo da vida".

Quando alguém faz aquilo que sente que nasceu para fazer, transborda em energia e disposição.

Claro que é praticamente impossível oferecer para um liderado uma função em que ele faz apenas o que se encaixa perfeitamente em seu perfil. Por outro lado, impor a alguém um conjunto de desafios que afronta diametralmente sua natureza leva a um grau de desgaste que fatalmente desemboca em desengajamento.

Nesse sentido, o papel do líder é encontrar o *Encaixe Perfeito* – nome de um dos primeiros livros a tratar do tema de forma objetiva. Como isso acontece? O primeiro passo é olhar para uma posição ou para uma atividade que precisa ser realizada e entender as competências requeridas para desempenhá-la com excelência. Depois, conseguir encontrar uma pessoa cujas características naturais se adaptem o mais harmoniosamente possível às demandas da posição ou da atividade. Quando o líder consegue isso, o resultado é uma pessoa trabalhando com o menor dispêndio de energia física e emocional possível. Satisfeita. Envolvida.

Na prática, você faz isso acontecer em dois momentos: quando contrata alguém e ao alocar uma tarefa específica a um dos membros da sua equipe. No momento de contratar uma pessoa para uma vaga em seu time, você deve se perguntar quanto ela precisará se desviar da sua natureza para fazer o que deve ser feito. O mesmo raciocínio vale para distribuir responsabilidades ou tarefas entre seus comandados. Pergunte-se: "estou considerando e respeitando as inclinações das pessoas?".

Não me esqueço do depoimento de um gerente de uma grande multinacional da área de automação industrial que participou de um treinamento de liderança na Ynner:

"Agora estou entendendo por que o Paulo tem reações tão diferentes quando lhe peço coisas diferentes. Se digo para ele regular uma máquina, ele age imediatamente. Se peço para treinar um colega a operar a máquina, ele demora semanas para começar. Isso me deixava confuso. Afinal, ele é ou não é um bom funcionário? Agora ficou claro."

É óbvio. Tudo aquilo que faz parte da minha natureza flui rapidamente. Tudo o que contraria minha essência exige uma batalha interna antes de ser executado. Isso não significa que o gerente de Paulo deva poupá-lo do trabalho de treinar o colega, caso ele não tenha outra alternativa. Mas, se ele tiver em sua equipe outro funcionário que faça isso com mais naturalidade e desenvoltura, por que não otimizar a energia do time? Outro caminho para essa situação é se perguntar: de que forma Paulo pode usar seus talentos para treinar os colegas? Afinal, existem maneiras diferentes de fazer a mesma coisa. E talvez a questão não seja "o que" deve ser feito, mas "como" alguém usa o que tem de melhor para realizar o que lhe é demandado.

Essa abordagem pode suscitar o seguinte questionamento: "Mas, agindo assim, o líder estará privando o liderado de desenvolver uma nova competência". Verdade. A pergunta é: ele realmente precisa dessa competência? Afinal, ninguém é bom em tudo e ninguém tem sucesso profissional porque sabe tudo. Se fizer parte do processo de desenvolvimento de Paulo aprender a treinar outros colegas – e ele estiver de acordo com isso –, tudo bem. Desde que se tenha consciência, ainda, de que está sendo feito um investimento em Paulo, e que o custo disso é a perda circunstancial da performance da empresa, para, talvez colher uma maior produtividade no futuro. Além disso, é preciso levar em consideração que o aspecto mais importante do desenvolvimento de uma pessoa é o aperfeiçoamento dos talentos, e não a melhoria das debilidades. É importante se perguntar: Paulo precisa mesmo saber treinar uma pessoa para a carreira que ele quer seguir e para os planos que a empresa tem para ele? Se sim, mãos à obra! Se não, é melhor tirar esse fardo das costas de Paulo e deixá-lo livre para voar alto pelo caminho que sua essência indica. Vale enfatizar que é pouco provável que Paulo seja excelente em "treinamento" um dia. Mas, se isso for essencial para ele e para a empresa, o caminho deve ser de "controle de danos". A pergunta a ser feita é: "Como não deixar essa fraqueza de Paulo atrapalhar sua performance e seu progresso?", que é bem diferente de "Como fazer Paulo ser um excelente treinador?". É possível que nunca seja. Pode, certamente, melhorar. Pode chegar até a ser razoável. Mas excelente... Será que é possível? Para quem achar essa alegação muito radical, sugiro a leitura do

> Ninguém é bom em tudo e ninguém tem sucesso profissional porque sabe tudo.

Capítulo 1 do livro *Descubra seus Pontos Fortes*, para entender como o desenvolvimento da nossa neuroanatomia explica essa questão. E para aqueles que disserem que as últimas descobertas sobre a plasticidade do cérebro mostram que esse incrível órgão humano consegue se reconfigurar para a obtenção de novas habilidades e conhecimentos, sugiro que leiam novamente o texto no qual estão se baseando e prestem atenção no fato de que existe um mar de diferença entre neuroplasticidade para conseguir adquirir uma nova capacidade e atingir a excelência nela.

O LÍDER RECONHECE ABUNDANTEMENTE

Era domingo. Uma da tarde. Depois de uma manhã preguiçosa à beira da piscina, lendo e curtindo minha família, dignei-me a ligar para um restaurante. A comida chegou rápido. Almoçamos. Depois, investimos alguns minutos na tradicional conversa fiada, leve e agradável, que só nasce da certeza de que não há nada importante para fazer até o fim do dia. Enquanto o "papo" seguia seu caminho, olhei para minha filha mais velha e me dei conta de que ela já estava na idade de começar a nos ajudar com as tarefas domésticas. Disparei: "Luiza, hoje a louça é sua". Ela me olhou com um misto de surpresa e indignação. Fiz cara de paisagem e comecei a tirar a mesa. Conformada, mas despreparada emocionalmente para a "árdua" tarefa, ela me perguntou se podia descansar um pouco antes do hercúleo desafio – quatro pratos e seus adereços. Consenti. Do fundo do meu cochilo vespertino no sofá da sala, ouvi pratos tintilando na cozinha umas duas horas depois. Continuei embalado por algum primo distante de Morfeu. Mais tarde, quando me desaninhei, fui em direção à cozinha, passando pela Luiza sentada com um livro na mão. Percebi um olhar levemente ansioso vindo dela. Quando cheguei à cozinha, entendi. Ela tinha não só lavado a louça, mas também deixado a cozinha impecável. Tudo guardado. Tudo limpo. Tudo no lugar. Enquanto apreciava o belo trabalho, percebi, de soslaio, seu olhar por cima do livro. Com a respiração bloqueada, disfarçou e voltou às linhas. Por que ela poderia estar ansiosa depois de uma tarefa tão bem executada? Receio? Não. É claro: ela estava esperando que eu dissesse algo. Elogiei, fiz uma festa contida – compatível com a expectativa de uma adolescente – e contei para a mãe, que fez o mesmo.

Essa singela história pessoal não é sem motivo. Evidencia que, desde as primeiras responsabilidades, cada um de nós espera que nossos esforços sejam notados. Minha filha não é diferente da maioria dos seres humanos e gosta de ser reconhecida. A pesquisa da Gallup traz ciência para essa questão instintivamente percebida pela maioria de nós. E vai além, chegando ao requinte de indicar uma dose mínima: semanal. Isso mesmo. As conclusões da investigação sugerem que uma pessoa precisa receber pelo menos um reconhecimento por semana. Em nossos treinamentos na Ynner, alguns participantes me perguntam: "Mas o que eu faço se alguém da minha equipe não fizer nada que mereça reconhecimento em uma semana?". Ao que respondo com uma nova questão: "E o que essa pessoa está fazendo no seu time? Como pode alguém continuar no seu time se não faz **nada** de certo em uma semana inteira?". A tréplica é previsível: "Nããão! Também não é assim! Ele faz coisas certas, mas nada excepcional a ponto de merecer um reconhecimento". Preste atenção: o argumento parece muito sensato, mas tem uma fratura. Parte da premissa de que apenas resultados excepcionais merecem reconhecimento. Não é isso que minha experiência mostra, nem o que podemos entender a partir da pesquisa. Portanto, o que sugiro – veja o título desta seção – é reconhecimento abundante. Muito. O máximo possível.

Algumas pessoas dizem – e já ouvi isso mais de uma vez em treinamentos – que, se você reconhece alguém com grande frequência, o reconhecimento perde valor. Fica banal. Entendo esse ponto de vista. Ele realmente parece fazer sentido dentro da perspectiva lógica. Só não está sustentado pela prática.

Preste atenção e você vai perceber que, na vida real, o reconhecimento funciona como uma droga – do bem. Quanto mais a pessoa recebe, mais continua se dedicando para continuar recebendo. Alguém reconhecido frequentemente está sempre em busca de mais uma "dose".

Mas, realmente, há um porém na proposta de reconhecimento abundante: se não houver proporcionalidade entre o que foi feito e a intensidade desse reconhecimento, aí, sim, ele parece se fragilizar. Note que até agora não falamos em elogiar ou fazer festa. Usei proposital e consistentemente a palavra *reconhecer*. Se você soltar rojão a cada passo que seu liderado dá, talvez a coisa realmente perca sentido. Existe um enorme leque de formas de reconhecimento, dentre as quais o elogio costuma ser o mais lembrado, apesar de não ser o único nem, talvez, o mais importante. O grande líder tem no repertório as várias alternativas e aplica aquela que melhor se encaixa a cada liderado em cada situação; respeitando a proporcionalidade. Se alguém fez o básico; um reconhecimento básico: uma piscadela de aprovação, um obrigado ou até o famoso "tapinha nas costas" – sim, ele é valorizado pela maioria, mesmo que alguns, com ranço sindicalista, prefiram negar. Se alguém fez algo ligeiramente acima das expectativas, um reconhecimento um pouco mais temperado: um sorriso mais largo, um breve elogio ou agradecimento caloroso. Se o feito foi realmente acima da média, aí, sim, um elogio soletrado. E por aí vai; numa rota ascendente. Um elogio público, um elogio público formal por e-mail, um prêmio simbólico, um reconhecimento financeiro – que é mais impactante pelo que sinaliza do que pelo valor. Uma promoção.

Se houver o cuidado de manter essa proporcionalidade, a chance de banalização, ao nosso ver, é mínima.

Agora, considerando que existem intensidades diversas no exercício do reconhecimento, gostaria de desafiá-lo a dizer qual é a forma mais simples entre todas. A mais básica? A mais banal e rasteira? A forma mais frágil e singela de reconhecer? Quando faço essa pergunta nos treinamentos da Ynner, a resposta geralmente é: dizer obrigado, agradecer, ou simplesmente sorrir. Essas são realmente formas de reconhecimento que estão no térreo do edifício do reconhecimento. Mas existe uma que está no subsolo. É tão evidente que não a notamos.

Pense.

A forma mais básica é "reconhecer a existência". Essa sua possível cara de interrogação ou perplexidade também vejo refletida nos rostos dos participantes dos nossos treinamentos. Ela se desfaz quando lembro que existem muitos "chefes" que chegam à empresa e vão direto para suas salas, sem cumprimentar ninguém. Eu mesmo já tive um desses. De propósito – ou não –, esses líderes estão negando aos seus liderados o reconhecimento mais elementar. O reconhecimento de que eles existem. Ao ignorar a presença de seus subordinados, esses "tigrões" do mundo corporativo estão dizendo "você não existe" e roubando a semente primordial do comprometimento. Afinal, como posso ver motivos em fazer algo para alguém que se comporta como se, às vezes, eu não existisse?

A ancestral língua zulu ilustra isso em seu simples cumprimento cotidiano. Quando duas pessoas se cruzam em locais em que se usa esse idioma, uma diz: *Sawubona*. A outra responde: *Sekona*. A tradução? *Sawubona* significa "eu te vejo". *Sekona*, "então, eu existo". Essa secular tradição africana nos indica que precisamos da anuência do outro para que possamos dar por confirmada a nossa existência. Não acredita? Acha exagerado? Então "viaje" um pouco comigo. Imagine a seguinte situação: certo dia, você acorda, se arruma e sai para o trabalho. Ao passar pelas pessoas, começa a notar que elas não olham para você. Quando tenta falar com elas, não tem retorno. Sei que você está achando essa conversa meio estranha, mas não desista, venha comigo. As pessoas passam o olhar por você e não se detêm um segundo sequer. Você insiste e nada. Ninguém parece vê-lo. Ninguém se dirige a você. Ninguém o atende. Se isso realmente acontecesse durante algumas horas, que pergunta você se faria? Seja sincero. Sem medo de parecer maluco. É isso mesmo! Em algum momento você se perguntaria: "Será que eu morri?". Então, por mais estranho que possa parecer – e sei que parece mesmo –, você não acredita que existe por você mesmo. Você precisa da confirmação do outro para reconhecer a própria existência. É um fato. Então, o chefe que chega todo dia ao trabalho e ignora o liderado está matando uma parte dessa pessoa e certamente fulminando a sua motivação.

Costumo dizer que, se você tem até uns quinze liderados diretos, tem a obrigação de cumprimentar cada um, individualmente, todo dia, quando chega ao trabalho. Se você tiver muito mais do que isso, ou está vivendo uma situação muito particular ou provavelmente tem alguma coisa errada com a estrutura da sua empresa – lembre-se de que estamos falando de liderados diretos. De qualquer forma, nesse caso, você pode lançar mão de um cumprimento geral, mas nunca simplesmente ir passando sem cumprimentar ou achando que basta menear de leve a cabeça. Tem que cumprimentar! Básico? Mas não praticado por todos.

Não consigo encerrar esse tema sem citar a caridosa Madre Teresa de Calcutá, mesmo correndo o risco de ser taxado de piegas por alguns. "As pessoas anseiam mais pelo reconhecimento do que pelo pão." Vejam que essa mulher viveu toda a vida ombro a ombro com a miséria e com a desgraça. Com a fome. E, do alto dessa experiência ímpar, sentenciou que uma pessoa prefere ser reconhecida a comer. Talvez eu e você não tenhamos autoridade para dizer que o reconhecimento é tão importante assim. Mais importante até, segundo ela, do que o atendimento de necessidades básicas. Mas ela tinha autoridade para dizer isso. E disse. Portanto, antes de negar reconhecimento aos seus liderados, lembre-se de que talvez você esteja fazendo o mesmo que aquele que nega comida a quem tem fome. E talvez essa fome gere fraqueza atitudinal, que vai acabar por minar os objetivos que você persegue para o seu departamento ou para sua corporação.

O LÍDER SE IMPORTA COM O COLABORADOR COMO PESSOA

Entendo e valorizo a preocupação que os "diletantes semiólogos" empresariais têm de atribuir um nome digno às pessoas que trabalham nas organizações. Parece-me que estão sempre em busca da palavra que mais humanize os habitantes corporativos. E, do ponto de vista semântico, a coisa realmente vem evoluindo. No passado, eram reconhecidos pela fria alcunha de *empregados*. Viraram *funcionários*, depois foram "promovidos" a *colaboradores*. Alguns chamam de *associados*. Enfim, os nomes ficam mais respeitosos a cada dia. Só não tenho certeza de que as práticas cotidianas venham

> Um humano recurso é diferente de um recurso humano. E acho que a ordem dos fatores, aqui, muda, sim, o produto.

progredindo no mesmo ritmo. É notável que muitos líderes, em todos os níveis gerenciais, têm tentado humanizar a relação com seus liderados. Mas também é inegável que a maioria ainda olha friamente para sua equipe apenas como um conjunto de recursos. Não quero poetizar demais, dizendo que as pessoas não se veem como recursos. Estou convicto de que elas sabem que o são, e se assumem dessa forma. Sem muito drama. Mas tudo indica que elas se veem – e gostariam de ser vistas – antes de tudo como humanos que funcionam circunstancialmente como recursos, e não como um recurso a despeito da sua humanidade. Um humano recurso é diferente de um recurso humano. E acho que a ordem dos fatores, aqui, muda, sim, o produto. Não que devamos mudar o nome da área. Nada disso. Apenas sugiro, lastreado pela pesquisa da Gallup que ora interpreto, que os líderes vivam a função – RH – de forma diferente. Com mais ênfase no H do que no R.

E, se quero me relacionar com a "pessoa" que trabalha comigo, tenho que *conhecer* a pessoa que trabalha comigo. É impossível construir laços sem lançar mão da matéria-prima que forja tais laços: conhecimento mútuo. Fico impressionado com alguns chefes que não sabem quase nada sobre seus colaboradores. Estilo, preferências pessoais, ambições profissionais e aspectos fundamentais da vida privada são essenciais para uma interação humana e real. Quais são as pretensões profissionais? O que seria uma carreira ideal? Que preço está disposto a pagar por ela? É casado? Tem filhos? Como se chamam? Quais os *hobbies*? O que mais faz da vida? Pelo que se interessa?

Esse tipo de coisa não se aprende num questionário. Os temas mais ligados ao universo profissional até podem ser discutidos formalmente, mas o conhecimento pessoal só nasce de uma interação marcada pelo interesse cotidiano genuíno. E note a força da palavra *genuíno*. Se o interesse é artificial, movido pelo desejo de manipular, o "tiro tende a sair pela culatra". Não é difícil notar quando alguém está falsamente interessado em nós. E não gostamos disso.

O líder inspirador se interessa verdadeiramente pelas pessoas que o cercam. É mais forte que ele. É natural. Ele quer saber o que está acontecendo com "os seus" e se preocupa quando algo não vai bem.

Se um familiar do liderado está com um problema de saúde, ele acaba sabendo. E pergunta. Não por perguntar. Não para cumprir tabela. Mas como manifestação natural da sua humanidade.

A geração dos meus pais dizia que vida pessoal e trabalho não deveriam se misturar, a minha geração questionou isso – alguns em alguns momentos –, e as últimas gerações têm borrado a linha que separa as duas dimensões.

Talvez alguém pergunte: mas isso não é invasão de privacidade? E se eu não quiser que meu chefe saiba nada sobre minha vida pessoal? É um ótimo ponto. E a resposta é: a primeira coisa que um líder precisa conhecer sobre seu liderado é o nível de intimidade que faz sentido para ele. Se uma pessoa do seu time quer manter a distância pessoal, você deve ter maturidade para respeitá-la. Mas aqueles que anseiam por mais proximidade também precisam ser considerados. Existem liderados que preferem manter uma relação protocolar com o líder. É um caminho. Outros gostariam de mais proximidade pessoal. Não existe certo ou errado. É uma questão de estilo. E você deve considerar esse estilo na construção do relacionamento. Obviamente, sem se esquecer do nível de liberdade com o qual você mesmo se sente confortável. Se esse limite for ultrapassado, a situação se artificializa e a relação naturalmente humana desaparece. Se você se forçar a ser como não é, o desconforto vai ficar evidente e a credibilidade será perdida. Mas se você só se sente confortável em relações frias e distantes, talvez seja o caso de questionar se realmente quer exercer o papel de líder. Afinal, já vimos que a liderança é uma atividade construída sobre as relações humanas, e aqueles que a abominam talvez não tenham um dos ingredientes essenciais para o desafio.

É bom notar, entretanto, que lastrear o relacionamento profissional no relacionamento pessoal não significa que o líder deva ser amigo do liderado, o que, aliás, é bastante controvertido. Em nossos treinamentos, presenciamos ótimas discussões sobre o tema. Muitos depoimentos dos participantes dos nossos cursos de liderança na Ynner deixam claro que, na prática, as amizades com colaboradores têm muito mais chance de dar errado do que certo. E não é difícil de entender. Um chefe tem, por mais velado que seja, um poder sobre seu subordinado que, de alguma forma, é incompatível com o cultivo de uma amizade genuína. Saber que alguém pode "mandá-lo embora" caso queira – ou precise – não é exatamente o amálgama de uma relação saudável. Convenhamos que receber um *feedback* corretivo e manter laços afetivos intocados é um desafio. Principalmente se o líder não souber dar *feedbacks* e confundir o *feedback* corretivo com *feedback* negativo – que é o corretivo mal dado. E que recebe nomes hilários nos cantos da empresa e nos *happy hours.*

O que parece mais apropriado é a existência de um clima amistoso – o que é diferente de amizade – entre líder e liderado. Um ambiente em que haja confiança e que seja agradável. Onde a vida privada esteja posta, mas nem sempre exposta.

Já presenciei algumas situações – e ouvi vários relatos – nas quais um membro da equipe é alçado à liderança dos seus pares e não consegue absorver a nova realidade. Não consegue perceber que, daquele momento em diante, não faz mais parte da "turma" da mesma forma. Que talvez não seja convidado para todos os encontros e eventos fora da empresa. Continua querendo ser amigo da mesma forma, apesar de a nova situação pedir uma relação amistosa, mas talvez um pouco menos profunda. Quando esse dilema não é superado, as consequências podem ser muito ruins, podendo levar, inclusive, ao desligamento dessa pessoa ou ao surgimento de conflitos irreconciliáveis com a equipe.

É claro que existem exceções. É claro que alguns chefes e subordinados constroem laços verdadeiramente sólidos. E nesses casos podem surgir outros desconfortos, como a desconfiança dos demais membros do time de que haja algum tipo de favorecimento para o "amigo do chefe".

Insisto no argumento de que isso não significa que deva haver distância entre líderes e liderados, mas que a amizade – que é muito diferente de proximidade, cordialidade e humanidade – costuma ser mais exceção de que regra e que é necessário que se conheça os preços a pagar caso se opte por esse caminho.

O LÍDER ESTIMULA O DESENVOLVIMENTO DO LIDERADO

Parece-me um raciocínio saudável e justo: se você me ajuda com a minha carreira, eu o ajudo com a sua. Reciprocidade. Essa é uma das alavancas que movem uma pessoa rumo ao comprometimento. Já diz Robert Cialdini no livro *Persuasão*. Quando o liderado percebe que o líder está preocupado com o seu desenvolvimento e consequente crescimento dentro da organização, existe grande chance de que ele também se preocupe em agir de forma a colaborar com o êxito do seu incentivador, o que eleva o seu nível de engajamento. Afinal, sabemos que as pessoas se sentem impelidas a retribuir um bem que recebem – exceto em casos patológicos ou para os que estão no limite da moralidade, que, uma vez localizados, devem ser tratados também de forma especial.

O ponto de partida para agir como estimulador do desenvolvimento do liderado é entender para onde ele quer levar sua carreira. Quais são seus objetivos de longo, médio e curto prazo? É um erro presumir que suas aspirações como líder são as mesmas cultivadas pelas pessoas que compõem seu time. E é um erro muito comum, pois tendemos a acreditar que o que é bom para nós também se encaixa nos planos dos outros. Já vi, por exemplo, um diretor que valorizava a carreira internacional designar um gerente para um período de expatriação, imaginando que estaria recompensando-o, quando, na verdade, estava criando um caos na vida pessoal dele, levando-o inclusive a pedir demissão, uma vez que ele tinha uma esposa com profissão estabelecida no Brasil, cuja renda era superior à sua e com quem já havia definido que a carreira global não seria uma opção viável.

Depois de compreender o mundo pela perspectiva do liderado, o líder deve ajudá-lo a entender quais são os recursos que ele tem para chegar lá. Entre esses recursos, as competências são certamente as mais importantes – além delas, existem os recursos financeiros, materiais, e o networking, por exemplo. E o líder com sua maior experiência deve orientar o liderado para que ele possa, antes de qualquer coisa, reconhecê-las. Quanto mais uma pessoa tiver consciência e capacidade de articular suas competências, maior será a chance de ela evoluir em sua qualidade intrínseca e transformar essa evolução em ganhos de carreira. Ainda neste capítulo, no tópico Líder, Papéis e Competências, iremos discutir a segunda dimensão do papel do líder, que é o desenvolvimento de competências do liderado, quando nos aprofundaremos nessa questão e conheceremos as ferramentas que o líder tem à disposição para fazer isso na prática. O tópico que estamos discutindo agora pretende mostrar apenas que, além de tornar o liderado um profissional melhor e mais capaz, o líder gera engajamento quando se dedica ao desenvolvimento dos seus colaboradores.

Por fim, o líder deve funcionar como um "empresário" do seu colaborador. Como o empresário de um artista ou um jogador de futebol mesmo. Representando-o na esfera política da organização e tentando articular oportunidades para que ele cresça profissionalmente. É óbvio que essa "representação" deve ser exercida responsavelmente e em consonância com as necessidades da empresa. Não buscando elevar o liderado a uma posição incompatível com sua real capacidade de contribuir, o que seria negligente da sua parte e danoso para a empresa. Ele deve, sim, harmonizar os interesses organizacionais às possibilidades e anseios do liderado.

Tudo fica mais fácil quando o líder percebe que o desenvolvimento do liderado tende a empurrá-lo para posições mais altas, em vez de nutrir um medo paranoico de que um colaborador competente possa "roubar seu lugar". Não que seja impossível, mas isso só acontece para os acomodados que não criam suas próprias opções de crescimento. E, ainda assim, mais como exceção do que como regra.

Ouvi em algum lugar que o crescimento da carreira acontece principalmente "empurrado por quem está abaixo", e não "puxado por quem está acima". Na maioria das vezes, é assim mesmo: o vulcão de competências daqueles que estão em erupção abaixo de você arremessa-o para voos mais altos. Depois, basta bater asas. Mas você precisa tê-las.

Infelizmente, nem todos entendem isso e acabam inibindo propositalmente o desenvolvimento dos membros do próprio time, por medo, apego ou ambos. Esses líderes ficam estacionados nas carreiras porque não conseguem construir sucessores à altura.

Depois, lamentam a "falta de sorte" ou a incapacidade de seus superiores, que, aos seus olhos, não percebem seu "enorme potencial".

Em suma: além de alavancar o comprometimento do liderado, o líder que estimula o desenvolvimento dos seus acaba gerando condições para que a própria carreira se desenvolva. Quer melhor?

O líder leva a opinião do liderado em consideração

Quando trabalhei na área de marketing da Bauducco, tive o prazer de liderar um projeto de reestruturação da área de atendimento ao consumidor. E para orientar a elaboração dos scripts usados pelas profissionais do telemarketing ouvi centenas de ligações entre elas e as consumidoras. Aprendi muitas coisas interessantes com essa experiência. Não só sobre *call centers* e marketing, mas também sobre o comportamento humano. Algo que ficou claro é que o ser humano nem sempre faz questão de que suas ideias sejam colocadas em prática, apesar de preferir que seja assim. O que eles fazem questão, sim, é de que suas opiniões sejam ouvidas genuinamente e consideradas de forma séria. Isso, sim, é crítico. "Fazer o que eu digo é desejável. Me levar a sério é fundamental."

Das primeiras vezes em que ouvi conversas como as que vou contar a seguir, achei estranho, mas, depois de algumas repetições, percebi que não eram exceções. Muito pelo contrário. Havia um padrão que emergia dali – os nomes são ficcionais, mas os eventos são reais.

— Alô, Dona Márcia, aqui é a Karina, do Serviço de Atendimento ao Consumidor da Bauducco. A senhora pode falar conosco agora?

— Oi, Karina, posso, sim. Aliás, liguei para vocês há umas semanas e falei com alguém... será que foi com você?

— Pois é, Dona Márcia, é por causa dessa ligação que estamos entrando em contato. No dia 15 passado, a senhora falou com uma colega minha. A Paula.

— Ahhhh! É isso mesmo.

— E a senhora sugeriu um produto: um biscoito recheado de banana.

— Isso. Isso mesmo! Já pensou que delícia?

— Nós levamos sua sugestão ao conhecimento da nossa área de marketing, e eles incluíram sua sugestão em uma pesquisa com os consumidores, e infelizmente a conclusão é de que não existe um número suficiente de pessoas que consumiriam esse produto a ponto de justificar seu desenvolvimento e produção. De qualquer forma, gostaríamos de agradecer sua sugestão.

— Noooossa! É mesmo? Vocês discutiram minha sugestão? Vocês levaram a sério mesmo, né? Que legal. O pessoal de marketing viu, é? Que ótimo – disse "Dona Márcia" em um tom animado e agradecido.

A essa altura da conversa, eu, da minha estação de escuta, tinha vontade de interromper o diálogo e dizer: "Ei, Dona Márcia, a senhora não entendeu? Nós NÃO vamos fazer o biscoito que a senhora quer, ok? Não vamos! Por que essa animação toda?".

Brincadeiras à parte, o ponto a constatar é que a Dona Márcia – e tantas outras Donas Márcias – não ficou satisfeita com a parte do "não". Mas adorou saber que foi ouvida genuinamente e levada a sério.

Consumidores, liderados, filhos e amigos. Todos querem ser levados a sério. E a pesquisa da Gallup dá sustentação estatística a essa afirmação no contexto da relação entre um gestor e seu colaborador.

Um líder que quer ver seu time comprometido deve dar atenção genuína aos pontos de vista dos liderados. A maior parte quase nunca dá o espaço básico para a equipe se manifestar. No passado, a coisa era dita de forma explícita. Hoje, nas entrelinhas. Mas o tal do "eu não te contratei para pensar, faz o que eu estou mandando" ainda existe. E existe pouca coisa que desmotiva tanto uma pessoa quanto se sentir apenas um instrumento operacional, observando sua visão de mundo e suas ideias serem totalmente desprezadas. Ao contrário, quando percebem que são consideradas, de verdade, como um ser pensante, tendem a jogar no time de forma muito mais engajada.

Uma das primeiras conclusões que tirei, observando o funcionamento do mundo empresarial enquanto trabalhava sob a batuta de alguns chefes no início da minha carreira, e que está totalmente ligada a esse tópico da pesquisa, é a seguinte: "uma pessoa que realiza uma tarefa, usando uma metodologia mais eficaz, definida por seu chefe, pode gerar menos resultados do que essa mesma pessoa fazendo a mesma tarefa através de uma metodologia menos eficaz criada por ela mesma". De uma forma mais direta: "se alguém faz algo do seu jeito, gera mais resultados do que fazendo do jeito do chefe. Ainda que o jeito do chefe seja tecnicamente melhor". O motivo é simples: a menos que exista uma diferença enorme entre as metodologias, a dedicação e o comprometimento com o próprio método acabam compensando – geralmente muito – a diferença técnica. Por isso, vale a pena não apenas levar a opinião do liderado em consideração, mas também deixá-lo agir da maneira que ele prefere, ainda que você esteja convicto de que a sua forma de fazer seja melhor. Sempre? Não. Existem situações em que isso não se aplica. Primeiro, em questões específicas, por exemplo, quando procedimentos não convencionais tiverem o potencial de colocar a segurança das pessoas em risco. Quando ministrei treinamentos para líderes dos terminais da Ultracargo, essa foi uma discussão interessante. Por lidar com um produto altamente arriscado – a maioria de líquidos e gases tóxicos e inflamáveis –, a empresa sempre foi obrigada a estabelecer procedimentos precisos e inflexíveis. Mesmo que um operador ache mais interessante fazer algo do seu jeito, não faz sentido colocar a vida de outras pessoas em risco para mantê-lo motivado.

Além disso, existem algumas situações em que fica claro para o líder que a diferença entre a sua abordagem e a do liderado é tão grande que ela jamais será compensada por qualquer nível de comprometimento adicional. Nesses casos, talvez valha a pena insistir na forma de fazer do líder. Digo *talvez* porque o preço da desmotivação geral do liderado também deve ser incluído nessa equação. Se a lacuna entre as duas metodologias for enorme, mas o impacto do trabalho em questão for pequeno, o líder pode abrir mão de uma eficácia maior para colher um nível de comprometimento maior.

O líder mostra a relevância da empresa e da função desempenhada

Viktor Frankl sobreviveu a quatro campos de concentração durante a Segunda Grande Guerra. E à luz dessa experiência pavorosa e de seus estudos como psiquiatra, chegou a uma conclusão: o significado que alguém encontra para a própria vida cria condições tanto para ajudar a sobreviver nos momentos difíceis quanto para viver bem nas épocas menos conturbadas.

Ele observou que, entre seus companheiros de cárcere, alguns não tinham grandes convicções sobre os motivos da sua existência. Estes eram justamente os que morriam antes. Outros acreditavam que sua jornada pessoal tinha um significado. Estes resistiam muito além do aparentemente suportável. Ainda que fossem mais frágeis fisicamente.

Uma vez livre, ao fim da guerra, ele aprofundou os estudos sobre o propósito, tendo escrito vários livros sobre o tema. Em um deles, o seguinte trecho me chamou particularmente a atenção:

"O homem é, em virtude de sua autotranscendência, um ser em busca de sentido. No fundo, é dominado por uma vontade de sentido. No entanto, hoje em dia, essa vontade de sentido encontra-se em larga medida frustrada. São cada vez mais numerosos os pacientes que recorrem a nós acometidos de um sentimento de vazio. Esse sentimento de vazio tornou-se, em nossos dias, uma neurose em massa. Hoje o homem não sofre mais tanto, como nos tempos de Freud, de uma frustração sexual. E hoje não o angustia tanto, como na época de Alfred Adler, um sentimento de inferioridade, senão bem mais um sentimento de falta de sentido, acompanhado de um sentimento de vazio. De um vazio existencial."

> As pessoas querem trabalhar em um lugar que ajude a dar sentido à sua existência e querem desempenhar uma função que se mostre relevante.

Essa profunda reflexão de Frankl é a parte submersa do *iceberg*, que mostra uma de suas pontas através das conclusões da pesquisa da Gallup sobre a qual nos baseamos nesta discussão.

De forma objetiva: as pessoas querem trabalhar em um lugar que ajude a dar sentido à sua existência e querem desempenhar uma função que se mostre relevante. Principalmente na era das redes sociais, em que parece ser mais importante mostrar o que se faz do que a ação de fazer em si. Costumo dizer que, cada vez mais, as pessoas querem postar nas "redes sociais" que trabalham onde trabalham. Ou, no mínimo, não querem ter que esconder. Não querem se envergonhar. É claro que ninguém vai construir inteiramente o sentido de sua vida a partir da missão da organização de onde tiram seu sustento, mas ela pode ser um catalisador ou um inibidor. Pode ajudar ou atrapalhar.

Digam-me, honestamente, se não é uma injeção adicional de energia acordar para ir contribuir com o Miami Children Hospital, cuja declaração de missão é a seguinte: "Nossa missão é inspirar a esperança e promover a saúde para toda a vida, proporcionando o melhor cuidado para cada criança". Ajudar uma criança a sobreviver é realmente algo que impulsiona. É claro que nem toda corporação tem uma razão de existir tão nobre, mas certamente existem aspectos positivos que devem ser enfatizados. O Frei Leonardo Boff disse que "todo ponto de vista é a vista de um ponto". Ouso tentar enriquecer dizendo que "todo ponto de vista é a vista *a partir* de um ponto". O papel do líder é conduzir o liderado para um local a partir do qual possa ver as perspectivas motivadoras de trabalhar na sua empresa. Algumas organizações fascinam pela natureza sublime de seu produto ou serviço, como o citado caso de um hospital infantil. Outras, pela proeminência científica. Outras, ainda, pela liderança ou pela cultura particular. Enfim, quase sempre é possível apresentar a organização por um ângulo favorável e de forma a aumentar a probabilidade de engajamento. Peço apenas que os "intelectualoides" não se sintam tentados a chamar isso de manipulação, pois não tenho dúvidas de que o que diferencia a manipulação da influência é a intenção. Se for espúria, está ligada com a primeira, mas, se estiver a serviço de um bom propósito, faz lastro à segunda. Se o objetivo for criar um ambiente no qual as pessoas se sintam bem com o trabalho que fazem para ganhar o pão de forma honesta, ao mesmo tempo impulsionando a empresa, não há por que se preocupar. É como diz Geshe Kelsang Gyatso em um de seus livros sobre o budismo:

"O que define uma ação como boa, má ou neutra é principalmente a intenção que a motivou".

Se, além de trabalhar em um lugar que considera importante de alguma forma, a pessoa ainda sentir que sua contribuição específica é relevante, os fatores se compõem para robustecer ainda mais a percepção de significado, gerando uma motivação adicional.

Algumas pessoas têm uma visão excessivamente focada no trabalho específico que realizam e não conseguem enxergar – quase sempre por falta de oportunidade – o impacto de suas ações no todo. Quando isso acontece, podem ficar com a sensação de inutilidade. A fantasia comunista de que a alienação oriunda da fragmentação do trabalho serve ao capitalista desconsidera totalmente que há uma relação entre o entendimento do que se faz e o empenho com o qual se faz. E é obvio que o capitalista está em busca de maior empenho, portanto, interessado em que o colaborador tenha uma visão sistêmica. Aleijar intelectualmente os trabalhadores pode até ter tido eco nos primórdios da Revolução Industrial, mas perde qualquer valor em uma estrutura empresarial lastreada nos trabalhadores do conhecimento com atividades menos mecânicas. Vale dizer que, geralmente, os líderes que não oferecem essa visão ampla aos seus liderados agem assim não para construir propositalmente antolhos em seus colaboradores, mas por falta de preparo no desempenho de suas funções, na medida em que não percebem a importância de investir esforços nesse sentido.

Lembro-me bem do depoimento de um líder em um treinamento que ministramos em uma grande empresa da área de automatização industrial:

"Havia um funcionário no meu time que era responsável por embalar as máquinas para o transporte marítimo e que parecia cada dia mais desanimado, até o dia em que entrou na minha sala e disse 'Eu não quero mais fazer isso. Dá um trabalho danado montar essas caixas de madeira ao redor da máquina, e tenho certeza de que a primeira coisa que acontece quando ela chega no cliente é que eles quebram tudo e jogam fora. Eu capricho tanto para quê? Para alguém destruir o que eu faço? Isso não tem valor!'. A única maneira de mudar essa forma de ele perceber o próprio trabalho foi acompanhá-lo até o porto para que ele pudesse ver como acontecia o embarque das máquinas nos navios. A proteção que ele construía garantia a integridade do produto. Ele entendeu que o seu trabalho era a diferença entre entregar uma máquina ou um monte de entulhos mecânicos do outro lado do oceano. A partir daí, tudo mudou. Parecia outra pessoa já no dia seguinte. Dava para ver nos olhos. E no trabalho, é claro."

Quando ouvi essa história, foi impossível dissociá-la da pesquisa de Dan Ariely. Ele nos conta, no livro *Positivamente Irracional,* um estudo que realizou e que acabou evidenciando a relação entre motivação e significado do trabalho. Ele dividiu o grupo pesquisado em duas metades e solicitou a mesma coisa para ambos: que montassem robôs de Lego para receber uma recompensa financeira decrescente. A cada robô montado, o participante recebia um valor um pouco menor. A diferença é que, em um dos grupos, Ariely desmontava o robô que tinha acabado ser montado diante da pessoa que o havia montado, enquanto no outro ele o guardava cuidadosamente. A diferença foi relevante. As pessoas que não viam a destruição do seu esforço montaram muito mais robôs antes de parar. A conclusão é que, mesmo recebendo valores idênticos, o ser humano se envolve muito menos quando não percebe a utilidade do seu esforço.

A pesquisa de Ariely reforça esse tópico de nossa lista de comportamentos desejáveis do líder. Ele deve se certificar de que seu time entende a relevância de suas contribuições, além de sentir orgulho da empresa para a qual trabalha.

O líder enfrenta prontamente os sinais de descompromisso

A maioria de nós ouviu, ainda quando criança, a história da laranja podre que acaba por contaminar e apodrecer as outras frutas na mesma cesta. Alguns pais e avós falavam sobre maçãs, ao invés de laranjas. Independentemente da fruta usada na metáfora, no entanto, a mensagem era sempre a mesma: pessoas ruins acabam influenciando negativamente aquelas com quem convivem. O contrário também parece ser verdadeiro – as virtudes são igualmente contagiosas –, embora, talvez, com menor intensidade. "Diz-me com quem andas e te direi quem és" é um adágio mais amplo e que mostra os dois lados da moeda.

A sociologia enriqueceu conceitual e semanticamente a questão e, do alto de sua merecida reputação, não chamaria tal fenômeno de *síndrome da laranja podre*. A expressão escolhida para designar essa situação é *contágio social,* e existem cada vez mais evidências de seu enorme impacto no comportamento humano. Todos acreditamos nisso, e a existência do dito popular que ilustra o início desse tópico é uma constatação dessa crença generalizada. Porém, como as mentes mais afiadas não se fiariam em aforismos, precisamos lembrar que existem estudos sobre o tema, que nos deixam mais seguros para agir em consonância com a sabedoria popular. Afinal, uma coisa é basear sua ação profissional no senso comum. Outra, muito mais confortável, é poder confirmar os *insights* do senso comum a partir de investigações estruturadas sobre o tema. Nesse sentido, vale a pena considerar alguns estudos apontados pela doutora Kelly

McGonigal, de Stanford, no livro *The Willpower Instinct*. Em um deles, constatou-se que um forte indicador de que alguém será obeso é o número de amigos obesos que ele tem. Idem para alcoolismo. Também vale no sentido contrário: um ótimo preditor de que alguém vai parar de fumar é o número de amigos dessa pessoa que parou de fumar recentemente. Mais incrível ainda: o exército americano conseguiu estabelecer uma correlação evidente entre a aptidão física de um batalhão e o condicionamento de seu pior homem. Isso mesmo: um soldado com preparo físico deficiente arrasta todo um time para baixo.

Por que isso seria diferente na sua empresa? Não é. Sendo assim, quando um líder percebe que um de seus liderados está descomprometido e não age sobre essa situação, está enviando uma mensagem clara para todos os outros: fiquem à vontade para baixar o nível de comprometimento. Afinal, pensamos todos, "por que vou continuar dando o sangue por essa empresa se meu colega faz muito menos e nada acontece com ele?". O ser humano é um minimizador de esforço. Se ele percebe que pode obter o mesmo resultado para si, com menor dedicação, por que faria algum esforço extra?

Mas cuidado: abraçar superficialmente essa constatação pode levar a comportamentos precipitados por parte do líder. Em nossos treinamentos, vejo um sorriso maquiavélico surgir pelo canto da boca de alguns participantes nesse momento. É como se sua face refletisse uma conclusão há muito desejada: "Ahhhh! Agora eu tenho o aval de que precisava para 'passar o facão' nos incompetentes do meu time e dormir com a consciência tranquila". Não é bem assim. Note que o título deste tópico fala sobre "enfrentar os sinais de descompromisso", e não demitir ao primeiro sinal de desmotivação. Existem várias formas de enfrentar a situação. E a mais produtiva de todas elas é se perguntar como líder: "Qual a minha participação no desengajamento dessa pessoa?". É bem mais fácil culpar o outro, mas muito mais efetivo começar agindo sobre aquilo que está sob nosso controle. "Eu tenho feito a minha parte? Quantos dos outros onze comportamentos tenho colocado em prática com essa pessoa?" Tente primeiro dirigir ações consistentes de geração de comprometimento para essa pessoa e veja como ela reage. Talvez essas providências sejam suficientes para encerrar o caso.

Entender se existe alguma coisa acontecendo na esfera pessoal da vida do colaborador descomprometido também pode ser útil. Não acho que um contratempo particular deva ser um passe livre para a irresponsabilidade profissional. Mas todos nós temos problemas, e ser compreensivo com os mais graves desafios das pessoas que trabalham conosco é não apenas a coisa certa a fazer, mas também algo bastante eficaz. Talvez você perca um pouco de resultado agora, mas certamente vai ganhar no longo prazo. Afinal, alguém que se sente acolhido em um momento difícil tende a retribuir quando tudo se normaliza. Se for possível envolver os colegas dessa pessoa que passa por dificuldades em seu suporte, tanto melhor. Primeiro, porque a pessoa irá sentir-se mais importante e respeitada. Depois, porque, quando os colegas entendem que alguém está menos comprometido por algum problema grave na esfera pessoal, eles, ao contrário de se descomprometerem também, fazem um esforço extra para compensar as deficiências do companheiro momentaneamente desafortunado.

É importante alertar, entretanto, que isso tem limite. Estamos falando de exceções, e não de pessoas que transferem todos as rusgas pessoais para o ambiente de trabalho. Pessoas que estão sempre descomprometidas com o que fazem por conta de fatores externos. Afinal, todos têm alguma questão a resolver o tempo todo, e deixar isso contaminar as atividades profissionais de forma comprometedora é uma incompetência emocional que acaba por contaminar a todos.

É obvio que, se o líder está fazendo a sua parte e a pessoa não enfrenta nenhuma situação dramática na vida, deve-se considerar ações mais firmes. A solução pode passar por um *feedback* corretivo, uma advertência e progressivamente caminhar até o desligamento, se a questão for diagnosticada como irreversível.

Antes de encerrar este tópico, gostaria de levantar apenas uma última questão: qual a probabilidade de essa pessoa descomprometida não ter nenhuma afinidade com o tipo de trabalho que ela está fazendo? Já discutimos isso no terceiro comportamento desejado do líder, mas cabe aqui uma reflexão complementar. Talvez ela seja muito boa, mas esteja fazendo algo fortemente incompatível com suas aptidões. Nesse caso, o líder tem três opções adicionais: ou redimensiona o trabalho dessa pessoa para que tenha maior aderência ao seu perfil – caso seja possível fazê-lo sem artificialismos que prejudiquem a empresa; ou ajuda o liderado a encontrar uma forma diferente de realizar o seu trabalho, valorizando seus talentos; ou, por fim, tenta encontrar um espaço para ela em outra área da empresa onde seu perfil possa gerar contribuições relevantes. Isso, enfatizo, desde que ela seja, de alguma forma, compatível com a sua organização. Caso contrário, estaremos apenas transferindo o problema e fazendo o que um amigo mais sarcástico costumava chamar de *tráfico de drogas* na organização. Lembrando que nenhum ser humano é uma "droga" em si, mas que, sim, quando ele está no lugar errado, no momento errado, ele se apresenta como tal. Dar a ele a oportunidade de encontrar outro ambiente, onde ele possa manifestar sua essência positiva, é não só mais produtivo, mas também a coisa certa a fazer do ponto de vista humano.

O líder cria o clima adequado para o aparecimento das amizades

Confesso que por essa eu não esperava. Tudo que a pesquisa da Gallup apontou até aqui foi bastante consonante com minhas crenças e expectativas. De uma forma ou de outra, eu intuía a correlação entre esses comportamentos do líder e a construção de um time comprometido. Estabelecer objetivos claros, ouvir os liderados, tratá-los como pessoas antes de considerá-los como recursos e todos os outros tópicos discutidos se encaixaram perfeitamente nas percepções vindas de minhas experiências como líder e liderado. Mas essa história de amizade no ambiente de trabalho contrariou meus instintos. Nasci e fui criado pessoal e profissionalmente por pessoas que pregavam a cisão entre vida privada e mundo empresarial. "Assuntos pessoais são assuntos pessoais, trabalho é trabalho", ouvi muitas vezes de meus mentores em contextos diversos. Jamais conectei a produtividade pessoal às amizades na empresa, ainda que fosse pelo canal do aumento do comprometimento. Custou-me digerir a questão. Refleti muito sobre o tema. Agora vejo o quanto estava cego para um aspecto tão relevante.

Não foi a pesquisa em si que me fez pensar diferente. Afinal, há muito tempo deixei de ver a ciência como uma portadora de verdades absolutas, para entendê-la como veículo de verdades temporárias e relativas – o vaivém do papel do ovo em nossa alimentação que o diga. Mas na medida em que essa hipótese – da relação entre amizade no ambiente de trabalho e comprometimento – emergiu em minha mente, dei-me o direito de questionar as crenças em mim arraigadas. E, ao observar o universo corporativo – que vivo atualmente como empresário e consultor e em minhas memórias executivas –, percebi quanto sentido faz. Inúmeras vezes eu mesmo me dediquei além do básico para não comprometer o trabalho de algum amigo ou até mesmo minha imagem diante dele.

Lembro-me de uma convenção de vendas no início de minha jornada profissional na área de marketing da Unilever. Eu iria fazer a apresentação de um dos novos produtos que seriam lançados para a equipe comercial da companhia e, vasculhando minhas memórias emocionais, agora me dou conta de como me incomodava a hipótese de me apresentar mal diante dos meus amigos mais próximos. É claro que também queria deixar uma boa impressão para os gerentes e diretores. Afinal, isso tinha tudo a ver com o desenvolvimento da minha carreira. Resgatando meus sentimentos à época, contudo, fica claro para mim que, acima de tudo, o que realmente me preocupava era "fazer feio" diante da "galera". As pessoas com quem me relacionava pessoalmente depois do final do expediente: nos *happy hours,* nas "baladas" – que nem tinham esse nome à época. Seria bem incômodo encará-los sabendo que eles me tinham visto fracassar. Por isso, me dediquei muito além do convencional para garantir que tudo daria certo. Planejei melhor, ensaiei minha apresentação ainda mais e cuidei de todos os detalhes que estavam sob meu controle. Deu tudo certo. E receber os olhares de aprovação de todos os presentes foi estimulante. Mas os cumprimentos dos "brothers" tiveram um sabor especial. Eles me fizeram sentir algo diferente.

Depois de acreditar que ter melhores amigos no ambiente de trabalho aumenta o engajamento, uma pergunta vem quase automaticamente: e o que o líder tem a ver com isso? Mais: o que o líder pode fazer a respeito? Afinal, ele não tem como obrigar um colega a gostar do outro. Seria ridículo tentar impor ou mesmo propor que duas pessoas se tornassem amigas para que a empresa se beneficiasse de alguma forma.

De fato, o líder não pode agir diretamente sobre a questão, mas certamente pode criar as melhores condições possíveis para que as amizades floresçam. Ele pode proporcionar situações que acabem catalisando o aparecimento natural das amizades. Faz parte da essência da maioria das pessoas buscar uma conexão mais profunda com aqueles que o cercam. Basta criar o ambiente certo, e a aproximação tende a acontecer. Ou pelo menos não criar o ambiente errado.

Nesse sentido, e em primeiro lugar, o líder não pode achar que vale a pena "dividir para governar", como ainda acontece em tantas ocasiões. Alguns chefes apostam que a competição entre seus subordinados tende a render bons frutos, mas os bons observadores do comportamento grupal perceberão que, a menos que haja muito cuidado, os ônus da competição se sobrepõem aos bônus. Entendo, sim, que uma pitada de competitividade faz bem, mas nunca a ponto de gerar ansiedade e conflitos abertos. Em uma das empresas em que trabalhei, pude conviver com um diretor que acreditava nessa filosofia do conflito como grande ferramenta de pressão. Ele instigava tanto as pessoas umas contra as outras que o clima ficava insuportável. Era visível o prazer que ele nutria ao cultivar a discórdia. Beirava o comportamento patológico, o que, ao lado de suas outras "qualidades" como líder, me fez perder totalmente a vontade de trabalhar lá. Foi o local onde fiquei menos tempo na carreira. E alguns dos meus colegas também buscaram outros caminhos assim que puderam. Até hoje, continuo escutando histórias de infernos que esse cidadão cultiva nas empresas pelas quais passa. E ele não é o único. Como consultor, professor e facilitador de treinamentos, escuto histórias desse calibre com mais frequência do que gostaria. Histórias que contrariam tanto minhas convicções pessoais quanto minha leitura sobre o que gera comprometimento e produtividade nas empresas.

Quando o líder cria esse tipo de clima, ele sufoca as possíveis amizades que, natimortas, se afogam na rivalidade e no rancor. E inconscientemente acaba pagando o preço de ter uma equipe menos comprometida do que ela seria se todos se sentissem parte de um grupo acolhedor.

Além de evitar o ambiente desfavorável, o líder também pode criar as condições favoráveis para a construção de laços pessoais. E o caminho é bastante óbvio: se você quer que alguém se conecte com o outro ser humano, crie situações em que o humano se sobreponha ao profissional. Promova *happy hours* com todo o seu time. Organize almoços com todo o departamento periodicamente. Talvez você possa reservar um dia da semana para isso. Assim, todos sabem que, por exemplo, sexta-feira é o dia de almoçar com os colegas de área. Dependendo do perfil das pessoas do time, você pode até articular eventos esportivos ou culturais e convidar a todos. Churrascos e uma partida de futebol – ou algum outro esporte democrático – também valem. Mas sempre considerando o tipo de interesse e estilo das pessoas da equipe. Afinal, nada é pior do que ter que ir a um churrasco da empresa e ainda levar a família se for uma obrigação. Já fiz parte de departamentos em que se reunir com os colegas no fim de semana para beber juntos era o máximo. Éramos todos jovens e adorávamos boas desculpas para fazer festa. Quando o chefe pagava a conta, era o êxtase. Mas também já vivi momentos em que tudo o que eu queria era ficar com a minha família em casa no fim de semana. Por isso preferia os almoços e *happy hours* com o pessoal do escritório, de forma a não ter meu tempo familiar invadido. Para tomar a decisão certa sobre qual abordagem usar, o líder precisa conhecer o terreno onde está pisando. Precisa ter uma leitura clara de quem são as pessoas que compõem a sua equipe.

O líder dá *feedback* constantemente

Já dissemos neste capítulo que o líder deve deixar claro o que espera de um liderado. Quando ele faz isso, o colaborador normalmente tenta agir em consonância com o que entendeu ser a coisa certa. Mas, depois de um tempo tentando fazer o que lhe foi solicitado, a pessoa quer ter certeza de que está no rumo esperado. É a natureza humana. Passe uma tarefa para uma criança e fique por perto. Depois de alguns instantes, você verá um olhar dirigido a você em busca de aprovação ou orientação. Todos nós queremos saber como estamos indo. Alguns até obsessivamente.

Lembro-me de uma gerente do Sam's Club que, em um treinamento para líderes de lojas, comentou sobre uma profissional do seu time que queria *feedback* a cada atividade. "O que você achou?", "Gostou?", "Como me saí?", perguntava a funcionária. Vários de seus colegas, gerentes de outras unidades, concordaram com a existência eventual desse tipo de profissional; excessivamente ansiosos por retorno. São casos extremos e que precisam ser tratados com técnicas específicas – às vezes, tão simples quanto combinar antecipadamente a periodicidade do *feedback*. De qualquer forma, são casos extremos apenas pela intensidade da necessidade de retorno, já que a esmagadora maioria das pessoas precisa de um retorno com alguma frequência. Ainda que não de forma tão ansiosa como no caso citado acima.

A pesquisa que traz os *insights* discutidos neste capítulo confirma a existência dessa necessidade e sua relação com o engajamento. O que é desafiador, já que a maioria dos líderes com os quais trabalhamos confessa que acha complicado dar um *feedback* de qualidade. E é compreensível.

Antes de tudo, a dificuldade nasce do fato de os *feedbacks* frequentemente apontarem para a necessidade de correção de rumo por parte do liderado. São os chamados *feedbacks corretivos*. Portanto, são "Conversas Difíceis". Como nos explicam Stone, Patton e Heen, autores do livro que leva esse nome: "um diálogo difícil é tudo o que você acha delicado de ser abordado". Geralmente porque acredita que vai descambar em conflito – explícito ou implícito – e desgaste emocional. E na iminência de confusão, preferimos "deixar para lá". O que é um grande erro, porque, quando não estamos satisfeitos com uma coisa e a engolimos – seja na esfera pessoal ou profissional –, acabamos estourando em algum momento e dizendo a coisa errada da forma errada. É melhor enfrentar as conversas difíceis – como no caso do *feedback* corretivo – com serenidade, na hora certa; antes de estourar. Assim, a chance de acertar é muito maior. Além do que, a experiência nos mostra que, quando enfrentamos um problema com alguém de forma madura e competente, a tendência é fortalecer a relação, que vai se transformando em algo cada vez mais autêntico e confiável. Uma conversa difícil bem conduzida fortalece, e não fragiliza, uma relação.

Mas note: dissemos que é importante fazer isso com "competência"; e uma premissa para se considerar competente nessa área é entender antes de tudo que dar *feedback* corretivo não significa descarregar a raiva no liderado porque não concorda com o que ele fez, mas ter uma conversa franca e aberta com espaço mental para considerar, inclusive, que o ponto de vista dele pode ser mais lúcido que o seu. A função desse tipo de *feedback* não é aliviar a tensão do líder, mas realinhar o trabalho do liderado. Difícil? Muito! Mas pode ser a diferença entre o sucesso e o fracasso dessa empreitada.

Conceitualmente, a estrutura do *feedback* é muito simples – apesar de poder se complicar na hora de ir para a prática. É útil, por motivos didáticos, dividir o *feedback* em três momentos: (1) deixar claro o resultado ou comportamento que esperávamos do liderado; (2) constatar com fatos o que foi entregue ou a forma como o liderado agiu; (3) criar um plano de ação para fechar a lacuna entre os dois.

Apesar dessa estrutura absurdamente simples, os resultados são frequentemente catastróficos, e, ao invés de gerar engajamento, os *feedbacks* acabam levando na direção diametralmente oposta. Frequentemente, liderados saem desmotivados e até com raiva do seu interlocutor depois de um *feedback*. Isso acontece quando o líder não percebe que o ser humano tende a reagir emocionalmente ao se sentir atacado – por questões ligadas ao funcionamento neurofisiológico do seu cérebro. Ainda que seja um ataque elegante na forma. E as consequências mais comuns dessa reação são a defesa e a resistência – até irracional – ao que está recebendo como *insight*. O aprofundamento nessa questão é material para outra obra, mas cabe dizer aqui que uma das formas mais bem-sucedidas de evitar esse efeito é conduzir a conversa lançando mão de perguntas ao invés de afirmações. A excelência é passar pelos três momentos do *feedback* – apontados no parágrafo anterior – interessado na perspectiva do interlocutor, e não desejando dar lições. Orientando-o – não manipulando-o – rumo a conclusões que o ajudem a evoluir com relação ao resultado ou comportamento em discussão. No livro *Why We Do What We Do (Por que fazemos o que fazemos)*, o Dr. Edward Deci, professor de psicologia da Universidade de Rochester, mostra que um dos fatores mais importantes na motivação intrínseca é a autonomia. A sensação de que comandamos nossos desígnios. E à medida que o líder funciona como um catalisador do processo de autodesenvolvimento do liderado, questionando de forma positiva e dando espaço para o liderado pensar, ele oferece essa sensação de autonomia que acaba por impulsionar a motivação. Quando o *feedback* corretivo acontece através de um diálogo permeado pelo interesse genuíno pelo ponto de vista do liderado e conduzido através de perguntas, a resistência é muito menor. A experiência mostra que nem sempre é possível – nem necessário – fazer dessa forma. Mas, quando cabível e exequível, essa abordagem deve ser considerada!

Outro ingrediente fundamental para quem quer dar um bom *feedback* é o domínio da linguagem não verbal. Ainda que o líder diga tudo certo, se as mensagens que seu corpo transmitem não forem coerentes com as palavras, a amígdala – área do cérebro associada às chamadas *reações emocionais* – dispara um movimento impulsivo de autopreservação, conhecido pelos evolucionistas como *fight, fly or freeze* (lutar, fugir ou congelar), que dificulta qualquer reação racional. Com isso, ao invés de enxergar o líder como mentor do processo de desenvolvimento, o liderado o vê como uma ameaça e reage de acordo com essa percepção. Dominar a sua comunicação em todas as suas dimensões é, portanto, uma necessidade para quem quer motivar a própria equipe.

> Dominar a sua comunicação em todas as suas dimensões é, portanto, uma necessidade para quem quer motivar a própria equipe.

Alguém pode, enquanto lia os parágrafos anteriores, ter pensado: "Isso tudo só vale quando falamos de um *feedback* corretivo, porque, se for um positivo, não é uma conversa nada difícil". Verdade. Dar *feedbacks* positivos é bem mais agradável. O que não significa que todos sabem como entabular esse tipo de diálogo. Principalmente porque a maioria confunde *feedback* positivo com reconhecimento – que já foi tema de tópico anterior neste mesmo capítulo. São coisas parecidas, mas que têm funções e estruturas diferentes. O objetivo de um reconhecimento é – ou deveria ser – gerar engajamento – *motivar*, se preferir. Já o *feedback* positivo tem como finalidade reforçar comportamentos desejados específicos associados aos resultados alcançados. Enquanto o primeiro estimula, o segundo busca a compreensão dos resultados e trabalha em sua racionalização para aumentar a probabilidade de que volte a ser usado intencionalmente quando for pertinente.

Como os objetivos são diferentes, é óbvio que as formas também o são. Já vimos que existe um enorme *dégradé* de possibilidades para praticar o reconhecimento: desde um agradecimento até uma promoção, passando por cumprimentos, premiações e um sem-fim de alternativas. No caso do *feedback* positivo, o líder não deve se restringir ao sucesso no atingimento dos resultados. O foco deve ser o entendimento das relações de causa e consequência que levaram a eles. Quais os comportamentos que impulsionaram o êxito? Em quais circunstâncias eles devem ser repetidos?

O líder ensina aquilo que sabe para os liderados

Não são incomuns as histórias de profissionais que, voluntariamente, trocam de emprego para ganhar menos do que em suas posições anteriores. Será que essas pessoas não ligam para dinheiro? Claro que ligam. Elas apenas sabem que existem outras moedas que têm valor. E que provavelmente essas outras formas de pagamento poderão ser "monetizadas" com juros atraentes no futuro. O conhecimento é uma dessas moedas. Quando alguém sabe que vai aprender mais por trabalhar em uma organização, coloca isso na equação antes de definir qual caminho seguir. Ela sabe que, quanto mais preparada estiver, mais será valorizada – inclusive financeiramente – no futuro. Eu mesmo tomei uma decisão nesse sentido no início da minha vida profissional. Logo depois de sair da faculdade, participei de diversos processos de seleção para *trainee* e tive a ventura de ser admitido em alguns deles. Depois de analisar as opções, escolhi um dos que pagavam o menor salário: a Unilever. Mas eu sabia que essa respeitada multinacional não era apenas uma empresa. Era uma escola. Um lugar onde eu poderia entrar em contato com as mais avançadas ferramentas e conceitos de gestão. Um lugar preocupado em desenvolver os jovens profissionais. E isso me motivava, àquela altura da vida, mais até do que dinheiro. Mais uma vez: não que eu não gostasse de ser mais bem remunerado, mas eu sabia que alavancar as minhas competências iria me fazer "valer" mais como profissional no futuro. E que eu iria poder, inclusive, ter um retorno sobre esse "investimento".

Ao comparar o pagamento pecuniário com a remuneração subjetiva em moedas de conhecimento, quero mostrar que o aprendizado pode ser um elemento motivador extrínseco, tanto quanto o é o salário. E talvez mais efetivo, pois o conhecimento parece ter, ainda, algumas nuances ligadas à motivação intrínseca, já que aprender é algo que pode ter um significado em si. Com potencial para gerar satisfação por si mesmo. E, segundo o já citado Edward Deci, a dimensão intrínseca da motivação é mais densa e perene.

> Todo mundo que viveu no ambiente corporativo sabe que existem gerentes com os quais todos querem trabalhar, enquanto outros são evitados como a morte.

Isso se aplica não só a empresas – como agentes de motivação –, mas também, se não principalmente, aos líderes. Todo mundo que viveu no ambiente corporativo sabe que existem gerentes com os quais todos querem trabalhar, enquanto outros são evitados como a morte. Por vários motivos. Um dos mais perceptíveis é o quanto essa pessoa se dedica a desenvolver os membros do seu time. O quanto essa pessoa se dispõe a ensinar o que sabe e o que sabe fazer. Isso porque a grande maioria dos liderados quer aprender. Porque consegue estabelecer uma relação causal entre aprender mais e ser mais bem-sucedido. E também porque, como já dissemos, é bom aprender.

Não é por outro motivo que alguns autores comparam o papel do líder ao de professor. Veremos que quem age dessa forma está exercendo as atividades ligadas à segunda dimensão do papel do líder – além de gerar comprometimento –, que é desenvolver pessoas, o que torna tal comportamento ainda mais vital para o exercício da liderança. Entretanto, nesse momento, estamos constatando, através das experiências vividas em nossa carreira, e reforçando, através dos resultados da pesquisa da Gallup, que, quanto mais o líder ensina, mais ele aumenta a probabilidade de ter uma equipe engajada.

Uma consequência direta, dramática e polêmica dessas constatações é que uma empresa não precisa pagar os melhores salários nominais para ter os melhores colaboradores em seus quadros. Desde que pague a diferença – e mais um pouco – com moedas não imediatamente pecuniárias, dentre as quais o aprendizado é uma das mais valorizadas.

REFLETINDO

Depois de ler sobre essas 12 práticas, refletindo um pouco sobre cada uma delas, é inevitável que o leitor – principalmente aquele em posição de liderança – se questione: "Em que medida e com que frequência eu faço cada uma dessas coisas?". Para facilitar tal reflexão, coloco-as abaixo na forma de perguntas. Uma possibilidade é responder lançando mão de uma escala tipo Likert, para ser um pouco mais objetivo: sempre, quase sempre, às vezes, quase nunca, nunca. Comentários podem complementar e enriquecer a reflexão.

Questão	Resposta e comentários
Meus liderados sabem de forma clara o que espero deles?	
Ofereço os recursos mínimos para meus liderados trabalharem?	
Considero os talentos e vocações individuais ao contratar e definir o escopo de atuação de um liderado?	
Reconheço os méritos das pessoas pelo menos a cada sete dias?	
Trato meus liderados como pessoas antes de tratá-los como profissionais?	
Encorajo o desenvolvimento dos meus liderados?	
Valorizo a opinião dos meus liderados?	
Mostro a relevância da empresa e da função de cada liderado para que ele valorize a organização e seu trabalho?	
Deixo claro que sei quem são os descomprometidos e ajo prontamente sobre a situação?	
Promovo situações que proporcionam o desenvolvimento de laços pessoais na equipe?	
Dou *feedback* estruturado, pelo menos, a cada seis meses?	
Crio condições para que as pessoas do meu time aprendam?	

Uma vez trabalhada, essa tabela pode funcionar como um *checklist*. Voltar a ela periodicamente seria uma forma de lembrar a importância de cada uma dessas práticas para conseguir o engajamento dos liderados, além de avaliar a sua evolução como líder – tendo em mente, entretanto, que esse conjunto de comportamentos não encerra a questão nem abrange todo o espectro de ações com poder de gerar comprometimento. É, isso sim, um ponto de partida bastante prático. Por isso, vale a pena questionar, a partir de sua própria experiência profissional, que outros comportamentos parecem ter alta correlação com a motivação. Seria uma forma de complementar e personalizar essa lista, fazendo-a cada vez mais útil dentro da sua realidade.

Vale a pena, ainda, começar a ficar atento para o fato de que nem todos esses comportamentos geram efeitos iguais em todas as pessoas. Tente diferenciar quais deles se aplicam mais efetivamente a quais liderados e em que circunstâncias. Veremos, no final deste capítulo, quando tocarmos no assunto da liderança situacional, que o conhecimento das idiossincrasias de cada liderado deve contribuir para a definição do que fazer como líder em cada momento.

Por quê?

Este livro tem uma proposta prática. A ideia central é discutir as competências que o executivo deve cultivar para desempenhar de forma excelente seus papéis. Entretanto, em alguns momentos, entender por que certos comportamentos levam aos resultados desejados pode fortalecer as convicções sobre a consistência de tais comportamentos, alavancando sua utilização cotidiana. Principalmente para aqueles que valorizam as questões conceituais e/ou têm um perfil mais afeito às abstrações.

Nesse sentido, gostaria de propor que considerássemos estabelecer uma relação entre as práticas propostas a partir da pesquisa que discutimos até agora e as ideias centrais dos estudos realizados por Edward Deci e organizados no livro *Why We Do What We Do*. Esse proeminente psicólogo e professor da Universidade de Rochester conduziu diversas investigações e analisou outras tantas, para concluir que a motivação intrínseca impulsiona as ações humanas de forma muito mais contundente e perene do que a motivação extrínseca. Colocando de forma simples, ele evidencia que a motivação está ligada muito mais às necessidades psicológicas inatas dos seres humanos (motivação intrínseca) do que recompensas e punições (motivação extrínseca). Em um trabalho recente, baseado nas ideias de Deci, Daniel Pink sugere que isso é ainda mais proeminente quando se fala de atividades desempenhadas por quem Peter Drucker chamou de *trabalhador do conhecimento*.

Pink se propõe a simplificar o entendimento das ideias de Deci e enfatiza três aspectos que sustentam a motivação intrínseca: autonomia, excelência e propósito. Vale a pena notar que as práticas que emergem da pesquisa da Gallup, que discutimos há pouco, encontram interessante convergência com esses três conceitos.

A autonomia está ligada à possibilidade de dirigir o próprio destino, ao invés de ser conduzido por um cabresto físico, mental ou emocional. Dois comportamentos apontados como eficazes na pesquisa da Gallup ajudam o líder a colocar em prática esse conceito:

- O líder deixa claro o que espera de cada liderado: afinal, quem sabe aonde precisa chegar tem condições de definir como acha que o trabalho deve ser feito. Isso é autonomia.
- O líder leva a opinião do liderado em consideração: respeitar a forma de o liderado ver dada situação é a própria essência da autonomia. O que fica ainda mais concreto quando o liderado tem espaço para agir de acordo com a sua opinião.

A necessidade de excelência nasce da capacidade de o ser humano apreciar o bom em detrimento do ruim, o belo em detrimento do feio, o certo em detrimento do errado. A maioria das pessoas se sente bem quando percebe que sua obra caminha em direção à perfeição. Ficam satisfeitas simplesmente por ver as qualidades do que fizeram e ainda mais quando essas qualidades também são percebidas pelos outros. Mihaly Csikszentmihalyi disse que algumas experiências humanas são autotélicas, ou seja, geram prazer por elas mesmas (do grego *auto* = próprio e *telos* = meta), e que uma das características dessas experiências é a capacidade de gerar resultados notáveis. A pesquisa que guia nossas reflexões neste capítulo contempla seis tópicos que sustentam a excelência.

- O líder disponibiliza os recursos básicos: com os recursos básicos, é maior a chance de se conseguir fazer um trabalho excelente.
- O líder reconhece abundantemente: ao reconhecer, o líder contribui para que o liderado acredite na qualidade do seu trabalho e o perceba a caminho da excelência.
- O líder estimula o desenvolvimento do liderado: ao criar condições para que o liderado se desenvolva, o líder faz com que ele acredite na possibilidade de ser cada vez melhor, caminhando em direção à excelência.
- O líder enfrenta prontamente os sinais de descompromisso: quando não aceita o descompromisso, o líder sinaliza que a organização está empenhada na busca da excelência.
- O líder dá *feedback* constantemente: dando *feedbacks*, o líder ajuda o liderado a se situar em sua caminhada rumo à excelência e cria condições para que ele aperfeiçoe seu trabalho continuamente.

- O líder ensina aquilo que sabe para os liderados: ao se colocar como agente de fomento do conhecimento, o líder se torna, ele mesmo, uma fonte de apoio do liderado na busca pela excelência.

A questão do propósito é ainda mais profunda e está ancorada na necessidade humana de perceber significado naquilo que faz, como forma de acreditar no significado da própria existência. A obra de Viktor Frankl, que já citamos, dá ainda mais densidade às conclusões de Deci e aponta a fratura exposta da sociedade moderna nessa área. Sendo assim, os líderes que conseguem inocular em seus liderados um senso de propósito acabam por gerar um alívio que contribui de alguma forma com a construção de um vínculo sólido entre e organização e as pessoas. Na pesquisa que nos serve de base, quatro comportamentos estão alinhados com a sede de propósito dos seus liderados:

- O líder mostra a relevância da empresa e da função desempenhada: a relação aqui é óbvia. Se minha empresa e minha função são relevantes, significa que têm um propósito – um motivo para existir.
- O líder coloca cada um para fazer aquilo que tem talento para fazer: uma das formas mais nobres de exercitar o propósito é colocando em prática as próprias vocações. Como disse o filósofo Baruch Spinozza: "Ser o que somos e nos transformar no que podemos ser é o único motivo da vida".
- O líder se importa com o colaborador como pessoa: aqui a relação é mais sutil, mas, ainda assim, perceptível. Quando o líder mostra para o liderado que vê nele algo mais do que um recurso econômico, sinaliza o reconhecimento da sua

humanidade, que é a base de qualquer transcendência rumo ao significado da própria existência.

- O líder cria o clima adequado para o aparecimento das amizades: um dos grandes sustentáculos da percepção de significado na vida é a quantidade e qualidade de conexões que uma pessoa estabelece. Se o líder cria condições para que tais conexões apareçam, está conectando seu liderado com um dos propósito, da sua existência.

INSPIRAÇÃO E SEU CONTRAPONTO

Seja pela perspectiva prática do início deste capítulo ou numa discussão com tintas mais conceituais contemplada no último tópico, note que estivemos pensando em como conseguir formar um time motivado, trilhando os caminhos do que eu chamaria de *motivação por inspiração*. Antes de tudo, buscando criar condições para que as pessoas se sentissem inspiradas por aspectos intrínsecos. Depois nos baseando na possibilidade de influenciar a vontade de agir de uma pessoa, oferecendo *recompensas* racionais e emocionais às contribuições que ela faz ao grupo e à organização em que está inserida (motivação extrínseca). Essa associação entre a natureza positiva do reforço (interno ou externo) e o engajamento obtido faz com que esse conjunto de comportamentos desejados para um líder em busca da eficácia mereça o nome de *inspiração*.

A pergunta imediata é: existe outra forma de influenciar a vontade de agir de uma pessoa que não seja estimulando seus motivadores intrínsecos e oferecendo recompensas? Certamente. Ainda que suscite discussões acaloradas e controvertidas, acreditamos que a resposta seja: sim. E para iniciar de uma forma provocativa e ao mesmo tempo lastreada em um autor respeitado pelo mundo executivo, vou me apoiar numa frase de Peter Drucker para fazer o contraponto. Para aquele que foi considerado o pai da administração moderna, "um líder não é alguém amado e admirado. É alguém cujos seguidores fazem as coisas certas". Ele ainda complementa de forma afiada: "Popularidade não é liderança. Resultados, sim".

Entendo essa declaração como um sinal de alerta para algumas abordagens contemporâneas de liderança que sacralizam a inspiração e consideram qualquer traço de endurecimento da relação líder-liderado como uma afronta à dimensão humana da administração. A mensagem que vejo – nem tão – implícita na frase de Drucker é: ser líder não é ser sempre "o cara legal". Ser líder, em alguns momentos, exige firmeza e capacidade de suportar as consequências pessoais de desagradar os liderados, quando necessário. Afinal, em uma organização complexa com dezenas, centenas ou até milhares de expectativas individuais desalinhadas, seria, antes de tudo, um milagre estatístico fazer com que todos os desejos pessoais fossem atendidos. Ainda mais se for necessário, como em uma empresa, garantir que os esforços estejam alinhados em direção a objetivos específicos.

Se quisermos ser ainda mais controvertidos nessa provocação, podemos invocar um dos clássicos da literatura política universal: *O Príncipe*. Nele Nicolau Maquiavel diz, a respeito do líder de um principado: "Chegamos assim à questão de saber se é melhor ser amado do que temido. A resposta é que seria desejável ser ao mesmo tempo amado e temido, mas, como tal combinação é difícil, é muito mais seguro ser temido se for preciso optar". É óbvio que a aplicação direta dessa reflexão é descabida para os dias atuais e que sua substância é questionável, inclusive do ponto de vista moral. Por outro lado, seria imprudente ignorar o *insight* sobre a natureza humana e sua relação com os líderes a partir das conclusões de um cérebro privilegiado. O que Maquiavel nos coloca aqui, trazido para a perspectiva contemporânea, é a possibilidade de questionar se não há nada além da inspiração como ferramenta de influência do comportamento.

É possível que algum leitor entenda esses dois últimos parágrafos como uma antítese dos anteriores e até como uma apologia ao "chefe à moda antiga". Nada mais equivocado. Continuo defendendo que a essência do comprometimento é a capacidade de inspirar, principalmente através da catálise de motivadores intrínsecos – a capacidade de demonstrar profundo respeito pelo liderado como pessoa e fazê-lo acreditar que tem motivos para estar ali e dar o máximo de si. Mas, defensor que sou de uma leitura realista da natureza humana, gostaria que o leitor considerasse a existência de uma abordagem complementar, que, na dose certa, pode levar o liderado de forma mais contundente à ação desejável para a organização em que ele está inserido, trazendo-lhe, inclusive, benefícios profissionais e pessoais reflexos. Chamo essa abordagem de *pressão positiva* – a capacidade de gerar um incômodo no liderado quando este se afasta do contrato social estabelecido com a organização. Importante frisar que exercer pressão não significa ser deselegante nem faltar com respeito ao liderado, mas manter o liderado em um estado de atenção nos momentos em que sua inspiração esmorecer. Algo parecido com o que John Kotter chama de *Senso de Urgência*. É indubitável que essa abordagem jamais garantirá que o liderado entregue o que tem de melhor, mas cuidará para que, nos momentos de desânimo, ele se mantenha fazendo o mínimo para que não se torne o gargalo para o sistema do qual faz parte.

Se você tiver dúvidas com relação à eficácia dessa abordagem, sugiro que recorra às suas próprias experiências pessoais e profissionais. Tente se lembrar de momentos em que você considera ter alcançado uma performance superior em suas atividades. Você, possivelmente, vai se dar conta de que era puxado pela compreensão do significado do que estava fazendo e pelo desejo de realizar algo (inspiração) ao mesmo tempo em que se sentia preocupado com as consequências do fracasso (pressão). Um médico cirurgião excelente se dedica integralmente a uma operação, porque entende o bem que está fazendo para o paciente e para sua trajetória profissional, mas também porque sabe dos riscos fatais do fracasso em uma intervenção como essa. Um jogador de futebol motivado tanto deseja vencer quanto tem medo de perder. E um orador proeminente gosta da sensação de ser excelente em seu discurso e, simultaneamente, teme a vergonha de um desempenho medíocre.

Não quero generalizar nem pré-julgar, mas seria hipócrita da minha parte desperdiçar um exemplo emblemático que evidencia a correção da tese proposta com base no desempenho do funcionalismo público em nosso país. É evidente que no Brasil a proporção de funcionários ineficazes servindo o Estado é muito maior que nas empresas privadas. Será que isso nada tem a ver com a estabilidade no emprego, que na prática subtrai quase toda a pressão com relação à demissão, gerando um conforto quase ilimitado que conduz ao relaxamento excessivo?

Da mesma forma, depois de décadas trabalhando para e com grandes empresas, posso afirmar que minha experiência mostra que, naqueles lugares onde existe uma grande resistência em desligar pessoas, há como consequência uma ampliação flagrante da chamada *zona de conforto*.

A minha conclusão é que o melhor resultado acontece quando há abundância nos elementos que geram inspiração, temperados por uma pequena dose de pressão; enfatizando que o exagero nesse último ingrediente pode ferir de morte o comprometimento. O tamanho dessa "pequena dose"

> O melhor resultado acontece quando há abundância nos elementos que geram inspiração, temperados por uma pequena dose de pressão.

depende predominantemente do perfil do liderado. Do seu nível de suscetibilidade à pressão. Existem algumas pessoas que se revoltam com muito pouco – geralmente aquelas que já são extremamente críticas consigo mesmas. Nesse caso, apenas o fato de deixar claro que uma falha foi percebida faz com que a pessoa detone um processo interno de autocobrança que gera a pressão necessária para a busca da excelência. Outros não só aceitam como, de certa forma, gostam da pressão. Já escutei depoimentos sinceros de pessoas que têm consciência de que funcionam melhor quando a cobrança é visível. Pior: já ouvi profissionais chamarem os seus líderes de "frouxos" ou "bananas" porque não sentem nenhuma pressão vinda deles.

PRESSÃO POSITIVA NA PRÁTICA

Uma armadilha em que é fácil cair – principalmente para os líderes mal-intencionados – é ler o tópico anterior e entendê-lo como um passe livre para uma postura autocrática e até agressiva. Insisto que exercer pressão não significa de forma alguma "abrir a caixa de grosserias". Existem formas eficazes e ao mesmo tempo bastante profissionais de exercer pressão positiva. Eis dez exemplos:

1. Estabelecer objetivos ambiciosos: vimos, quando falamos dos comportamentos inspiradores do líder, que objetivos claros aumentam a probabilidade de o liderado se comprometer. Se, além de claro, tal objetivo for ambicioso, a pessoa sentirá um desconforto na medida certa para impulsioná-lo rumo à ação. Mihály Csikszentmihalyi ilumina a questão ao dizer que um dos ingredientes para se conseguir atingir a "experiência ótima" é um desafio considerado alto. Vale complementar, ainda, dizendo que, se a meta for aguda,

mas fixada com o envolvimento do liderado, tanto melhor. Dessa forma, a pressão continua presente, mas de modo ainda mais efetivo, na medida em que a sua participação direta incrementa a sensação de autonomia.

2. Fazer *follow-up* dos objetivos e tarefas acordados: de nada adianta estabelecer objetivos ambiciosos se o liderado souber que nunca será questionado sobre o atingimento deles. E quando uso a palavra *questionado*, não pretendo que ela carregue uma conotação negativa. Não é necessário se posicionar como quem está cobrando ostensivamente. Basta realizar conversas periódicas com o liderado, nas quais se pergunta com interesse genuíno o *status* de cada um dos objetivos e das principais tarefas associadas a eles. A simples consciência de que precisará dar satisfação suas responsabilidades eleva o estado de alerta do liderado, além de forçá-lo a se organizar para revistar periodicamente suas prioridades.

3. Dialogar com realismo sobre o não atingimento dos resultados acordados: se estabeleci objetivos desafiadores e questionei seus atingimentos, preciso também estar preparado para mostrar que não aceito passivamente quando os resultados não são cumpridos. Mais uma vez, é fácil cair na armadilha de achar que, quando digo "não aceitar passivamente", estou sugerindo que você adote uma postura agressiva. Nada disso. Depois de constatar que existe uma lacuna entre o que foi combinado e o que efetivamente aconteceu, simplesmente pergunte: "E qual o seu plano para conseguir atingir o resultado a partir de agora?". A filosofia de administração japonesa preconiza que não atingir objetivos faz parte do jogo. E que isso não é nenhuma tragédia. Ruim é não fazer nada a respeito. Não precisa estressar o liderado. Não precisa

intensidade além da medida. Basta garantir que ele tenha clareza sobre a importância de atingir os objetivos e que para isso precisará fazer algo diferente do que fez. Afinal, como disse Einstein: "Loucura é fazer, repetidamente, as mesmas coisas e esperar resultados diferentes".

4. Enfrentar as conversas difíceis: faz parte da natureza humana evitar conversas com potencial para desembocar em conflito. O que é um grande erro. A tensão vai se acumulando e, quando a paciência chega ao limite, vira uma explosão verborrágica. É melhor sentar e conversar o quanto antes. Além de encaminhar a questão, diálogos francos ainda fortalecem a relação. Isso porque pessoas que enfrentam juntas situações delicadas aprendem a se respeitar. Desde que, obviamente, a conversa seja conduzida de forma inteligente. E a essência de um diálogo inteligente em temas controvertidos é, segundo Stone, Patton e Heen, a capacidade de trocar as certezas pela curiosidade. A competência para entender antes de ser entendido. No livro *Conversas Difíceis,* eles sugerem que comecemos com um interesse genuíno pelo ponto de vista do outro para só depois explicar nossa visão sobre a situação conflituosa. Se for feito dessa forma, a chance de o liderado criar resistências emocionais de antemão é muito menor. Afinal, ele não se sente ameaçado. Mas, apesar de não se sentir ameaçado, ele sente o estado de urgência natural que nasce da simples constatação de que alguém está atento a um comportamento seu.

5. Manter a proximidade compatível com a maturidade do liderado: diz o ditado que "é o olho do dono que engorda o porco". É a sabedoria popular enfatizando que a simples presença do líder causa no liderado a sensação de que ele precisa se manter alerta. Posso apostar que Edward Deci e

Daniel Pink diriam que esse estado de estresse só faz sentido em atividades repetitivas e mecânicas (que Pink chama de *algorítmicas*), mas não para aquelas que demandam criatividade. Talvez valha a pena questionar essa asserção baseado em duas pesquisas: uma desenvolvida por Betânia Tanure e divulgada na revista *HSM* de mar./abr. de 2016 e outra pela psicóloga de Stanford Kelly McGonigal, que deu origem ao livro *The Upside of Stress*. Cada uma com um enfoque diferente, elas deixam uma mensagem clara: tensão demais rouba criatividade e eficácia, mas na dose certa pode até estimular a ampliação dos horizontes e fazer bem, inclusive no caso de atividades que demandam pensamento lateral.

6. Tomar as providências cabíveis com relação às lacunas em competências relevantes: quando o liderado não sabe algo que deveria saber ou não domina apropriadamente um processo sob sua responsabilidade e alguém compensa sua "incompetência" de alguma forma, ele pode se acomodar e não evoluir com relação àquele tópico, mantendo sua performance abaixo do desejável, uma vez que sabe que alguém melhorará o que ele fez. Já presenciei situações em que o líder corrige ou melhora indefinidamente o trabalho do liderado e acaba funcionando como um executor de segunda instância, às vezes como forma de enaltecer as próprias qualidades, sem perceber que está abrindo mão da liderança e se transformando em um superoperador. Nesse caso, o líder deveria em primeiro lugar deixar claro que percebe a lacuna e depois desenhar, junto com a pessoa, um plano de ação para suplantá-la, orientando-a rumo à excelência, e não agindo como executor. Um cuidado aqui é não querer "arredondar" o liderado, pretendendo que ele seja proficiente em tudo. Um grande líder entende que

a alta performance vem da capacidade de se desenvolver com base em seus talentos e não tenta mudar a essência da pessoa. Por isso é importante se perguntar: essa pessoa precisa mesmo desenvolver tal competência? Ela tem os recursos emocionais, cognitivos e técnicos no nível que preciso que ela desenvolva, ou tem condições de os desenvolver? Ela quer?

7. Não proteger desnecessariamente a equipe de pressões internas e externas: alguns líderes, em um impulso paternalista, acham que é seu papel blindar as pessoas do time dos superiores hierárquicos e das pressões que nascem do mercado. Mas, em determinadas circunstâncias, expor alguém ao "chefe do chefe", por exemplo, pode prover a adrenalina necessária para que a pessoa busque seu melhor. Deixar um profissional menos experiente fazer a apresentação na reunião de diretoria na qual podem surgir perguntas difíceis – e até críticas – pode sensibilizá-lo de forma definitiva para a importância de caprichar um pouco mais da próxima vez. É claro que o nível de maturidade e resiliência deve ser considerado, e a exposição precisa ser compatível com tais fatores. Sair em defesa indiscriminada de um colaborador da sua área que recebeu uma crítica de um cliente interno também pode significar a perda de oportunidade de reflexão e melhoria. O mesmo vale para os fatores externos. Se está havendo uma crise, se o cliente está insatisfeito ou se um concorrente está com um desempenho melhor do que a empresa, por que "dourar a pílula"? É claro que o extremo é desaconselhável. Atirar jovens executivos aos leões corporativos ou apavorá-los, intensificando artificialmente situações desafiadoras, são tiros que podem sair pela culatra. Na dose certa, porém, a pressão natural das

corporações tem o poder de acender o senso de urgência tão necessário para a busca da melhor performance.

8. Ser inflexível com os infratores dos valores centrais: já disse e voltarei a dizer que o erro decorrente da tentativa honesta de acertar é bom e deve ser, inclusive, premiado em certas circunstâncias. Mas o erro moral é imperdoável. Desonestidade, preguiça, indolência e comportamentos provenientes de atitudes dessa estirpe devem receber atenção imediata e ações enérgicas que podem culminar, se for o caso, com o encaminhamento do profissional para o mercado de trabalho. Importante notar que medidas extremas devem estar lastreadas por fatos evidentes, e não em opiniões e achismos.

9. Deixar que o liderado experimente o fracasso: quantas vezes o líder vê que a ação do liderado vai acabar mal e intervém para evitar os contratempos decorrentes? Em situações de grande envergadura, esse é realmente o caminho. Mas será que, em questões com risco controlado, não é melhor deixar o pior acontecer para que o liderado sinta o amargo da derrota e fique alerta das próximas vezes? Nossa experiência diz que a dor do fracasso pode gerar a pressão necessária para elevar o estado de atenção.

10. Criar senso de urgência antes que os problemas reais apareçam: John Kotter diz, em provocativo livro sobre gestão de mudanças, que, quando um problema grave se impõe a uma organização, até mesmo os mais resistentes acabam se dispondo a colaborar para evitar que o navio naufrague. Isso acontece porque nada mobiliza mais do que a urgência real. O grande desafio do líder é fazer com que as pessoas se sintam incomodadas antes que a realidade possa feri-las mortalmente. Incomodadas, mas não apavoradas, porque

150   O LÍDER

a ansiedade extrema tem o poder de paralisar as pessoas e, como consequência, a organização. Fazendo uso hábil das palavras em discursos e conversas privadas, o líder deve mostrar para as pessoas o risco que todos correm quando não buscam avidamente a excelência.

REFLETINDO SOBRE A PRESSÃO

Da mesma forma que você refletiu sobre a inspiração, vale a pena fazê-lo com relação à pressão. A escala de Likert também pode ser útil aqui: sempre, quase sempre, às vezes, quase nunca, nunca. Complemente com comentários para enriquecer a autoavaliação.

Questão	Resposta e comentários
Estabeleço objetivos ambiciosos?	
Faço *follow-ups* periódicos com relação aos objetivos e tarefas?	
Dialogo com realismo com relação aos objetivos não alcançados e tarefas não realizadas?	
Enfrento as conversas difíceis?	
Estou próximo dos meus liderados o suficiente para que eles sintam minha presença?	
Tomo providências com relação às lacunas de competência?	
Exponho minha equipe às pressões internas e externas necessárias?	
Sou inflexível com os infratores dos valores centrais?	

Questão	Resposta e comentários
Deixo o liderado experimentar o fracasso quando cabível?	
Crio senso de urgência nas pessoas da minha equipe?	

ALÉM DO COMPROMETIMENTO

As línguas mais afiadas do mundo corporativo dizem que o pior tipo de colaborador que uma empresa pode ter é o "incompetentemente motivado". Profissionais desse tipo, sentenciam, têm uma capacidade ímpar de fazer besteiras. Afinal, dispõem de uma quantidade brutal de energia para fazer o que não deveriam da forma que não deveriam. Sarcasmos à parte, a ideia por trás dessa reflexão irônica é que não adianta estar comprometido se não existe competência para direcionar a energia gerada por tal comprometimento. A Pirelli, querida cliente da Ynner, teve uma campanha publicitária muito impactante há alguns anos que ilustrava tal situação: "Potência não é nada sem controle", dizia o título dos seus anúncios. Um carro muito potente, mas que não tem mecanismos de controle à altura – como bons pneus –, certamente vai ter problemas. O mesmo vale para um liderado motivado mas incompetente. Por isso, alguém que se propõe a liderar precisa ir além da preocupação com o engajamento e deve se dedicar ao seu segundo foco: trabalhar junto com o liderado no desenvolvimento de suas competências. Afinal, comprometimento não é nada sem competência.

COMPETÊNCIAS

Terminamos o Capítulo 1 explicando nosso entendimento sobre o conceito de competências. Se você quiser revisá-lo com mais profundidade antes de continuar esta seção, basta voltar a ele e ler o item "Papéis e Competências" integralmente. Mas, se você se sente confortável com o que ficou registrado em sua memória sobre o tema, vamos em frente. Nesse caso, cuidemos apenas de revisar o conceito central. Como dissemos, "um papel é o conjunto de expectativas socialmente definidas que uma pessoa tenta satisfazer em determinada posição social e que se materializa através das competências". Lembrando ainda que as competências se apoiam em três pilares: as aptidões ou talentos naturais de cada um (ser), a cognição (saber) e as práticas ou técnicas (saber fazer).

O LÍDER, OS PAPÉIS E AS COMPETÊNCIAS

Para que possa ajudar seu liderado no desenvolvimento das competências que sustentam uma performance superior, você precisa ter clareza, antes de tudo, sobre quais papéis ele deve desempenhar. Afinal, as competências decorrem de tais papéis.

Um papel é um "conjunto de expectativas", na medida em que aponta aquilo que a organização espera que um colaborador realize. É "socialmente definido", porque o que deve ser realizado não nasce nem do desejo do liderado nem das aspirações do líder, mas sim das contribuições que o liderado precisa oferecer para o projeto maior da empresa, que é uma pequena sociedade. As contribuições são entregas que, somadas, formam o processo de geração de valor da empresa.

Para não ficarmos em uma esfera apenas conceitual, ofereço alguns exemplos hipotéticos.

Um profissional de TI poderia ter a seguinte contribuição entre aquelas que compõem seu papel: "Manter os equipamentos (hardware) de uso coletivo e de uso individual atualizados de forma a garantir que todos os colaboradores tenham condições de desempenhar suas atividades de forma produtiva, sempre considerando a relação benefício/custo de cada equipamento e a situação financeira da empresa". Ou seja, nesse nosso exemplo, o profissional de TI em questão não está lá para fazer coisas. A realização do trabalho não encontra significado em si mesmo. O trabalho é uma forma de entregar algo. O quê? No caso em análise, garantir que os colaboradores da empresa estejam usando equipamentos compatíveis com suas funções e que tais equipamentos os ajudem a fazer um bom trabalho.

Para um designer, uma possibilidade seria: "Garantir a entrega de materiais gráficos (folhetos, banners, e-mail marketing, lâminas, comunicados etc.) solicitados pela área de marketing no prazo definido, atendendo as especificações definidas e gerando o impacto desejado". Note mais uma vez que o foco não está na atividade, mas no resultado dela. A área de marketing precisa de materiais gráficos, e o designer deve garantir que eles estejam à disposição.

Para um vendedor, a contribuição seria ainda mais direta e óbvia: "Vender os produtos da empresa na quantidade definida por suas metas e com a rentabilidade prevista em seu planejamento anual".

Para um gerente de pesquisa: "Gerar subsídios para que os gerentes de produto tomem melhores decisões estratégicas, táticas e operacionais".

É importante notar que, para um papel específico dentro da empresa, pode haver apenas uma contribuição esperada ou diversas delas. Então, os exemplos acima poderiam ser apenas um componente da descrição do papel de um profissional ou a única contribuição.

Observe, mais uma vez, que uma contribuição é sempre uma entrega que agrega algum valor diretamente à organização ou colabora para que alguém dentro da empresa faça melhor o seu trabalho, o que vai resultar na adição de valor efetivo para a empresa em algum momento.

Podemos ilustrar essa cadeia de contribuições usando um dos exemplos que demos acima. Quando um profissional da área de TI contribui, mantendo os equipamentos (hardware) atualizados, ele está fazendo com que um bom computador chegue às mãos, por exemplo, dos vendedores da empresa, o que contribui para que eles possam vender mais e melhor, impactando a rentabilidade e o retorno. Ou seja, estará apoiando alguém que cria valor que é retribuído pelo cliente, gerando faturamento para a companhia e viabilizando-a.

> Uma contribuição é sempre uma entrega que agrega algum valor diretamente à organização ou colabora para que alguém dentro da empresa faça melhor o seu trabalho.

Uma vez identificado o papel do liderado, o líder deve apontar quais competências são fundamentais para quem pretende cumprir esse papel. Seguindo no exemplo do profissional de TI que deve "Manter os equipamentos (hardware) de uso coletivo e de uso individual atualizados de forma a garantir que todos os colaboradores tenham condições de desempenhar suas atividades de forma produtiva", a conclusão pode ser que uma das competências de que ele precisa é de "aprendizado rápido", deixando claro o que significa isso. Em seu conhecido trabalho *FYI*, a Korn Ferry diz que as pessoas com essa competência (*Nimble Learning*) aprendem rapidamente quando diante de novas situações, experimentam para encontrar novas soluções, enfrentam desafios diante de tarefas desconhecidas e extraem lições de erros e fracassos. A KF traz ainda mais sofisticação quando aponta o que fazem as pessoas sem essa competência, as excelentes e aquelas que exageram no seu uso. Essas descrições podem ainda ser mais específicas para a posição em discussão. Ainda no caso do profissional de TI que estamos tratando, a explicação da competência "aprendizado rápido" poderia ser algo como capacidade de mapear as opções de hardware no mercado, bem como de perceber as mudanças de tecnologias e conseguir fazer a relação entre esse ambiente e as necessidades de equipamentos da empresa.

Mas... Quais competências devo desenvolver?

A pergunta decorrente é inevitável: e como é possível saber quais são as competências que levarão a uma performance excelente? A forma mais simples de responder a essa pergunta é: raciocínio lógico. Se alguém vai ter que comprar diversos tipos de equipamentos em um mercado que evolui rapidamente, parece natural que precise aprender rapidamente. É óbvio que essa abordagem é antes de tudo uma aposta teórica de causas e consequências, já que não está submetida a uma metodologia de natureza científica que comprove tal relação. Mas de modo algum é condenável. Afinal, pode ser a única alternativa. Antes de tudo, porque o número de casos que uma empresa tem para estudar, para definir cientificamente o perfil ideal de algumas posições, é deficiente estatisticamente. Esclareço, exemplificando: se tenho quatro ou cinco gerentes de marketing trabalhando em minha empresa, o número de casos é insuficiente para tirar uma conclusão consistente sobre quais são as competências ideais de um gerente de marketing exitoso em minha organização. A situação se complica ainda mais quando se constata que as mudanças no ambiente de trabalho levam à necessidade de evolução constante no perfil do profissional ideal, fazendo com que a referência seja extremamente volátil ao longo do tempo. Sem contar que não existe apenas uma forma de ser bom em uma atividade. Pessoas diferentes podem conseguir resultados excelentes usando caminhos diversos.

Outro motivo em favor do uso da lógica para a definição do perfil ideal para determinada função é que, no mundo empresarial, nem sempre vale a pena submeter as decisões a abordagens investigativas complexas. Afinal, às vezes, o custo em termos de tempo e outros recursos é incompatível com o benefício esperado.

Uma segunda maneira é através do acúmulo de experiências do líder. Atuando ao longo do tempo, por exemplo, como gerente de TI, uma pessoa vivencia um conjunto de situações que se repetem, dando luz a um padrão que faz com que se sinta segura para dizer que há uma correlação entre a competência "aprendizado rápido" e uma boa performance no desempenho do papel que estamos discutindo. Essa ainda não é uma abordagem científica, mas se aproxima dela na medida em que é uma coleção de constatações práticas de relações de causa e consequência. É a abordagem mais usada nas empresas. Ela pode ser melhorada quando o líder recorre à experiência de seus pares para complementar a sua própria. Nesse caso, a pessoa que está definindo o conjunto de competências associadas ao desempenho de um papel submete a sua opinião ao escrutínio de profissionais que possam ter visões complementares às suas para chegar a uma conclusão mais abrangente e consistente.

Outra forma, com uma natureza ainda mais elaborada, é a do desvio positivo. A ideia aqui é estudar um conjunto de indivíduos com performance acima da média no desempenho de dado papel e, lançando mão de análises estatísticas, definir as competências predominantes. Para viabilizar tal abordagem, é necessário que haja uma quantidade estatisticamente relevante de casos para que se possa estabelecer uma distribuição normal e a partir daí realizar a análise. Isso não é factível para a maioria das posições de uma empresa, mas, em alguns casos, como atendentes de call center ou vendedores, pode ser feito. Afinal, existem muitas pessoas realizando as mesmas atividades simultaneamente e com desempenho objetivamente aferido pelos mesmos indicadores.

Apesar de ser tentador valorizar metodologias com cunho científico, precisamos lembrar que a complexidade do mundo empresarial é tal que talvez seja difícil conseguir a estabilidade necessária para que um estudo de desvio positivo consiga ser realmente representativo e não apenas uma forma de dar um verniz científico às definições das competências. Digo isso porque uma das premissas para avaliar objetivamente uma variável é a necessidade de isolá-la e manter as outras constantes, o que é bastante difícil no mundo das ciências sociais, puras ou aplicadas. Não é difícil entender as limitações de comparar um vendedor que atende grandes clientes na região Norte com um que atende clientes médios no Sudeste e outro ainda que cuida de pequenos clientes na região Sul. Ou de analisar o desempenho de um profissional em um momento em que a economia vai bem em comparação com o de outro que está trabalhando em um momento de crise.

Uma forma de definir as competências de forma mais objetiva é lançando mão de estudos amplos já realizados nesse sentido. Consultores, professores e empresas especializadas fazem levantamentos em diversas empresas e constatam quais são as competências mais comuns em funções específicas. Por exemplo: vendedores de alta performance, ou gerentes de contabilidade de alta performance, e assim por diante. Um trabalho clássico na área é *Competente at Work*, em que Lyle Spencer e Signe Spencer apontam modelos de competência genéricos para várias posições. A grande questão é se a especificidade de certa função em dada empresa não tem grande impacto no rol de competências relevantes. Será que as competências, por exemplo, do gerente jurídico numa grande multinacional de higiene e beleza são iguais às de um gerente jurídico em uma empresa nacional da área de geração de energia?

Por fim, independentemente da metodologia, o importante é que o líder tenha definido o papel do liderado e as competências que materializam esse papel. A partir daí, o líder pode lançar mão de uma série de ferramentas para desenvolver tais competências nos profissionais de sua equipe.

DESENVOLVENDO COMPETÊNCIAS NA PRÁTICA

A maior parte dos executivos foca em um conjunto limitado de ferramentas para desenvolvimento de competências. Treinamento e *coaching* estão entre as mais evidentes. Elas são realmente importantes, mas estão longe de ser as únicas. Existe um amplo rol de instrumentos que vai desde atividades simples que podem (e devem) ser conduzidas no dia a dia corporativo até metodologias mais estruturadas que precisam de apoio de consultores e especialistas em aprendizado. Além disso, algumas técnicas que tradicionalmente estão fora do radar corporativo podem ser de grande valia na alavancagem de competências.

Para categorizar as diversas abordagens, facilitando a organização e a absorção das possibilidades, sugiro o uso de uma matriz com duas dimensões. Uma primeira que divide as atividades de desenvolvimento em individuais ou coletivas e outra que as separa em internas – quando acontecem a partir de recursos da própria empresa – ou externas – que frequentemente lançam mão de apoio de provedores externos.

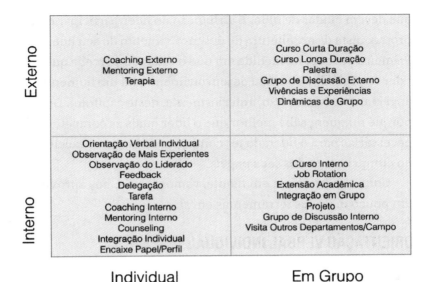

Figura 4

Matriz de ferramentas de desenvolvimento

Mergulhar profundamente em cada uma dessas ferramentas seria cansativo para você, leitora ou leitor, além de pouco prático e desalinhado com o propósito deste livro. Entretanto, é importante que possamos, pelo menos, entender a essência de cada uma delas e saber como colocá-las em prática de forma eficaz. Vale notar que, para a viabilização da maioria, a parceria com o RH é fundamental, pois os profissionais dessa área são especialistas no tema e podem enriquecer grandemente o processo e até organizar a sua efetiva implementação. O que não significa que o líder deva terceirizar o desenvolvimento do liderado, jogando-o no colo do RH e lavando as mãos, o que acontece com alguma frequência, principalmente em grandes empresas, onde a existência de profissionais focados em treinamento & desenvolvimento pode gerar a sensação em alguns executivos de que os especialistas é que devem cuidar de tudo. É atribuição do líder participar como protagonista da arquitetura de desenvolvimento do seu liderado. Primeiro porque, na medida em que o liderado percebe que seu líder se preocupa com seu desenvolvimento, há um aumento do engajamento (vimos isso, anteriormente, neste capítulo). Depois porque ninguém sabe melhor que o líder quais as competências necessárias para o liderado ter condições de buscar a excelência no cumprimento dos seus papéis.

Com essa premissa em mente, vamos, então, nos aproximar um pouco mais das ferramentas em si.

ORIENTAÇÃO VERBAL INDIVIDUAL

A forma mais simples para desenvolver uma pessoa é explicando para ela como fazer algo. Dessa forma, ela pode adicionar uma nova habilidade ao seu arsenal. Quando comecei a trabalhar como *trainee* na área de marketing *skin care* da Unilever, recém--saído da faculdade, precisei redigir um *briefing* para a criação de um material promocional, o que ainda não tinha feito no mundo real – apenas em algumas situações acadêmicas na ESPM, faculdade que cursei.

> A forma mais simples para desenvolver uma pessoa é explicando para ela como fazer algo.

Minha líder na época (Aline Santos) me chamou, explicou a necessidade, apresentou a estrutura do *briefing* modelo na empresa, me recordou sobre os princípios que regem a redação de um bom documento desse tipo, e a partir daí me lancei a escrevê-lo. A tarefa foi interessante porque ela não me disse detalhadamente o que fazer, mas, ao me explicar os princípios e dar espaço para exercer minha autonomia, me incentivou a enxergar a situação como um desafio, deixando-a instigante.

Os bons professores percebem o nível de minúcias que cada aprendiz requer na explicação e agem de acordo. É óbvio que, em algumas situações, a abordagem é mais diretiva e detalhada, enquanto, em outras, mais orientativa e genérica. O importante é que um líder saiba se comunicar com objetividade e clareza. E que tenha consciência de que, quanto mais complexa for a habilidade a ser desenvolvida, maior o número de vezes que ele terá que explicar a mesma coisa. É fundamental entender que o aprendizado é um processo, e não um evento. E isso requer que se explique a mesma coisa de formas diferentes e em momentos diferentes. Alguém que não tem paciência para repetir a mesma coisa, ainda que, às vezes, de formas distintas, não deveria abraçar a função de líder. Melhor ainda se a explicação for seguida de atividades complementares de desenvolvimento, como as que seguem. A complementariedade de abordagens diferentes, usando diversos canais de aprendizado, costuma ser mais efetiva que a simples repetição da mesma metodologia.

OBSERVAÇÃO DE PROFISSIONAIS MAIS EXPERIENTES

Lembro-me como se fosse hoje – alguns dos meus chefes passando pela minha mesa de trabalho e dizendo com o corpo e com a voz: "Vem comigo". Marcos Gonçalves, também na Unilever, fazia isso com frequência. Aprendi muito nesses momentos. Eu levantava e os acompanhava pelos corredores da empresa enquanto perguntava: "Aonde vamos?". As respostas eram algo como "Vou fazer uma apresentação para o coordenador global da categoria e quero que você comece a ver como é", ou "Vou participar de uma reunião de planejamento com o diretor de vendas e quero que você participe. Não precisa falar nada. Apenas observe. Depois conversamos". Essa prática usada de forma desestruturada por muitos líderes é uma potente ferramenta de desenvolvimento. É uma ótima oportunidade de o liderado vivenciar situações práticas que vai enfrentar em breve. Os mais astutos decifram os códigos sociais dessas situações e conseguem extrair, depois de algumas experiências semelhantes, algumas boas práticas que irão usar em situações idênticas e até transportar alguns *insights* para situações diferentes. É ainda um momento de colecionar conhecimentos estruturados e tácitos sobre a atividade que se desempenha. Observar como um executivo sênior faz uma apresentação financeira, por exemplo, é uma forma interessante de entender a melhor forma de elaborar a análise que a sustenta.

Algo que tem o poder de alavancar bastante o impacto dessa ferramenta é chamar o liderado alguns minutos antes do evento que ele vai acompanhar, contextualizá-lo e ressaltar os aspectos que devem ser observados. Uma abordagem ilustrativa hipotética seria: "Olha, Fernanda, vou fazer uma apresentação para o coordenador da categoria e gostaria que você fosse comigo para começar a ver como funciona. Preste atenção particularmente na forma como eu abro a apresentação, na estrutura do raciocínio e na forma como apresento os números". Depois do evento, outra conversa. Dessa vez para estimular a reflexão e consolidar os aprendizados. Esse é um momento em que perguntar é mais importante que afirmar: "O que você achou? Que lições pode extrair do que viu? O que eu poderia ter feito diferente? Como você entendeu a reação do coordenador global à queda nas vendas?". Em seguida, o líder deve enfatizar as suas impressões e os pontos de atenção. Mas, sempre que possível, escutando antes de falar. Em algumas situações, pode haver um diálogo durante a atividade. Se o evento em questão não é uma apresentação, mas uma reunião, o líder pode tecer comentários com o liderado em momentos oportunos ou nos intervalos, reservadamente: "Você notou como ele reagiu à nossa proposta? Preste atenção na importância que o diretor financeiro dá ao *pay-back*". A diferença entre apenas "ir e observar" e "discutir antes, observar e discutir depois" tem um enorme impacto na quantidade e na qualidade dos *insights*.

Se o líder explica uma atividade (como no tópico anterior) e depois mostra como faz, alavanca o processo de aprendizado.

No caso da redação do *briefing* que usei para ilustrar o tópico anterior, uma boa providência é mostrar um (ou alguns) exemplos de *briefings* redigidos por profissionais mais experientes em outras situações. O que não deixa de ser uma forma de observar um profissional mais experiente. Nesse caso, não seria a observação de um profissional mais experiente em ação, mas o resultado do trabalho de um profissional mais experiente, o que, para a circunstância em questão, tem o mesmo efeito.

OBSERVAÇÃO DO LIDERADO

O exercício anterior pode ter a direção invertida. Ao invés de o menos experiente observar o mais experiente, pode-se fazer o contrário, para que aquele que tem a competência mais desenvolvida possa orientar e dar dicas para o iniciante durante ou depois da ação. É bastante interessante quando as duas práticas se sucedem. Primeiro, o liderado observa, depois, ele é observado, fechando o ciclo. "Agora que você já me viu conduzindo três entrevistas de seleção, seria interessante que você assumisse a próxima. Estaremos juntos, mas só vou acompanhar. Você conduz agora." O mesmo princípio apontado no tópico anterior deve ser seguido aqui: uma discussão antes, o evento, uma discussão depois. Na conversa preliminar, o líder diz para o liderado quais considera os principais pontos de atenção e dá as dicas práticas sobre como agir, sempre sem privar o liderado de respeitar seu próprio estilo. O objetivo não é fazer com que o liderado seja uma cópia do líder, nem que ele realize as tarefas exatamente da mesma forma, mas que, aproveitando a experiência disponível, possa acelerar o processo de desenvolvimento, otimizando suas próprias características. Durante a situação em si, o líder deve não apenas observar, mas também tomar notas sobre aspectos positivos e oportunidades de desenvolvimento. Assim, ele garante que os comentários posteriores sejam práticos e calcados em fatos observáveis, e não em impressões genéricas. Nesse diálogo pós-atividade, o líder deve deixar, assim como no item anterior, que o liderado fale primeiro de suas impressões e externe sua própria leitura sobre seus méritos e deméritos. Sendo assim, o grande desafio do líder é fazer as perguntas certas – questões provocativas e que façam o liderado pensar. Quando o líder passa por todo esse caminho de acompanhar o liderado de perto, ele o ajuda a entrar na seara do que Anders Ericsson chama de *prática deliberada*, no livro *Direto ao Ponto: Os segredos da nova ciência da expertise*: treinar algo prestando atenção na execução e ajustando cuidadosamente os detalhes. "Simplesmente fazer" é diferente de "fazer com o olhar voltado à reflexão e evolução". Os grandes atletas e artistas evoluem com a prática deliberada, e não com a repetição automática. Assim é com praticamente qualquer atividade de desenvolvimento.

Esse terceiro tópico das ferramentas de aprendizado pode ser visto como uma atividade independente, mas também como o fechamento de uma metodologia de três passos, que costuma ser bastante efetiva para a incorporação de uma nova competência: primeiro uma orientação verbal, depois o liderado observa o líder fazendo e, por fim, o liderado é observado. Sempre com discussões anteriores e posteriores.

Ainda usando o exemplo da redação do *briefing* promocional que aconteceu comigo, o último passo foi me deixar redigir minha própria versão, que foi lida e comentada pela Aline. Assim, passei pelos três passos: (1) minha líder me explicou como fazer, (2) depois li documentos semelhantes escritos por profissionais mais experientes, e, por fim, (3) redigi minha própria versão (algumas vezes, até chegar a uma configuração satisfatória). O mesmo valeria com as adaptações cabíveis para a realização de uma apresentação ou a participação em um tipo específico de reunião ou foro de tomada de decisão.

FEEDBACK

Já disseram que *feedback* deveria chamar *feedforward*. Afinal, o objetivo não é olhar para trás. O que passou, passou. Não tem conserto. Mas o que vem pela frente pode ser trabalhado e potencializado. Para os espiritualizados, vale a frase atribuída a Chico Xavier: "Ninguém pode voltar atrás e fazer um novo começo. Mas qualquer um pode recomeçar e fazer um novo fim".

E se o objetivo do *feedback* é construir um futuro no qual o liderado é mais competente e gera melhores resultados, então estamos falando de uma típica ferramenta de desenvolvimento. Uma parte dos líderes vê o *feedback* como uma forma pontual de corrigir problemas. Apesar de ela também ter esse poder, seria desperdício não considerar seu potencial para gerar aprendizado duradouro, tendo o líder como grande catalisador do processo.

> Se o objetivo do *feedback* é construir um futuro no qual o liderado é mais competente e gera melhores resultados, então estamos falando de uma típica ferramenta de desenvolvimento.

Considerando a quantidade de livros sobre o tema e o fato de que na Ynner esse assunto rende treinamentos de vários dias, seria inocência tentar esgotar o assunto aqui, o que nem é nossa proposta. Contento-me se este tópico conseguir cultivar nos líderes o anseio por ampliar suas habilidades como agente de *feedback*. Para isso, é importante lembrar que o *feedback* pode ser dado em vários momentos. Em nossos treinamentos, enfatizamos pelo menos quatro: (1) *Corrente*, aquele dado durante a execução de uma tarefa, (2) *Cotidiano*, que, como o próprio nome diz, acontece no dia a dia, em face da observação do líder com relação ao desempenho das tarefas e dos comportamentos que as subsidiam, (3) *Periódico*, que visa promover balanços em períodos relativamente curtos (entre a semana e o mês) de desempenho, comportamentos e prioridades, e (4) *Avaliativos*, mais formais, que, nas empresas, acontecem a cada semestre ou ano com o intuito de orientar de forma mais ampla o desempenho e o desenvolvimento de competências dos liderados.

Todos eles bebem em dois princípios fundamentais. Em primeiro lugar, na compreensão de que *resultados* estão baseados em *comportamentos*, e que, dependendo da situação e perfil do liderado, a ação é mais focada em um ou outro. O gerente-geral de uma subsidiária terá conversas com seu líder bastante focadas nos resultados, enquanto um profissional operacional discutirá os comportamentos que levam a resultados. O segundo fundamento dá conta de que o *feedback* é tanto mais efetivo quanto mais fizer o liderado pensar e tirar as próprias conclusões em detrimento de uma postura prescritiva do líder. Nesse sentido, volto a enfatizar o papel das perguntas como grande instrumento e técnica para o líder.

DELEGAÇÃO

Inicialmente, cabe lembrar que delegar não é deixar um liderado fazer uma tarefa. Não é arremessar algo no colo dele e pedir para se virar. Isso, como já dissemos, é sarcasticamente denominado *deLargar*. Delegar é um processo que, para ser bem entabulado, precisa respeitar algumas fases: (1) antes de tudo, é fundamental dedicar atenção à escolha da pessoa com o perfil adequado para a tarefa, (2) depois, é preciso esclarecer o contexto da empreitada, (3) em seguida estabelecer objetivos claros, (4) definir os princípios de ação e restrições, (5) criar pontos de checagem enquanto mantém uma política de portas abertas, (6) receber o trabalho solicitado e, por fim, (7) discutir o resultado e os comportamentos em uma sessão de *feedback*.

Uma vez que isso esteja claro, vale dizer que essa é não apenas uma ferramenta de distribuição de atividades, mas também um instrumento importante de desenvolvimento de competências. Muitas atividades só são realmente compreendidas e absorvidas quando existe o envolvimento e a sensação de autonomia. Como na frase atribuída a Confúcio: "Aquilo que escuto, esqueço; aquilo que vejo, lembro; aquilo que faço, aprendo".

Principalmente quando o tipo de conhecimento envolvido é do tipo que Ikujiro Nonaka e Hirotaka Takeuchi chamam de *tácito* nos livros *Gestão do Conhecimento* e *Criação de Conhecimento na Empresa*. Segundo eles, esse tipo de conhecimento

> não é facilmente visível e explicável. Pelo contrário, é altamente pessoal e difícil de formalizar, tornando-se de comunicação e compartilhamento dificultoso... O conhecimento tácito está profundamente enraizado

nas ações e na experiência corporal do indivíduo, assim como nos ideais, valores ou emoções que ele incorpora.

Essa atividade é diferente do que chamamos de *Observação do Liderado* pelo grau de proximidade do líder. Enquanto na "Observação" o líder acompanha de perto com o objetivo de ser o catalisador da "prática deliberada", na "Delegação" o liderado recebe *insights* iniciais e periódicos, mas está a maior parte do tempo sozinho. Ele pode (e deve) praticar também de forma deliberada, mas sendo o próprio agente desse processo.

TAREFA

Quando o líder distribui uma tarefa que está sob sua responsabilidade, dizemos que está delegando, mas, quando o liderado faz aquilo que está sob sua própria alçada natural, não faz sentido chamar de delegar, que no dicionário está definido como "confiar o poder a outra pessoa". É bastante óbvio que, quando alguém desempenha uma função além de sua responsabilidade, está aprendendo, por isso, intui-se que a delegação é uma forma de desenvolver competências. Mas e quando alguém faz algo dentro de seu escopo de trabalho? Há aprendizado possível? Depende. Se a tarefa for realizada automaticamente com o objetivo de entregar os resultados esperados, ela é parte do trabalho, o que certamente é importante para o funcionamento da empresa, mas não fonte de desenvolvimento. Para uma tarefa se transformar em um elemento de educação, ela precisa ser executada com "atenção plena". Vemos aqui outro caso do que se chama *prática deliberada*. Só que, nesse caso, o agente de atenção é o próprio aprendiz, e não o líder. Este último funciona apenas como um interlocutor sistemático, que estimula o liderado a encarar o domínio da tarefa como uma obra sempre inacabada, de forma a perseguir a excelência o tempo todo. Isso é bastante útil quando o liderado desempenha uma atividade técnica especializada e que o líder não domina ou pelo menos não domina com a mesma proficiência do liderado. Por exemplo, o gerente de um grupo de programadores pode dominar os princípios de programação, mas não consegue ser igualmente excelente em todas as linguagens da mesma forma que cada um dos especialistas do seu time. Como funcionar como um agente de desenvolvimento nesse caso? Não é complicado. Basta criar momentos em que o profissional a ser desenvolvido é chamado a pensar no que está fazendo e em como está fazendo. De preferência com uma periodicidade sistemática.

Na prática, o líder estabelece um conjunto de reuniões – semanais, por exemplo – e discute a forma como o liderado está executando suas atividades, onde acha que está perto da excelência e onde acha que existe oportunidade de melhorias. Através de um rol de perguntas, faz com que o liderado aponte os pontos sobre os quais quer agir e o estimula a estabelecer um conjunto de ações específicas de melhoria.

Para aqueles que ainda não estão convencidos de que a realização de uma tarefa pode ser uma fonte relevante de crescimento – ou de estagnação –, gostaria de contar uma história a que assisti como expectador privilegiado. Um gerente precisava desligar certo colaborador que trabalhava havia dez anos em uma função técnica. O desempenho desse profissional, que já tinha sido excelente, foi decaindo ao longo do tempo até atingir um nível insustentável. No momento da conversa em que comunicava o afastamento, o colaborador colocou com certa empáfia "Você é louco de me demitir? Eu sou o mais experiente da equipe. Tenho dez anos de experiência nessa função". Com calma e respeito, mas afiado como uma lâmina, o gerente respondeu: "Entendo sua forma de encarar a situação, mas, francamente, na minha opinião, você tem dez vezes um ano de experiência na função, e não dez anos de experiência". O fato é que existe uma grande diferença entre aqueles que procuram melhorar continuamente no desempenho de suas funções e aqueles que atingem determinado nível e a partir daí se repetem indefinidamente.

COACHING INTERNO

Quando um tema ganha proeminência no mundo empresarial, diversos consultores e acadêmicos se apressam em publicar algo sobre ele. O que tem um efeito bastante positivo: a abundância de fontes e materiais para consulta. Livros, artigos, vídeos e cursos sobre *coaching* estão à disposição de todos os interessados. O contraponto é a profusão de diferentes formas de ver o mesmo assunto com conceitos que nem sempre são consonantes, dificultando a comunicação e, como consequência, a sua compreensão e decorrente utilização. Por isso é fundamental que estabeleçamos o que estamos considerando como *coaching* para os objetivos deste livro: "Uma metodologia de diálogo sistemático no qual o *coach* ajuda o *coachee* a estabelecer objetivos claros e um plano de ação efetivo baseado nos valores, competências e repertório do próprio *coachee*, para em seguida criar mecanismos de implementação e acompanhar os seus passos rumo ao êxito". Dizendo de uma maneira mais simples, "o *coach* ajuda o *coachee* a mobilizar os recursos que já tem para chegar aonde quer". Nessa jornada, ele funciona como uma referência externa que chama o *coachee* de volta para seus próprios valores, objetivos e planos de longo prazo, ao invés de ceder ao que Walter Mischel chama de *cérebro quente* ou que Daniel Khaneman denomina *mente rápida,* a parte de nós inclinada a valorizar resultados de curto prazo e a satisfação de conveniências e desejos imediatos.

Trata-se de uma ferramenta que vem se mostrando bastante efetiva e, quando usada de forma competente, acelera o processo de materialização de comportamentos que, de outra forma, levaria muito tempo para acontecer ou nem se concretizaria. Como veremos adiante, isso pode ser feito por um profissional especializado externo, mas também pode ser dirigido por um líder que age como *coach* de seu liderado, atuando como o que podemos chamar de *leader coach*. Para isso, o líder pode tanto buscar uma formação profissionalizante no tema – através de cursos ou autodesenvolvimento – quanto adquirir conhecimento sobre princípios e técnicas específicas que lhe permitam lançar mão das ferramentas de *coaching* de forma circunscrita ao seu papel como líder.

MENTORING INTERNO

Se no *coaching* o ponto de partida para o desenvolvimento é o repertório do próprio *coachee*, no mentoring o mentor assume o protagonismo e usa suas competências de forma mais direta. Metaforicamente, podemos até dizer que há transfusão de competências do mentor em direção ao *mentee*. Nessa metodologia, não há necessariamente uma meta específica, assim como no *coaching*, se bem que sua presença pode dar maior consistência e objetividade ao processo. A intenção pode ser simplesmente transferir vivências, conhecimentos e práticas, acelerando a ampliação do repertório emocional, cognitivo e técnico do *mentee*, fazendo-o ganhar maior densidade profissional e fortalecendo as competências de que precisa no presente ou precisará no futuro para ocupar funções de maior envergadura.

Em nome da didática, me sujeito ao risco de ser simplista na busca por uma explicação simples ao dizer que: na prática, um *coach* faz perguntas que ajudam o *coachee* a encontrar suas respostas, enquanto o mentor faz afirmações que dão as respostas que o *mentee* busca. No primeiro, o objetivo é provocar o aprendiz para que ele ache seus caminhos; no segundo, é apontar os caminhos que aumentam a probabilidade de êxito de tal aprendiz. Usando uma metáfora bastante utilizada em nossa cultura: "O *coach* dá a vara e ensina a pescar. O mentor dá o peixe". E, apesar de parecer que ensinar a pescar é sempre melhor que dar o peixe, a experiência e o bom senso nos mostram que na vida há momentos para estimular a busca e momentos em que vale mais a pena oferecer o produto final pronto para o uso.

Essa é mais uma ferramenta que pode ser utilizada com o apoio de um profissional externo especializado ou através do próprio líder. E aqui vale a constatação de que as empresas parecem ter mais simpatia por *coaches* externos e mentores internos. Compreensível. Afinal, se o mentor aponta os caminhos para o sucesso do *mentee* e cada organização tem infinitas particularidades e armadilhas, parece ser bastante justo que o mentor conheça os meandros da organização em que o aprendiz pretende construir sua evolução. Existe aqui um risco a ser considerado: como o *mentoring* tem mais elementos – aparentemente – intuitivos, um líder desavisado pode achar que basta seguir sua intuição para praticar o bom *mentoring*. O domínio dos conceitos e técnicas adequados é que irá catalisar o processo, alavancando os resultados.

COUNSELING

Se a distinção entre *coaching* e *mentoring* é mais precisa, o entendimento da relação entre essas duas e o *counseling* costuma causar alguma confusão. A American Counseling Association diz que se trata de "uma relação profissional que empodera indivíduos, famílias e grupos a atingir seus objetivos nas áreas de saúde, bem-estar, educação e carreira". Se entendermos dessa forma, poderemos dizer que o *coaching* e o *mentoring* são tipos de *counseling*, afinal, cada um dos dois, a seu modo, quer empoderar o interlocutor para atingir seus objetivos. Um a partir do repertório do *coachee*, o outro tendo como base os conhecimentos do mentor. Essa é uma forma de ver a questão.

Entretanto, considerando os objetivos deste nosso trabalho, prefiro que adotemos a abordagem de Florence Stone no livro *Coaching, Counseling & Mentoring*. Para ela, o *counseling* deve ser adotado como um processo de recuperação de um profissional que tem potencial para contribuir com a organização mas está apresentando problemas de entrega ou comportamento. Se entendermos dessa forma, teremos uma ferramenta adicional em nosso cardápio para desenvolver nossos colaboradores. Aqueles que quiserem entender em profundidade como usá-la podem recorrer ao livro de Stone, mas, seguindo o propósito de oferecer uma visão geral de cada uma das ferramentas, vale dizer que a abordagem do *counseling* está dividida em quatro grandes etapas: (1) Aconselhamento verbal, quando a fonte de insatisfação com o desempenho ou o comportamento do liderado é apresentada a partir de fatos objetivos; (2) Advertência por escrito, na qual se registra formalmente que o aconselhamento verbal foi feito e não surtiu efeito; (3) Transferência para outra área ou atividade, quando se espera que o liderado possa agir de forma diferente em função de uma maior compatibilidade com seus valores, estilo ou competências; (4) Desligamento, feito da forma mais respeitosa e objetiva possível.

INTEGRAÇÃO INDIVIDUAL
(TAMBÉM CONHECIDA COMO *ONBOARDING*)

Para iniciar a explicação deste tópico, vale a pena lembrar que estamos falando sobre ferramentas que o líder tem à sua disposição para desenvolver competências nos liderados. E que as competências se baseiam em três pilares: talentos, conhecimentos e técnicas. Com isso em mente, gostaria de destacar um conhecimento fundamental, e frequentemente pouco valorizado, para que qualquer colaborador possa atingir a excelência na consecução de seu trabalho: o conhecimento da própria empresa e a capacidade de entender como a sua atividade se relaciona com as demais que compõem tal empresa. Gosto de chamar essa competência de *visão sistêmica,* e iremos discuti-la com mais profundidade quando chegarmos ao Capítulo 4. Por enquanto, quero enfatizar que o líder precisa ajudar o seu liderado a desenvolver essa percepção holística da organização, destacando que uma das formas mais efetivas de fazer isso é integrando-o às outras áreas. Os líderes conscientes da importância dessa competência cuidam disso no momento em que incorporam alguém ao seu time. Tive a sorte de ter como primeiro chefe numa grande organização uma pessoa com essa consciência. Quando fui contratado como estagiário na Johnson & Johnson, Luis Vieira era gerente de Promoções e Merchandising e organizou uma agenda para que eu conhecesse todas as áreas da empresa, com foco naquelas que eram fornecedoras internas ou clientes da área de Promoções e Merchandising. Conversei por uma hora ou mais com umas vinte pessoas-chave para o desenvolvimento das minhas atividades e posso testemunhar que a compreensão holística da empresa e da conexão das diversas áreas com a minha foi fundamental para que eu pudesse fazer um bom trabalho. E tenho convicção de que foi um bom trabalho porque ouvi, apenas seis meses depois, da Maria do Carmo, uma das gerentes de Grupo da empresa à época, que, "quando contratamos um estagiário, esperamos que ele aprenda muito e colabore um pouco, mas no seu caso temos sentido que a contribuição começou um pouco mais cedo do que esperávamos". Não vou me colocar aqui com falsa modéstia. Sei que minha dedicação e as competências que já tinha desenvolvido foram fundamentais para esse resultado. Mas não hesito um segundo sequer para afirmar que a visão que estruturei na integração foi um ingrediente fundamental, talvez o mais importante, para o meu êxito.

A maior parte das empresas pensa em integração como um evento em que o novo colaborador entende a história e a cultura da organização. Geralmente, trata-se de um ou mais encontros conduzidos pelo RH para todos os novos funcionários, independentemente da área na qual irão atuar. Esse é um bom ponto de partida. Mas não é suficiente. É uma visão muito panorâmica, e o líder precisa garantir que, depois desse primeiro passo, haverá um aprofundamento específico para a função a ser desempenhada.

E a história vai além. Não basta promover a integração uma vez. O líder deve estabelecer diálogos constantes para estimular o desenvolvimento contínuo dessa competência. E, se sentir que há uma lacuna, deve sugerir um novo programa de diálogos com *stakeholders* e colegas de trabalho para garantir a retomada da visão holística.

ENCAIXE PAPEL/PERFIL

À primeira vista, o exercício de alocar um profissional em um papel no qual ele possa aproveitar o máximo de seus talentos, conhecimentos e habilidades parece pertencer à seara não do desenvolvimento, mas, sim, da motivação. Apesar de realmente ter a ver com a motivação, a compatibilização entre papel e perfil também é uma ferramenta importante de desenvolvimento. Principalmente se nos lembrarmos por que um líder deve se preocupar com o desenvolvimento de seus liderados. E a resposta é: para que eles venham a ter as competências que, uma vez impulsionadas pelo engajamento, lhes permitam entregar os resultados. Se considerarmos a questão dessa perspectiva, podemos dizer que colocar a pessoa certa no lugar certo é a ferramenta de desenvolvimento por excelência. Afinal, alguém que já tenha o conjunto de condições para desempenhar uma função está absolutamente afinado com o propósito básico do desenvolvimento, na medida em que já guarda dentro de si as competências que – somadas ao engajamento – levarão ao potencial resultado.

A questão ganha ainda mais força se entendermos que desenvolver é – ou deveria ser – prioritariamente alavancar as qualidades, estando a correção de defeitos num plano complementar, apesar de também ter a sua importância. Então, identificar as forças das pessoas e, a partir daí, encontrar um conjunto de atividades que lhes permitam colocá-las em prática, usando-as intencionalmente para poli-las e refiná-las, é ainda mais aderente ao conceito de desenvolvimento.

E, apesar de a abordagem poder ser sofisticada com o uso de algoritmos que sincronizem as competências necessárias com as qualidades dos potenciais candidatos a uma vaga, um primeiro passo simples pode ajudar bastante nesse exercício. Qual seja? O estabelecimento das competências que aumentam a probabilidade de alguém ser bem-sucedido no exercício de determinado papel. Ao entender que talentos, conhecimentos e habilidades guardam maior correlação com a alta performance em uma função, crio parâmetros para avaliar objetivamente quais são as pessoas que teriam maior chance de reunir as qualidades necessárias para entregar um resultado específico.

COACHING EXTERNO

Considerando que já falei do *coaching* como ferramenta num dos tópicos anteriores, quando apresentei sua versão interna (*Coaching Interno*), vou me limitar a comentar as principais circunstâncias em que a abordagem externa tende a funcionar melhor. A primeira e mais óbvia é quando o líder do profissional que se quer desenvolver não tem as competências necessárias para conduzir o *coaching*, não domina o método, ou ainda quando tem problemas de agenda para tal. Depois, deve-se considerar que um profissional externo pode estar menos contaminado pela cultura corporativa, o que lhe permite provocar o *coachee* para buscar caminhos fora do paradigma reinante. Por fim, há que se considerar que, em muitas situações, a relação com o líder pode ser um dos desafios que o *coachee* quer endereçar, e que, portanto, seria impossível tratar com o próprio protagonista da situação.

MENTORING EXTERNO

Se a diferença de aplicação do *coaching* interno e externo está muito ligada às circunstâncias, sendo que um ou outro pode fazer mais sentido em dado momento, no caso do *mentoring* a abordagem é mais taxativa. A não ser em exceções específicas, entendemos que o ideal é que o mentor seja um líder mais experiente da própria organização. Isso porque o grande objetivo aqui é não apenas a transmissão de conhecimentos e técnicas, mas principalmente a aplicação desse, na realidade cultural e política da empresa. Um mentor pode até ser um transmissor de informações objetivas para o *mentee*, mas quase sempre o mais importante é oferecer dicas de ação que façam sentido politicamente dentro da organização. Além do que o mentor também pode funcionar como um lastro político do *mentee*, não só ensinando-o como transitar nos meandros do universo organizacional, mas também protegendo-o de figuras ameaçadoras e potencialmente danosas para ele.

TERAPIA

Eis aqui o tópico que julgo de uso mais polêmico entre todas as ferramentas dessa lista. Apesar de existirem diversos tipos de terapia que podem ajudar o desenvolvimento humano e, consequentemente, profissional, estou me referindo aqui, principalmente, à psicoterapia em suas variadas formas. Em toda a minha vida profissional, a vi em uso apenas umas poucas vezes e, por motivos óbvios, não posso passar nem perto de fazer referências aos protagonistas. Mas confesso que, considerando a quantidade de desvios emocionais sérios que vemos nas corporações cotidianamente, essa deveria ser uma ferramenta mais utilizada. Talvez a psicanálise tradicional tenha maior resistência ao uso em função de sua natureza mais subjetiva e, portanto, menos alinhada com o *modus operandi* das organizações. Sabemos que muitos processos psicanalíticos podem levar muitos anos para ser encerrados, o que é incompatível com as necessidades e prazos das empresas, se bem que, quando bem conduzida, essa abordagem pode propiciar mudanças razoavelmente rápidas – embora talvez não definitivas – no comportamento dos pacientes. Já as terapias comportamentais podem surtir efeitos mais rápidos e ainda assim efetivos, já que estão baseadas na busca por comportamentos específicos produtivos para aqueles que as recebem.

Não tenho dúvidas de que ainda existem muitas pessoas emocionalmente adoecidas dentro das organizações e que o seu tratamento a partir de técnicas adequadas poderia trazer não só uma melhoria de vida para quem lança mão delas, mas também resultados efetivos para as organizações dentro das quais essas pessoas trabalham, já que as coisas estão fundamentalmente ligadas. É claro que a situação precisa ser avaliada com especial seriedade e serenidade e conduzida com enorme discrição e respeito, mas ignorar seus benefícios pelo receio de seus riscos é um despropósito.

CURSOS EXTERNOS DE CURTA DURAÇÃO

Quando um profissional precisa desenvolver uma habilidade ou adquirir um conhecimento que lhe pode ser útil e que está disponível no mercado, basta que participe de um curso na área em questão. Quando estamos falando de apenas uma pessoa, há que se encontrar uma instituição que ministre treinamentos abertos para então encaixá-lo em uma turma. Quando vários profissionais da mesma empresa têm necessidades semelhantes, a organização recorre a empresas especializadas que desenvolvem e ministram o tal curso de forma dirigida. O grande benefício dessa segunda abordagem é a personalização do conteúdo e da metodologia, que fica alinhada às necessidades específicas e à cultura da empresa. Na prática, são encontros que vão de quatro horas a alguns dias e que, de forma imersiva, oferecem o conteúdo básico de que o liderado precisa para desempenhar suas tarefas. É importante considerar que um curso curto traz um efeito muito mais efetivo quando se criam ferramentas de consolidação do conhecimento e reforço pós-encontro presencial ou virtual ao vivo, como *coaching* (coletivo ou individual), vídeos, textos, leituras, *insights* ou *e-learning*.

Volto a tocar aqui na questão nevrálgica do papel do líder como agente de desenvolvimento. Antes da realização de um curso, o líder deve chamar o liderado e fazer algumas perguntas que provoquem reflexões necessárias para otimizar o aprendizado:

"Qual o seu principal objetivo nesse curso?"; "O que você espera encontrar nele?"; "Como o que você espera aprender vai impactar sua performance no curto e no longo prazo?". Após a conclusão do curso, outra conversa deve ajudar o liderado a avaliar o aprendizado e incentivá-lo a colocar as novas competências em prática: "O que você aprendeu no curso?"; "O aprendizado foi compatível com sua expectativa?"; "Como pretende praticar o que foi absorvido?"; "O que você poderia compartilhar com seus colegas?". Com base nisso, o líder deve conduzir a elaboração de um plano de ação para a efetiva materialização dos conteúdos. Com base nesse plano de ação, devem ser feitas mais algumas reuniões de *follow-up*, em que se discute a transferência do aprendizado para a prática.

CURSOS EXTERNOS DE LONGA DURAÇÃO

Estão incluídos aqui os MBAs, especializações e pós-graduações, além dos cursos de idioma. Geralmente, são realizados em instituições de ensino superior e são mais concentrados na aquisição de conceitos amplos, uma vez que são aplicáveis a mercados diversos em situações variadas. É uma boa alternativa para profissionais que precisam entender teorias essenciais que sustentam o funcionamento das diversas áreas da organização ou para adquirir uma visão holística da organização. Também são importantes como elemento de reciclagem de conhecimentos para profissionais que concluíram suas formações há muito tempo.

Muitos alunos e participantes dos nossos treinamentos na Ynner me perguntam se devem fazer um MBA logo que terminam a faculdade ou esperar um pouco. A resposta depende de qual é a formação do profissional. Alguém formado em administração de empresas deveria esperar um tempo, entre três e cinco anos, antes de começar. Nesse tempo, ele vai entender a realidade empresarial dentro de uma perspectiva prática, reunindo experiências para lastrear uma releitura das teorias organizacionais. Com isso ele poderá, por exemplo, participar de discussões de forma muito mais produtiva para ele e para seus colegas de turma. Já alguém que vem de cursos técnicos (agronomia, engenharia, farmácia, veterinária, medicina etc.) e entra numa empresa com a expectativa de acessar a carreira gerencial, deve imediatamente fazer uma extensão, para reunir as condições básicas de entender a dinâmica corporativa, já que em sua faculdade esse profissional não aprendeu – praticamente – nada sobre o tema.

O papel do líder vai desde incentivar a participação nesses cursos, quando sentir que é o melhor caminho para o desenvolvimento, até sugerir à empresa que o custeie integral ou parcialmente. Mas sempre fazendo o papel de catalisador do aprendizado, acompanhando o que está sendo aprendido, seu uso e a ampliação dos horizontes a partir daí.

PALESTRAS

Eis uma ferramenta que pode ser tanto de grande impacto no desenvolvimento de um profissional quanto de uma incrível inutilidade e desperdício de tempo e dinheiro. Para que seja usada de forma produtiva, deve-se ter em mente, antes de tudo, que um encontro de uma a duas horas com qualquer palestrante não tem a menor chance de desenvolver nenhum tipo de competência em ninguém. Um líder deve indicar uma palestra a um liderado apenas se quiser sensibilizá-lo para a importância de um tema e/ou gerar *insights* que iluminem o início de uma jornada de desenvolvimento em alguma área, mas nunca acreditando que ele resolverá qualquer lacuna comportamental, cognitiva ou técnica. Por exemplo, se um liderado precisa agir com mais inteligência emocional, ele pode assistir a uma palestra sobre o tema e "acordar" para esse fato. Afinal, mesmo que o seu líder já tenha chamado sua atenção para esse ponto, a experiência mostra que alguém de fora da organização e investido da legitimidade de especialista no assunto tem muito mais probabilidade de "tocar na ferida". É por isso que dizemos que "santo de casa não faz milagre".

Além da importância de usar essa ferramenta em consonância com suas reais possibilidades, é preciso estar atento à qualidade da palestra e do palestrante. Existem atualmente dezenas de profissionais que fantasiam shows de *stand-up* com um vocabulário corporativo e, em um conluio com os pseudoaprendizes, fingem que estão tratando de um assunto relevante enquanto a plateia finge que está aprendendo algo significativo. Isso acontece porque, hoje em dia, existe uma grande pressão pelo desenvolvimento profissional, e, como muitas pessoas não gostam de processos sérios de aprendizagem, que exigem esforço e dedicação, elas preferem limpar suas consciências mostrando para todos que estão se esforçando quando na verdade estão apenas se divertindo em palestras vazias com um verniz corporativo. As palestras que valem a pena são proferidas por profissionais sérios, abordando temas consistentes de forma minimamente aplicável. Isso não significa, de modo algum, que devam ser chatas e entediantes. Podem – e devem – ser impactantes, envolventes e agradáveis, mas tratando de aspectos relevantes de forma responsável. Nesse sentido, costumo dizer que existe uma grande diferença entre uma palestra motivadora e uma motivacional. A primeira oferece uma reflexão séria e relevante, mas abordada de forma estimulante, enquanto na segunda existe um vazio de conteúdo compensado por uma abordagem festiva.

GRUPO DE DISCUSSÃO EXTERNO

Ouvi, certa vez, do Claudio Felisoni, professor da USP em um curso do Provar, que, "no mundo empresarial, a teoria é a prática dos bem-sucedidos". E faz muito sentido. Em uma área de conhecimento aplicado, como a nossa, o saber é construído principalmente de forma indutiva. Ou seja, a partir de casos específicos exitosos que se somam, fazendo emergir padrões que passam a ser considerados boas práticas. Por isso, para estar na vanguarda de uma área de atuação, é necessário discutir as tais boas práticas enquanto elas emergem. E uma forma de entabular tais discussões é participando de grupos de profissionais com formações semelhantes ou interesses afins. Assim, oxigena-se o repertório de experiências a partir das vivências de colegas que enfrentam os mesmos desafios. Nesses foros, acontecem apresentações e debates que geram um desenvolvimento progressivo de competências cognitivas e técnicas (eventualmente até comportamentais) que podem fazer a diferença na robustez da atuação de um profissional. Uma ilustração dessa valiosa ferramenta de desenvolvimento são os comitês temáticos da Câmara Americana de Comércio, dos quais venho participando há muito tempo como associado. Neles, especialistas em temas proeminentes ou protagonistas de casos de sucesso são chamados para palestras seguidas de debates em que os participantes, que atuam em empresas de setores diversos, compartilham experiências e discutem possibilidades. Várias associações e algumas empresas especializadas oferecem essa possibilidade, focando as discussões em particularidades de um setor empresarial ou de uma área de atuação.

Líderes conscientes da importância de atualização constante incentivam os profissionais que trabalham consigo a buscar tais grupos e participar dessas atividades. Mais do que isso, discutem com seus liderados o que eles têm aprendido e geram *insights* para si, ampliando seus próprios repertórios enquanto ajudam os liderados a pensar sobre como colocar em prática o que aprendem nesses foros.

VIVÊNCIAS E EXPERIÊNCIAS

Eis outra ferramenta que tem grande potencial para alavancar o desenvolvimento de um profissional, mas que, pode ser transformada num "domingo no parque" se não for conduzida com a seriedade necessária. O potencial vem da sabida propensão humana a absorver com muito mais intensidade lições que vêm carregadas com algum conteúdo emocional. É por isso que os TEAL (Treinamentos ao Ar Livre), com atividades de *rafting*, escalada e atividades dessa natureza, estiveram na pauta das áreas de Treinamento & Desenvolvimento das empresas por tanto tempo. É por isso que *role-plays* e jogos de empresas geram mais interesse dos participantes do que abordagens predominantemente conceituais. Esse tipo de atividade introduz a variável emoção no processo de aprendizagem, que serve tanto para mobilizar a atenção quanto para aproximar a experiência da realidade. Uma coisa é, por exemplo, entender a estrutura de um *feedback*. Outra, muito diferente, é dar um *feedback* e sentir a resistência de um liderado em suas expressões e tom de voz. Uma coisa é entender as técnicas de trabalho em equipe. Outra é estar dentro de um bote que desce uma corredeira acidentada e ter que trabalhar junto para não naufragar, literalmente. Insegurança, medo, raiva, apreensão, alegria, euforia. Todos ingredientes que fazem parte das experiências reais no cotidiano empresarial e que estão ausentes de treinamentos convencionais. É certo que as metodologias conceituais e técnicas são importantes e têm seu papel, uma vez que, como já dissemos, as competências também têm suas dimensões cognitivas e práticas. Mas, quando elas são enriquecidas com um tempero vivencial, o aprendizado se arredonda.

O cuidado vem da facilidade de se cair na armadilha de achar que levar a equipe para um *rafting* ou para uma escola de gastronomia para cozinharem juntos vai, automaticamente, desenvolver competências. Não vai. Mais uma vez, o conceito de prática deliberada precisa marcar presença. Antes do evento, é preciso que fique claro o objetivo da atividade, e todos precisam ser chamados a refletir sobre o que pretendem aprender. Durante e/ou depois, é necessário discutir o andamento da atividade, os impactos práticos e emocionais em cada um e no time de forma geral, para depois desenhar um plano de ação que responda à pergunta: "Como vamos transferir os *insights* gerados para a vida prática?". E o grande condutor dessa reflexão é o líder, com o apoio de consultores especializados, é claro, mas sem se eximir de deixar o seu toque. Na Ynner, temos uma área que desenvolve treinamentos gamificados e *games* dentro dos treinamentos, cujo *slogan* reflete os objetivos: *Play to Learn* (brincar para aprender). Afinal, a ludicidade é um meio, e não um fim.

É claro que as ferramentas acima não esgotam o menu de alternativas, mas apresentam um bom conjunto inicial de referências, que numa publicação posterior podemos aprofundar.

O GESTOR

3

Vamos imaginar que Daniela tenha lido nosso livro e levado o que aprendeu a sério, colocando o Capítulo 2 em prática. Depois de algum tempo, terá uma equipe cada vez mais engajada e desenvolvendo as competências necessárias. Alguns estarão no vértice superior direito do gráfico de maturidade, e outros rumando para lá. Ainda assim, é possível que os resultados esperados não estejam se materializando. Por quê? Primeiro, porque existem várias pessoas que não atingiram a maturidade plena e que, portanto, podem não ter definido corretamente a forma de desenvolver suas atividades, ou então podem não estar se dedicando o suficiente. Depois, porque mesmo pessoas maduras podem conduzir processos com falhas ou passar por momentos em que o nível de empenho é insuficiente. É por isso que Daniela, assim como qualquer executivo ou empreendedor, precisa entender a importância de desempenhar um segundo papel: o de gestor. Percebendo isso, nossa protagonista foi buscar ajuda com sua nova líder, a diretora de marketing da área: Luciana, que, para sua sorte, tinha entre seus talentos a capacidade de desenvolver novos gestores, e mergulhou com ela no desafio seguinte; ir além da liderança para incorporar as competências de um gestor.

RETOMANDO A ESSÊNCIA DO GESTOR

Vimos no Capítulo 1 que, enquanto o lastro do papel de líder repousa sobre a compreensão humana, o gestor se apoia na capacidade de definir processos eficazes e eficientes para obter o melhor nível de produtividade possível. Enquanto o líder cuida das pessoas, o gestor cuida dos

> Enquanto o líder cuida das pessoas, o gestor cuida dos trabalhos que as pessoas fazem – junto com elas –, de forma a maximizar sua eficácia e sua eficiência.

trabalhos que as pessoas fazem – junto com elas –, de forma a maximizar sua eficácia e sua eficiência.

O elemento essencial, aqui, é conseguir definir o grau de proximidade que o gestor guarda da pessoa que está sendo gerida e sua atividade. A sabedoria está em dar o máximo de liberdade possível para aqueles que são maduros na tomada de suas próprias decisões e interferir de acordo com a motivação ou a competência (menores ou maiores) da pessoa. As situações extremas encontram-se na esfera da teoria e raramente se apresentam no cotidiano (se é que o fazem). Ou seja, na prática, nenhum profissional tem condições de tomar todas as decisões sozinho, e, no mínimo, sua responsabilidade e seus objetivos/metas são definidos junto com o gestor. No outro extremo, um profissional que seja acompanhado a cada passo pelo seu gestor acaba se mostrando dispensável para a organização.

OS PILARES CENTRAIS DA GESTÃO

Uma vez que a essência do papel do gestor esteja entendida, a pergunta naturalmente decorrente é: como se faz isso? Qual o *modus operandi* seguido por aqueles que conseguem manter um nível de eficácia superior dos profissionais de suas equipes? Mais uma vez, estamos falando de dois pilares. Da mesma forma que engajamento e desenvolvimento de competências são o coração da liderança, existem dois macrofundamentos para a excelência em gestão: a definição das metas e a construção dos métodos de trabalho.

Em primeiro lugar, precisamos entender a questão das metas. Afinal, o pré-requisito para se ter eficácia é entender qual o *output* desejado, uma vez que o conceito de produtividade é dado pela relação entre *output* e *input*. Ou seja, um processo eficaz é aquele em que eu gero o maior resultado possível com base na menor quantidade de recursos.

Depois de definir o que quero que um profissional entregue, preciso ter clareza sobre como fazer isso, ou seja, o método de trabalho. O *como fazer*. Na era que recebeu a alcunha de VUCA, BANI ou Exponencial, existe a tentação de dar menos importância a métodos e processos, alegando que eles são incompatíveis com a realidade fluida do mundo contemporâneo. Algumas pessoas imaginam que a nova ordem das coisas exige desestruturação total em função da imprevisibilidade ambiental. Alguns diriam "não dá para pensar em nada que engesse a organização, pois o mundo contemporâneo exige flexibilidade total". Nada mais equivocado! E uma metáfora que venho usando há muito tempo dá conta de jogar luz sobre a questão. Imagine que você está em um trânsito caótico de uma grande cidade, com caminhões, ônibus, carros e motos se movimentando de forma errática e im-previsível. Com freadas bruscas, mudanças de faixa, conversões inesperadas. Nessa situação, seria melhor que a parte de dentro do carro refletisse esse exterior? Que os pedais mudassem de lugar periodicamente e o volante se transformasse em um guidão de bicicleta? Que os retrovisores se mantivessem em movimento e o som mudando automaticamente de estação e tipo de música? Claro que não. Quanto mais organizado e estável o ambiente interno, mais velocidade e precisão o motorista pode imprimir na execução de suas decisões.

Voltando para a realidade organizacional, fica claro que, quanto mais clareza existir nas metas e métodos que garantem a operação básica da empresa, maior a produtividade obtida e, como conse-quência, maior a disponibilidade de tempo e recursos para que as pessoas se dediquem à criação e inovação, fazendo a empresa evoluir e até se reinventar. Quando os processos essenciais da organização fluem, sobra tempo e energia para buscar o novo e pensar em alternativas; quando a resolução dos problemas que surgem da desorganização consome a maior parte da atenção e dos recursos, a empresa fica "correndo atrás do rabo".

Para facilitar e ampliar a visão sobre a questão da meta e do método, subdividimos essas entidades conceituais em subelementos, nos quais iremos mergulhar a partir de agora.

Para que possamos nos aprofundar no pilar da meta, iremos tratar de três conceitos: (1) Responsabilidade; (2) Objetivos; e (3) Quantificação dos Objetivos, que é o que se costuma chamar de *meta* na prática corporativa. Em seguida mergulharemos no método com suas quatro dimensões: (1) Diretrizes; (2) Processos e Projetos; (3) Execução; e (4) Acompanhamento.

A RESPONSABILIDADE COMO PREMISSA PARA A META

É muito comum gestores que reclamam dos profissionais que trabalham consigo, alegando que eles não têm iniciativa. Muitas vezes, essa falta de iniciativa nasce mesmo de alguma deficiência do colaborador, mas na maioria das vezes tal lacuna está enraizada na visão limitada que o profissional tem da atividade ou conjunto de atividades que desempenha.

Comecemos pensando num exemplo muito básico, que pode acontecer em sua vida pessoal e que ilustra com clareza a importância da compreensão ampla de uma atividade. Depois traremos situações dentro da esfera empresarial, mas antes vejamos algo mais simples e ilustrativo.

Imagine que você tenha uma assistente na sua casa e diga para ela: "Por favor, Adriana, vá até a padaria e compre uma torta de chocolate". Prestativa como sempre, ela vai até o estabelecimento e constata que não tem nenhuma torta de chocolate disponível. O que ela faz? Volta para sua casa e lhe diz que não tem. Ela poderia fazer algo mais? Talvez! Mas, com a quantidade limitada de informações que você lhe deu, fica muito mais difícil criar novas alternativas. Principalmente porque sabemos que a maior parte das pessoas desse mundo não age de forma extraordinária. E como disse Peter Drucker: "Gestão é obter resultados extraordinários com pessoas normais". Dito isso, mudemos o *briefing*. Você chama a Adriana e diz para ela: "Olha, Adriana, hoje à noite vamos receber alguns casais de amigos aqui em casa para um jantar. E vários deles gostam muito de chocolate. Por isso, eu gostaria de servir uma sobremesa de chocolate e estava pensando em uma torta de chocolate. Você poderia ir, por favor, até a padaria e comprar uma para mim?". Essa ampliação de horizontes muda bastante a situação e aumenta a probabilidade de que Adriana pense em alternativas. Por quê? Porque ela entendeu não apenas o que precisa fazer, mas o motivo que está por trás do que precisa fazer. É claro que o nível de iniciativa da pessoa tem um grande impacto sobre a probabilidade de ela criar alternativas. Mas, na medida em que ofereço amplitude de visão, aumento o rol de profissionais que se sentem seguros e estimulados a propor algo diferente. Talvez nessa segunda hipótese Adriana sugira a compra de um bolo de chocolate, brigadeiro, mousse, sorvete de chocolate ou até tabletes ou bombons. Mas ela só consegue fazer isso caso entenda a situação subjacente – e se sinta segura para agir sem achar que será repreendida caso cometa algum erro.

É claro que mesmo na primeira situação ela poderia sugerir algo, por exemplo, comprar os ingredientes e fazer a torta, mas para isso ela precisa ter um nível de maturidade superior. E o que um gestor precisa é, sim, invocar seu papel de líder e desenvolver as pessoas para que elas amadureçam, mas, enquanto isso não acontece, o gestor precisa garantir que elas sejam eficazes no nível de desenvolvimento em que estão naquele momento. Adriana poderia ainda buscar em outras padarias, mas ela não sabe se você queria uma torta daquela padaria, porque ela só pode entender o que foi dito. E não adianta presumir que isso é óbvio, porque não é. Alguém pode, sim, querer uma torta de chocolate de uma padaria específica. E só aquele que faz o pedido pode esclarecer o que está por trás da solicitação. Em resumo, a ampliação da percepção de uma atividade cria condições para que uma pessoa seja mais eficiente no seu cumprimento.

A mesma coisa vale para a realidade organizacional. Vejamos uma situação que vivi no início da vida profissional, quando trabalhava na área de marketing de uma multinacional. Meu chefe à época foi até a minha mesa e me pediu: "Yuri, preciso que você descubra uma empresa que possa organizar uma competição de *paintball* num hotel aqui da região no dia 15 do mês que vem, para cem pessoas. Peça um orçamento". Virou-se e foi embora. Na minha jovem e inexperiente intenção de não incomodar meu ocupadíssimo superior e ser valorizado por resolver seu problema, mergulhei no desafio e, cheio de vontade, comecei meu trabalho. Como a atividade (*paintball*) estava no auge de popularidade à época e o número de fornecedores não era muito grande, o descasamento entre oferta e demanda jogava contra mim. E, por obra do destino, ou praga de algum malquerente, justo o dia 15 estava comprometido em todas as empresas da cidade com capacidade para um evento com a envergadura proposta. Sofri dias a fio até descobrir por outros meios qual era a situação: uma convenção de vendas que ocorreria durante toda a semana e na qual o cronograma inicial (que podia ser ajustado) previa o dia 15 para a atividade com *paintball*. Também descobri que o *paintball* tinha sido uma sugestão para instigar uma competição metafórica e lúdica entre os vendedores. Além de outros detalhes que me abriam muitas opções. Com o horizonte ampliado, pude propor outras atividades e sugerir a realização do *paintball* em outros dias da semana, após ter negociado com um colega que não se incomodou em mudar a data de sua apresentação de lançamento de produto para outro dia na mesma semana.

Seja numa esfera doméstica ou organizacional, o princípio se faz válido: a capacidade de manobra de um responsável por qualquer atividade se amplia à medida que se alarga a perspectiva. Quando falamos da definição de papéis dos colaboradores de uma organização, a reflexão que ora cultivamos se aplica igualmente.

É muito comum uma pessoa definir sua atuação na empresa através da descrição do conjunto de atividades que desempenha, o que é extremamente restritivo, diminuindo sobremaneira a criatividade e a iniciativa, tão necessárias em um mundo dinâmico e competitivo, que exige agilidade e precisão.

Não é incomum o *job description*, por exemplo, de um coordenador de mídias sociais dizer que sua responsabilidade é "abastecer continuamente as redes sociais da empresa com informações relevantes". Não podemos dizer que está errado, mas, se fizermos a contraposição com uma abordagem um pouco mais ampla, tal como "manter as redes sociais atraentes e relevantes para os *prospects* e consumidores da empresa de forma a provocar interação e aumentar a probabilidade de captura de *leads*", ficará claro que ela oferece uma possibilidade de autonomia muito maior, o que não só enseja a possibilidade de maior iniciativa, mas também cria, como vimos no capítulo sobre liderança, um empuxo motivacional incomparavelmente mais intenso. Isso porque a primeira abordagem está focada na tarefa, enquanto a segunda, na contribuição que se espera do profissional.

Em um cliente com o qual trabalhamos, a descrição do trabalho de um analista de informações de vendas era "prover boas informações para os vendedores realizarem a venda da melhor forma possível". Ele fazia bem seu trabalho, mas estava amarrado pela sintaxe, por incrível que pareça. Não tomava muitas iniciativas. Mas, a partir do momento que a redação foi mudada para "garantir que os vendedores tenham as informações certas na hora certa de forma a maximizar a probabilidade da venda", e que, obviamente, ele foi chamado para uma conversa em que se esclareceu que ele deveria pensar em termos de responsabilidade, e não de tarefa, além de ter percebido que podia correr riscos responsáveis sem se expor a punições e retaliações, o nível de comprometimento e a capacidade de propor novos caminhos mudou totalmente. Ele, por exemplo, decidiu não apenas preparar relatórios e enviar para a equipe de vendas, mas também treinar os profissionais da área comercial para que eles soubessem acessar o sistema e extrair informações relevantes de forma rápida. Note que o treinamento da equipe de vendas "cabe" no segundo *job description*, mas não cabe no primeiro. E não estamos falando aqui do que está escrito no documento formal da organização, mas daquilo que o líder discute e explica para o liderado com relação à contribuição que dele espera.

Quando está investido do papel de gestor, o profissional precisa, antes de tudo, definir a contribuição que espera do colaborador e comunicar isso de forma clara e criando o que Amy Edmondson, de Harvard, no livro *A Organização sem Medo*, chama de *segurança psicológica* para agir e, eventual e não intencionalmente, errar. E não basta dizer isso uma vez, na chegada do profissional. Esse é o tipo de "declaração" que precisa ser discutido constantemente, até para que se possa fazer ajustes, quando necessário.

Mesmo um liderado extremamente maduro, na maior parte das vezes, precisa receber esse *input* do líder, pois é muito mais fácil entender uma função vendo da perspectiva de sua contribuição esperada, quando se está um nível hierárquico acima, num tipo de balcão organizacional, enquanto quem está mergulhado nas atividades cotidianas acaba perdendo a amplitude de visão.

É claro que liderados especialmente maduros e envolvidos com seu trabalho conseguirão discutir as contribuições de forma mais abrangente, mas mesmo nesses casos a participação do líder como guardião do alinhamento entre meios e fins é fundamental.

É fato que os profissionais mais experientes e motivados não precisarão de muito para entabular suas atividades cotidianas, sendo que até mesmo os objetivos e metas podem ser deixados sob suas responsabilidades em alguns casos. Já os colaboradores menos maduros precisarão receber não apenas uma explicação clara sobre suas responsabilidades, mas também os objetivos e metas que dela decorrem, como veremos detalhadamente agora.

> É claro que liderados especialmente maduros e envolvidos com seu trabalho conseguirão discutir as contribuições de forma mais abrangente, mas mesmo nesses casos a participação do líder como guardião do alinhamento entre meios e fins é fundamental.

O OBJETIVO CRIANDO REFERÊNCIAS FINAIS E INTERMEDIÁRIAS PARA O COLABORADOR

Uma vez que a responsabilidade esteja colocada como contribuição, o próximo passo é dar maior concretude para o colaborador, apontando como será possível saber se a responsabilidade está sendo honrada ou não. Essa é a função dos objetivos, que podem ser didaticamente divididos entre objetivos finais e intermediários (também conhecidos como *objetivos de processos*), do que decorre a compreensão da distinção entre *lagging indicators* (indicadores atrasados) e *leading indicators* (indicadores adiantados). Objetivos finais são as coisas que quero atingir em última instância e são medidos por *lagging indicators,* e objetivos de processo são os objetivos que, uma vez atingidos, me levam aos objetivos finais que busco e que são medidos por *leading indicators.*

Mais uma vez, vamos transitar por um exemplo da vida pessoal para lubrificar a compreensão, que se consolidará no exemplo profissional.

Imagine uma pessoa que tenha o objetivo de perder peso. Isso é o que ela quer em última instância, portanto o indicador final do sucesso do seu projeto. E será medido por um indicador chamado de *lagging,* do inglês "lento, moroso, atrasado". E por que ele recebe essa denominação? Por um motivo muito claro. No dia que a pessoa subir na balança para verificá-lo, ou ela conseguiu atingir seu objetivo ou não. É impossível alterá-lo, A pessoa pode pensar no próximo período que a levará à próxima pesagem, mas não pode mais gerar impactos naquela pesagem. Ela estaria atrasada se o pretendesse.

Por isso, nosso hipotético personagem precisa ficar atento a objetivos que guardam a relação de causa e consequência com os objetivos finais. O que faz alguém perder peso? Gastar mais calorias do que consome. Então, estabelecer objetivos de gastar mais calorias e consumir menos nos faz caminhar na direção dos objetivos intermediários, que, uma vez quantificados e acompanhados, são chamados de *leading indicators. Leading,* do inglês "que leva a". E cada um desses novos indicadores pode ser levado a níveis ainda mais elementares. A ingestão calórica, por exemplo, nasce do número de refeições e da quantidade de calorias consumidas em cada refeição, que seriam indicadores ainda mais precoces.

Dentro desse contexto conceitual, o papel do gestor é garantir que para cada responsabilidade sob o guarda-chuva de um colaborador exista um conjunto de objetivos finais e intermediários que sirva de norte para a execução dos trabalhos.

Quando estiver gerenciando profissionais mais maduros, o foco deve estar nos objetivos finais, ainda que existam também objetivos intermediários, e, no caso de profissionais menos maduros, o contrário passa a ser verdade: os objetivos finais devem estar claros, mas os objetivos intermediários devem ser o foco.

> O papel do gestor é garantir que para cada responsabilidade sob o guarda-chuva de um colaborador exista um conjunto de objetivos finais e intermediários que sirva de norte para a execução dos trabalhos.

Uma situação dentro do universo profissional que pode ilustrar essa proposta envolveria um gestor da área de venda (supervisor, gerente ou diretor comercial) e seus vendedores. O objetivo final, nesse caso, é bastante óbvio: concretizar vendas. Vendedores maduros recebem seus objetivos e conseguem estabelecer relações de causa e consequência que levem a eles, dispensando ou pelo menos jogando menos ênfase nos objetivos de processo. Já um vendedor menos maduro precisa ser orientado e até acompanhado com base em objetivos intermediários. Por exemplo, número de visitas realizadas a clientes que o gestor pode acompanhar continuamente. Afinal, existe uma relação presumida de causa e consequência entre a realização de mais visitas e a concretização de mais vendas. Nesse caso o gestor definiria junto com o vendedor como utilizar (pelo menos) dois tipos de objetivos a serem alcançados: a venda em si (objetivo final) e a realização de visitas (objetivo intermediário).

AS METAS COMO QUANTIFICAÇÃO DOS OBJETIVOS

Sugerimos diferenciar dois conceitos que muitas vezes são usados como sinônimos no mundo empresarial: *objetivos* e *metas*. Enquanto o primeiro define o que é êxito na condução da responsabilidade, o segundo aponta para a criação de referências mais concretas para medir se o objetivo foi alcançado. Simplificando, a meta é o objetivo quantificado. Mas quantificado no sentido amplo, com o estabelecimento de parâmetros reais para o seu atingimento. A metodologia amplamente aceita e utilizada para isso é chamada de SMART, acrônimo que define as características de uma meta válida: eSpecífica, Mensurável, Atingível, Relevante, Temporizada.

A especificidade da meta se dá já na própria definição do objetivo. Na medida em que variáveis claras são designadas como objetivos, essa dimensão da meta é automaticamente contemplada. "Melhorar", "crescer", "superar" ou qualquer verbo que não seja seguido por uma variável específica está fora do modelo proposto. Por outro lado, "melhorar a produtividade", "crescer o faturamento", "superar um concorrente dado" são expressões que carregam a especificidade necessária.

A mensurabilidade é dada quando se adiciona um número à variável específica. Então, "melhorar a produtividade medida em peças/colaborador em 15%", "crescer o faturamento em 20%" ou "superar a participação de mercado em volume do concorrente XPTO" são exemplos de variáveis específicas mensuradas.

Uma pergunta que surge com frequência quando se fala desse tópico se relaciona ao estabelecimento de metas baseadas em objetivos que não são naturalmente quantificáveis. Tomemos um exemplo que percorre os temas cobertos até aqui para que possamos esclarecer a questão. Suponhamos que um profissional da sua equipe tenha a seguinte responsabilidade: "Garantir que as instalações da empresa funcionem de maneira a oferecer conforto e comodidade para que todos os colaboradores possam atingir suas performances máximas". Em linha com essa declaração, poderíamos estabelecer como objetivo final a satisfação dos funcionários, e, para efeito de ilustração, um objetivo intermediário poderia ser o número de *checklists* cumpridos com determinado percentual de acerto. Como a satisfação é um indicador de natureza qualitativa, seria possível dizer que a mensurabilidade estaria prejudicada. Para contornar essa limitação inicial, o gestor deve discutir com o colaborador (ou propor, dependendo do grau de maturidade do profissional em questão) uma maneira de aferir esse objetivo. No nosso caso hipotético, isso poderia ser resolvido com uma pesquisa de satisfação em que os "clientes internos" dessa área atribuem notas de zero a dez para seu nível de satisfação, que passa a ser comparado com a meta estabelecida, por exemplo: "Média 8,00 na avaliação de todos os funcionários" ou "Pelo menos 75% dos avaliadores com nota superior a 9,00". Com isso, ganha-se objetividade na avaliação.

Até esse momento, podemos dizer que o estabelecimento da meta está mais próximo da ciência, mas, com os dois elementos seguintes no acrônimo SMART, ele ganha ares de arte. Isso porque entra em jogo uma questão ligada à percepção e expectativa daquele que vai perseguir a meta. Nesse sentido, dizemos que a meta precisa ser ao mesmo tempo atingível e relevante.

Quando definimos metas inatingíveis, a pessoa encarregada delas automaticamente desiste de persegui-las, e elas perdem sentido e sua função de referência. Não me esqueço de um vendedor que entrevistei em um de nossos projetos na Ynner. Ele me contou que, ao assumir sua carteira de clientes, recebeu suas metas e um comentário do "chefe": "Olha... nunca ninguém atingiu essas metas, não! Elas são mais uma referência, mas ninguém acredita que dá para chegar lá. É mais para estimular, mesmo!". Eu pergunto: estimular quem? De que forma? É óbvio que o efeito é exatamente o contrário: desestímulo total. O que passa pela cabeça da pessoa é: "Bom, já que não vou conseguir bater a meta, vou fazendo o que dá!".

Com receio de provocar esse efeito, alguns gestores atravessam no sentido oposto e "tiram o pé" totalmente, propondo metas demasiadamente discretas. Apesar de o vetor apontar em outra direção, o resultado acaba sendo o mesmo. A pessoa, sabendo que não precisará se esforçar para cumprir sua missão, simplesmente não se esforça e fica desestimulada em função do excessivo relaxamento.

O desafio é estabelecer uma meta que seja ao mesmo tempo provocativa por sua dificuldade de ser atingida e realista de modo a não levar à desistência antecipada. Costumo dizer: "Nem tão perto que seja fácil, nem não longe que seja impossível". A pessoa que vai perseguir a meta precisa pensar: "Vou precisar me esforçar se quiser conseguir, mas se realmente me dedicar as chances de atingir a meta são concretas". E para isso não existe receita. Além do conhecimento das circunstâncias em que a meta está sendo estabelecida, o gestor precisa ter um bom conhecimento das pessoas para as quais as está propondo. E a situação fica ainda mais desafiadora quando existem muitas pessoas diferentes e com expectativas e energias distintas em uma equipe. Se por um lado faz mais sentido, do ponto de vista meramente funcional, estabelecer metas diversas para as diversas pessoas, isso nem sempre é visto como justo e pode acabar gerando algum nível de descontentamento naqueles que recebem alvos mais puxados em função de suas competências e motivações mais elevadas. Mais uma vez, o fato de estarmos lidando com a natureza imprecisa de uma ciência humana nos faz repetir que não existe receita infalível. O gestor precisa avaliar todos os prós e contras, assim como os riscos envolvidos em cada uma das circunstâncias, e tomar sua decisão. Vale dizer que, na maioria das situações desse tipo, a opção que temos visto com mais frequência é pela distribuição equitativa de metas de forma a equilibrar relevância e "atingibilidade" para a média (ou mediana) dos colaboradores que irão persegui-la.

E, para finalizar, deve-se deixar claro em quanto tempo a meta deverá ser cumprida. Elevar o faturamento em 20% pode ser absurdamente fácil ou impossível, dependendo do tempo que eu estabelecer como referência. Em dez anos, tende a ser um desafio leve para a maior parte dos negócios. Em um mês, tende a ser inviável.

DEPOIS DA META, O MÉTODO

Depois de deixar claro aonde chegar, começando pela perspectiva mais ampla (responsabilidade), passando pela fixação de indicadores (objetivos) e dando-lhes concretude (metas), os gestores passam a cuidar dos métodos de trabalho, que englobam: (1) Diretrizes; (2) Processos e Projetos; (3) Execução; e (4) Acompanhamento. O método é, como já foi dito, o caminho para a meta. A grande pergunta subjacente é: como vamos atingir a meta? Se definir a meta já é um exercício desafiador, estruturar a rota até ela costuma ser ainda mais agudo. Sendo assim, vale a pena mergulhar com mais atenção no estabelecimento de diretrizes. Vamos a elas.

DIRETRIZES COMO REGRAS GERAIS

Quanto mais contexto um profissional tem, maiores as chances de ele conseguir tomar decisões sem precisar recorrer aos seus superiores. As diretrizes visam, exatamente, criar tal contexto.

Muitos gestores reclamam que seus colaboradores dependem demais deles, mas não se dão conta de que muito dessa dependência decorre exatamente da falta de parâmetros oferecidos a esses colaboradores para escolher que rumo seguir.

Imagine que uma profissional cuide da área de recepção de matéria-prima e, ao receber uma entrega, digamos, de embalagem, perceba que o lote está com um pequeno defeito na cor. Ela reprova a qualidade e em seguida recebe uma proposta do fornecedor com um desconto de 50% para que a empresa aceite dessa forma. Se ela não se sente segura para decidir, o que ela vai fazer? Quem já viveu a realidade empresarial sabe: ela vai ligar para o chefe e perguntar como agir nesse caso. Se esse gestor tiver vários colaboradores inseguros quanto aos parâmetros para suas tomadas de decisão, a vida dele vira um inferno. Porque a cada dia vão aparecer novas situações nas quais será preciso julgar, e todas gerarão insegurança, que, por sua vez, levará os profissionais a recorrerem a tal gestor.

Esse tipo de situação é muito menos recorrente quando o gestor estabelece com clareza as principais diretrizes, que são regras gerais que iluminam o funcionamento de uma atividade e que se tornam ainda mais importantes em atividades em que existe grande imprevisibilidade, o que impossibilita a construção de processos detalhados. Esse tipo de circunstância tende a ser cada vez mais comum em função da configuração volátil, incerta, complexa e ambígua do ambiente de negócios contemporâneo.

Um chefe pode dizer a seu subordinado: "Quando estiver em dúvida, corra o risco, mas faça o mais rápido possível". É um parâmetro. Totalmente oposto a: "Quando estiver em dúvida, analise com calma e se necessário me consulte, porque não podemos admitir erros aqui". O melhor caminho depende antes de tudo da natureza do trabalho. Afinal, a primeira asserção seria absurda se estivéssemos falando de um profissional que faz a manutenção de tanques de armazenamento de substâncias químicas inflamáveis e explosivas, mas talvez seja até desejável no caso de um profissional que resolve problemas de entrega de produtos para clientes.

Da mesma forma, "Priorize o fornecedor mais barato, ainda que existam perdas marginais de qualidade" é bem diferente de "A qualidade não pode cair de forma alguma, mesmo se precisarmos pagar um pouco mais". Nesse caso, um comprador, provavelmente, ouviria a primeira orientação se trabalhasse numa empresa que segue a estratégia de liderança em custo. E receberia a segunda diretriz se atuasse na área de compras de uma organização que busca diferenciação.

Mas não é apenas a natureza do negócio que aponta o tipo da diretriz. Muitas vezes, o estilo gerencial do superior é o parâmetro. Um gestor pode ser aberto ao risco, enquanto outro não, o que levaria a posições diferentes ainda que numa mesma empresa. E é melhor o gestor deixar claro qual princípio rege suas decisões, criando condições para que o colaborador exercite o seu julgamento, do que não dar nenhum parâmetro e depois reclamar que ele "não faz nada sozinho", ou que faz tudo desalinhado com as estratégias da empresa ou com as políticas da área.

A pergunta-chave que rege a elaboração das diretrizes é: o que eu posso estabelecer como parâmetro de ação para que ela/ele possa decidir sozinho? Ou: que parâmetros eu, como gestor, usaria para tomar as decisões mais comuns que devem ser conduzidas por esse profissional nessa área? Também posso questionar: o que não pode ser feito de forma alguma? O que é terminantemente proibido? Em que circunstâncias?

Quando contrato um profissional para a área de marketing na Ynner, aponto algumas diretrizes. Entre elas, a título de exemplo: (1) Quando estiver em dúvida, corra o risco. (2) É melhor fazer e errar do que ficar parado. (3) Busque constantemente inovações que permitam a materialização de um plano de marketing impactante e com custo compatível com nossa realidade. (4) Respeite o posicionamento e a identidade da marca e use o *design* como elemento de diferenciação, nunca aplicando a marca fora do Guia de Utilização da Marca. (5) Mantenha-se sempre estritamente dentro do *budget* estabelecido para o período, mas sinta-se livre para fazer *trade-offs* entre as atividades para o *budget* total; e assim por diante.

A existência das diretrizes não garante subsídios para todas as decisões que um profissional deve tomar. Afinal, como já foi dito, não é possível prever todas as situações. Exatamente por isso, as regras devem ser amplas, para criar parâmetros de ação, e não funcionar como um FAQ de um site de empresa de tecnologia. A ideia é minimizar a necessidade de assistência para a tomada de decisão, e não a eliminar.

Além disso, o perfil do profissional e o nível de educação devem ser levados em conta. Existem pessoas, seja por perfil, seja pela falta de oportunidades, que mesmo com bons parâmetros se esquivam a todo custo das tomadas de decisão. É por isso que o gestor deve considerar o perfil e as competências na hora de alocar um profissional em uma atividade. Essas coisas devem ser compatíveis entre si.

PROCESSOS E PROJETOS

Tudo o que uma pessoa faz dentro de uma organização ou é um processo ou um projeto.

Dito de uma forma simples, os processos são conjuntos de atividades que cada profissional realiza contínua e cotidianamente para garantir o funcionamento da empresa dentro do seu modelo de negócio. E vale dizer, para consolidar a visão, que a soma de todos os processos de uma organização é que dá existência fundamental a ela.

> Tudo o que uma pessoa faz dentro de uma organização ou é um processo ou um projeto.

Já um projeto é uma atividade com começo, meio e fim, que visa alcançar um objetivo específico, geralmente de melhoria, e que se encerra quando esse objetivo é atingido.

Por exemplo, vender é um processo, pois é uma atividade contínua e que faz parte do funcionamento essencial da empresa. Instalar um novo ERP é um projeto, na medida em que tem um fim, que acontece assim que o ERP é instalado. Fazer o balanço é um processo. Construir um novo vestiário para os funcionários é um projeto. Comprar matérias-primas é um processo. Comprar uma nova máquina é um projeto. Mesmo atividades de menor envergadura são e/ou estão inseridas dentro de um processo ou projeto. Então, limpar os banheiros é um processo e faz parte de um processo maior ligado à limpeza da empresa, enquanto procurar um novo fornecedor de papel A4 é um projeto; ainda que um pequeno projeto, chamado por alguns de *iniciativa*.

Cada colaborador cuida de um ou de um conjunto de processos e projetos. E a missão do gestor, a partir dessa constatação, começa quando ele garante que cada profissional que trabalha consigo tenha claro quais são os processos e projetos sob sua responsabilidade. Afinal, são eles que dão vida ao seu trabalho. São a dimensão observável do trabalho. Quando você chega a uma empresa e vê as pessoas se movimentando (*trabalhando*, como dizemos), o que elas estão realizando é o exercício de fazer avançar seus processos e projetos. E na medida em que todos os processos e projetos avançam em sincronia, a empresa faz existir seu modelo de negócio.

Tudo o que não for isso é perda de tempo, enrolação, enganação. Mesmo pequenas iniciativas, que as pessoas acabam não chamando de *processos* e *projetos,* por trazerem pouco impacto para a organização, são exatamente isso. Se alguém prepara o café que os colaboradores bebem ao longo do dia e faz isso de forma repetitiva e sistemática, está cuidando de um processo; nesse caso, um processo de apoio, que "turbina" a energia das pessoas para que elas possam encontrar a sua melhor performance em suas atividades, que são processos-fins (ou mesmo outros processos de apoio ligados a processos-fins mais amplos). Por outro lado, se vou comprar novas lixeiras para o departamento, estou cuidando de um projeto. Afinal, depois que elas forem adquiridas, encerram-se as atividades e a tarefa é considerada cumprida. Depois disso, o esvaziamento diário e a limpeza das lixeiras se transformam em um processo, já que vão acontecer contínua e indefinidamente, sendo incorporados ao funcionamento regular da empresa.

Uma vez que o gestor garanta que cada profissional de sua equipe tenha clareza com relação aos processos e projetos sob sua responsabilidade, é necessário cuidar para que eles funcionem adequadamente, e o gestor tem uma influência direta nessa dimensão. Quando o colaborador é maduro, o gestor pode delegar para ele o funcionamento de seus processos e projetos, acompanhando os indicadores finais (quando ele é extremamente maduro) ou os indicadores intermediários (quando ainda não atingiu a maturidade ideal, mas já está a caminho). Caso o nível de maturidade (lembrando que maturidade é o estado que emerge quando um liderado está engajado e é competente para uma atividade específica) seja ainda elementar, o gestor deve participar de todo o ciclo de funcionamento dos processos e projetos. E que ciclo é esse? A metodologia mais difundida para a gestão dos processos é identificada por dois acrônimos: SDCA e PDCA.

SDCA significa *Standardize* (padronizar), *Do* (fazer), *Check* (verificar), *Act* (agir), e tem como propósito manter um processo funcionando de forma estável e melhorando gradativa e constantemente. Entretanto, em alguns momentos, a empresa entende que existe a necessidade ou possibilidade de se elevar drasticamente o desempenho de um processo. É quando ela lança mão de uma abordagem com algumas características diferentes, que se convencionou denominar PDCA, em que P significa planejar, *Do* é igual a fazer, *Check* é checar, e *Act*, agir. Acontece que, para promover tais saltos de performance, frequentemente é necessário mudar a ordem das coisas na organização como um todo ou em uma área específica antes de executar o novo processo, e para isso cria-se um projeto que tem o propósito de articular os recursos que vão estabelecer essa nova realidade.

Para a questão não ficar demasiadamente conceitual, vamos nos aprofundar nela através de um exemplo. Imagine uma linha de produção de desodorantes, com uma produtividade de 1.000 frascos por hora, que vem sendo gerenciada há três anos com base no ciclo SDCA. Ao longo desses três anos, pequenas melhorias foram sendo estabelecidas (ajustes na máquina de envase, no desenho do frasco ou na posição dos trabalhadores da linha), o que elevou a produtividade para 1.080 frascos por hora. Em determinado momento, percebe-se que, com essa produtividade, o custo de cada frasco é elevado demais, e para cobrir tal custo é necessário estabelecer um preço pouco competitivo para a nova realidade do mercado. Para resolver essa situação, foi iniciado um ciclo PDCA, e, na fase de planejamento (P), várias alternativas foram criadas, e a escolhida foi automatizar a colocação da tampa no frasco de desodorante, que acontecia manualmente. Para que isso possa acontecer, é necessário comprar e instalar a máquina para automatizar a operação. A compra e a instalação de tal máquina exigiram a coordenação de recursos humanos, materiais e processuais em um arranjo específico. Esse exercício de coordenação dessa atividade específica que aconteceu apenas uma vez na empresa é que chamamos de *projeto*.

Quando a quantidade e o valor dos recursos envolvidos são muito grandes, lança-se mão de abordagens de gestão de projetos mais sofisticadas, com o apoio de *softwares* e métodos específicos. Quando a magnitude é mais modesta, o projeto é gerenciado por planilhas simples ou muitas vezes sem ferramentas de apoio (o que costuma ser a fonte de problemas).

Essa história dos ciclos SDCA e PDCA começou na década de 20 com Walter A. Shewhart, físico, engenheiro e estatístico, conhecido como *o pai do controle estatístico de qualidade*, que articulou a ideia de ciclos contínuos de trabalho inspirado pelos filósofos pragmatistas Clarence Irving Lewis e John Dewey. As ideias de Shewhart se consolidaram e foram disseminadas de forma mais estruturada por William Edward Deming, e acabaram sendo associadas ao modelo de gestão japonesa, pois foram os nipônicos que lançaram mão dessa abordagem com maior comprometimento como caminho para reerguer o país e suas empresas no período pós-guerra (orientados por especialistas americanos).

A ideia é muito simples, e talvez exatamente por isso seja tão valorizada e utilizada.

No caso dos processos, tudo começa com a padronização (S, de *Standardization*). Afinal, a melhor forma de fazer um trabalho sistemático acontecer é garantindo que os passos ideais estejam definidos. Muitas pessoas questionam se isso é possível em um mundo tão instável. E a resposta é *sim*. Por dois motivos. Primeiro, porque, se você olhar para dentro de qualquer organização, vai notar que boa parte do que é feito não está sujeita a mudanças constantes (ainda que cada vez mais coisas sejam instáveis). Depois, porque o fato de existir um processo estabelecido não significa que ele não possa ser melhorado. Diariamente até, se for necessário. Aliás, na medida em que existe um registro sobre o funcionamento ideal de um processo, a chance de ele ser mudado sempre que fizer sentido é maior, já que existe uma referência objetiva para ser discutida. Já atividades que não estão padronizadas acabam não recebendo sugestões de melhoria porque cada um faz da forma que lhe parece melhor, e os aprendizados individuais não são capitalizados. Imagine uma equipe de vendas em que cada pessoa vende da forma como quer, e determinado vendedor descobre uma forma melhor de demonstrar o benefício do produto. Como não existe um processo definido, ele guarda o aprendizado para ele. Por outro lado, caso exista tal conjunto de procedimentos, o vendedor pode sugerir que a nova abordagem seja incorporada na metodologia. Depois de analisada, discutida e testada por seus pares, ela pode ser absorvida pela organização e passar a ser a nova referência para todos os vendedores. Talvez uma referência melhor. Ainda que provisória. Ainda que seja novamente mudada no próximo ano, mês, semana ou até dia. Com base nesse exemplo, alguém pode alegar que não existe um único jeito de vender um produto e que portanto não faz sentido padronizar a abordagem. No nível granular, isso é verdade. É impossível determinar o que deve dizer (e como fazê-lo), pois isso depende do rumo que a interação com o cliente toma. Mas é possível, sim, num nível menos detalhado, estabelecer uma sequência de macroetapas para a venda. Então, em uma empresa hipotética, essas etapas podem ser: (1) Estabelecer o nível de prioridade dos clientes em uma lista de prospecção; (2) Identificar os componentes da célula de compra; (3) Marcar uma visita; (4) Adequar a apresentação ao perfil do *prospect*... e assim por diante. A diferença é que, em atividades com maior previsibilidade, essas etapas podem ser mais detalhadas, enquanto em atividades com maior variância os processos têm uma configuração mais ampla.

Vale dizer que, como o ser humano tende a entender muito melhor aquilo que consegue visualizar, lançar mão de fluxogramas para registrar os processos costuma ser uma alternativa bastante atraente. Seguindo a abordagem sugerida pelo BPM CBOK da ABPMP (Association of Business Process Management Professionals), o primeiro passo, nesse sentido, é fazer uma análise de processos com o objetivo de constatar como aquela atividade é realmente realizada – o que chamamos de processo AS IS. Ou seja, a constatação de como as coisas funcionam na realidade atual, e não como elas poderiam melhorar.

Com o processo padronizado (*Standardization*, S), o colaborador pode executá-lo de forma mais precisa. Estamos, então, na fase D (*Do*) do ciclo SDCA de execução, quando cada etapa do processo é colocada para funcionar. E seu funcionamento vai ser tão melhor quanto mais preparado e motivado o profissional estiver para a atividade em questão. E a responsabilidade por garantir tais condições, obviamente, é do gestor (usando seu chapéu anterior, de líder).

À medida que o processo é colocado em movimento, ele gera resultados que precisam ser comparados com as intenções estabelecidas na padronização. Eis a fase de verificação do ciclo SDCA (C, de *Checking*). Cada *output* real é confrontado com o *output* de referência, e, caso eles não sejam compatíveis, elabora-se um plano de ação, para agir (A, de *Act*) sobre a lacuna de performance.

A maior parte das pessoas imagina que esse ciclo é aplicado apenas a atividades fabris, mas a verdade é que ele pode ser útil para praticamente todas as áreas da organização. Então, por exemplo, a gerente de RH estabelece com a analista de recrutamento e seleção os passos para a contratação de novos profissionais para a empresa (S). Com base nesse processo, a analista começa a recrutar e selecionar candidatos (D) e obtém determinado nível de sucesso (que pode ser medido, por exemplo, por um índice de satisfação do cliente interno com a contratação ou pelo tempo que a pessoa contratada fica na organização), que é comparado com os objetivos estabelecidos (C); caso os resultados não sejam os esperados, definem-se mudanças no processo inicial para garantir a elevação dos índices de performance (A). O mesmo vale para qualquer processo da empresa: da metodologia para a recepção de matérias-primas, até o atendimento às reclamações dos clientes.

Ao seguir esse ciclo sucessivamente, a empresa imprime continuamente pequenas melhorias em todos os seus processos, dando vida ao que os praticantes da filosofia japonesa de gestão chamam de *Kaizen*, cuja tradução literal é "mudança para melhor", prática fundamental para o aperfeiçoamento do funcionamento corporativo, mas insuficiente, principalmente em um mundo que apresenta rupturas constantes. Para se adaptar a esses saltos de performance promovidos por outros agentes do ambiente de negócios ou, melhor ainda, para promover tais rupturas, obrigando os concorrentes a se adequarem às novas realidades (tarefa na qual nem sempre são bem-sucedidos), a empresa deve lançar mão de mecanismos que estimulem e sustentem quebras de paradigmas, mudando intensamente a forma como os processos acontecem. Os orientais chamam essa filosofia de *Kaikaku*, que significa "mudança radical". A essência do ciclo é a mesma, embora existam particularidades na sua aplicação. As etapas aqui são representadas pelo acrônimo PDCA: *Plan, Do, Check* e *Act*. Se na gestão de processos a primeira etapa é padronizar (S, de *Standardize*) para estabilizar a atividade, na gestão de processos Planejar significa pensar como criar uma forma radicalmente diferente de fazer algo ou mesmo fazer surgir um processo que não existia na empresa e que tem o potencial de elevar a performance da tarefa ou da organização como um todo de um nível significativamente mais elevado. Os passos restantes (D, C, A) são bastante parecidos em sua essência.

Visualmente, a perspectiva do Kaizen e do Kaikaku pode ser percebida no seguinte gráfico:

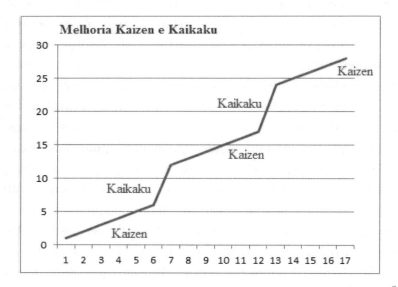

Figura 5
Gráfico Kaizen e Kaikaku

EXECUÇÃO

Uma vez que o profissional tenha uma visão de conjunto dos seus processos e projetos e que, além disso, saiba como gerenciá-los individualmente, é importante entender a execução dentro de uma perspectiva mais ampla. Não estamos falando aqui de como executar cada processo ou projeto em particular, mas de como equilibrar um conjunto de atividades, muitas vezes conflitantes. E nesse sentido o gestor tem um papel fundamental de funcionar como interlocutor que ajuda o colaborador a estabelecer prioridades com clareza. E para isso ele deve entender os princípios que norteiam a execução excelente.

Antes de tudo, é fundamental entender que um grande executor não é alguém que cuida de todas as dimensões dos seus afazeres com a mesma dedicação, mas, antes, aquele que consegue entender a importância relativa de cada processo e projeto, bem como sua relação de causa e efeito com a missão, objetivos e metas de sua função.

A premissa fundamental é que qualquer profissional de empresa (para ser mais preciso, qualquer ser humano) sempre terá mais coisas a fazer do que tempo disponível. Por quê? Por um motivo muito simples: a mente humana tem uma capacidade infinitamente maior de propor atividades do que o corpo tem de colocá-las em prática. Sem contar que, dentro da perspectiva organizacional, é sempre mais fácil e barato gerar ideias do que implementá-las. Nunca haverá recursos (dinheiro, tempo e outros ativos) suficientes para todas as possibilidades.

E a maioria das pessoas olha para esse desequilíbrio entre tempo e quantidade de atividades e sentencia que o grande problema é a falta de tempo. Então, faça uma experiência mental. Imagine que você, por graça divina, passe a contar com um dia de 48 horas. Isso mesmo: você agora conta com o dobro do tempo das outras pessoas. Abstraia. Qual será a consequência imediata? Num primeiro momento, você passará a fazer várias coisas que vinha planejando e não conseguia. Seja na esfera pessoal ou profissional. É possível que comece a frequentar a academia que apenas paga, aprenda a tocar um instrumento que sempre quis ou passe a colaborar com uma OSC. Aquele projeto que estava engavetado volta para o topo da mesa. Se ainda sobrar algum tempo, você vai buscar novas formas de utilizá-lo. Talvez arrume um segundo emprego, para ampliar a sua renda. O seu chefe, sabendo de sua benção cronológica, lhe alocará novos projetos e processos. Moto-contínuo, você vislumbrará novas coisas que poderia fazer e em alguns meses já estará com a mesma sensação de que lhe falta tempo para tudo que precisa e/ou gostaria de fazer. Conclusão: não faz sentido dizer que o seu problema é falta de tempo, porque, ao dobrar a disponibilidade desse valioso recurso, você continua com a sensação de que ele lhe falta. Triplicá-lo ou quadruplicá-lo não irá resolver a questão. Então, o primeiro passo é sufocar essa ideia inútil da escassez de tempo, assumir que é impossível fazer tudo o que gostaria (ou poderia) e trabalhar do outro lado da equação. Se não é possível fazer tudo que se quer, o único caminho é querer tudo o que se pode. Na prática, isso significa conseguir definir o conjunto certo de atividades que caiba no tempo disponível.

Estamos falando de entender verdadeiramente a diferença entre eficiência e eficácia. Uma pessoa eficiente faz cada coisa da melhor maneira possível, enquanto uma pessoa eficaz escolhe o conjunto de coisas certas a fazer. Dizendo de uma forma mnemônica: o eficiente faz certo a coisa, enquanto o eficaz faz a coisa certa. O caminho da execução excelente começa com a eficácia e depois migra para a eficiência. Primeiro se define o conjunto ótimo de projetos e processos a executar e depois se pergunta sobre a melhor maneira de colocar cada um em prática. Primeiro "o que", depois "como".

Nesse caso, a pergunta essencial é: como definir o que é a coisa certa? Entre tantas alternativas, em que muitas parecem fazer sentido, no que devo, realmente, focar? E a resposta passa pela constatação de que as atividades de um profissional não são realizadas com um fim em si mesmas, mas para atingir objetivos específicos que, uma vez vencidos, contribuam para o funcionamento da organização dentro da sua estratégia.

Na prática, isso significa dizer que o nível de prioridade de um processo ou um projeto depende do quanto ele contribui para o atingimento dos objetivos esperados. Cada atividade é tão mais importante quanto maior for a relação entre a sua boa execução e o atingimento dos objetivos daquela função específica.

Uma consequência direta dessa constatação é que é impossível ser eficaz sem clareza com relação aos objetivos. O que é preocupante, pois tenho escutado com muita frequência nos treinamentos de gestão do tempo que ministramos na Ynner que as pessoas não têm uma percepção precisa dos seus objetivos, e muito menos compreensão do nível de prioridade de cada um deles. Por isso, é fundamental um gestor ajudar – com sua visão mais ampla e experiência – seu colaborador a entender aonde deve chegar – para depois definir quais atividades contribuem para esse feito. E como dizer que atividades contribuirão de forma mais eficaz para o atingimento dos objetivos?

Já disseram que gerenciar é fazer apostas de relações de causa e efeito. E essa reflexão cabe perfeitamente aqui. Ninguém sabe com certeza qual atividade vai empurrar a empresa com mais intensidade na direção dos seus objetivos. Os profissionais devem fazer escolhas que acreditam trazer mais empuxo em direção ao que se quer atingir. É claro que, quando essas escolhas são feitas com base em análises de fatos e dados, elas ganham mais objetividade e probabilidade de sucesso, mas o fato é que ninguém pode afirmar com certeza o que vai acontecer no futuro com base em informações do passado. Por isso, a gestão é um misto de ciência e arte. Por um lado, cada profissional precisa avaliar os fatos e dados disponíveis, mas por outro deve calibrá-lo com sua percepção (e até intuição) com relação ao que irá acontecer.

Então, por exemplo, se o responsável pelo marketing de determinado produto precisa cuidar do material de merchandising, campanha de mídia de massa, campanha de marketing digital, acompanhamento da assessoria de imprensa, treinamento da equipe de vendas, relançamento da embalagem, introdução de uma nova variante, e assim por diante, ele precisa avaliar e definir quais atividades irão maximizar o atingimento dos seus objetivos. Se, por exemplo, o que se espera é que esse profissional gere *awareness* e vendas para esse produto, a pergunta deve ser: dentre todas essas atividades, quais são aquelas que têm uma relação de causa e efeito mais estreita. E a prioridade deve estar alocada nesse sentido. Em algumas situações específicas e com abundância de recursos, é possível fazer testes, mas, como cada momento é muito específico no cotidiano empresarial, as conclusões de um teste têm utilidade bastante limitada.

> Ninguém sabe com certeza qual atividade vai empurrar a empresa com mais intensidade na direção dos seus objetivos. Os profissionais devem fazer escolhas que acreditam trazer mais empuxo em direção ao que se quer atingir.

Lembremos, ainda, que toda essa realidade carrega boa complexidade, pois cada projeto, processo e tarefa é regido por uma função que relaciona resultado e esforço. Geralmente, essa função é representada por uma curva em S. Como no gráfico:

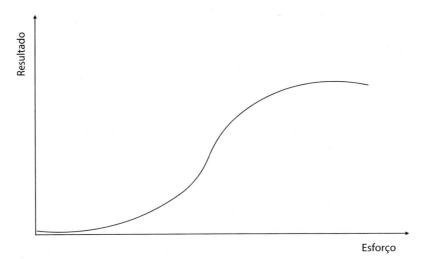

Figura 6
Gráfico resultado × esforço em S

Ou seja, ao se alocar uma pequena quantidade de energia em uma tarefa, os resultados são pequenos, até o momento em que se entra em uma zona de rendimentos alavancados nos quais a quantidade de esforço empurra os resultados de forma desproporcional – até dado limite, quando a atividade entra num estágio de rendimentos decrescentes, quando um grande esforço traz um resultado marginal diminuto.

A situação fica ainda mais complexa quando notamos que um profissional precisa lidar com dezenas de relações de esforço/resultado que são dificilmente quantificáveis.

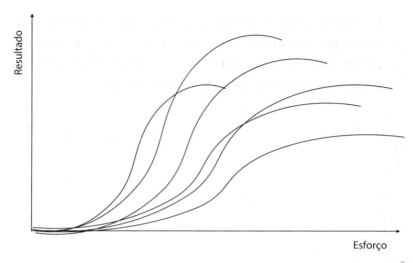

Figura 7
Múltiplos esforços × Múltiplos resultados

Note que cada gráfico tem inclinação e limites diferentes e que na prática nenhum profissional sabe quais são os valores exatos. Apenas intui as grandes relações. O que isso significa? Que cada profissional deve estimar qual a quantidade de energia que precisa colocar em cada um dos projetos e processos e suas centenas de subatividades para maximizar a contribuição final ao seu objetivo, e a partir daí definir quais os projetos e processos e suas respectivas subatividades são os mais importantes.

A capacidade de fazer isso cresce à medida que o profissional ganha experiência. Seus erros e acertos, buscando calibrar a melhor relação benefício/custo vão formando um banco de dados mental de situações bem e malsucedidas que lhe permite acertar cada vez mais. Nesse sentido, o papel do gestor é definitivo. Como tem uma visão mais ampla das atividades de um colaborador, em função da sua posição mais elevada na hierarquia empresarial, e maior experiência, em função do tempo de trabalho, ele precisa discutir com cada colaborador continuamente os objetivos e as apostas de causa e consequência. Ou seja, quais projetos, processos e respectivas atividades têm maior impacto nos resultados esperados.

Na prática, isso significa que o gestor e seu subordinado precisam conversar periodicamente para ajustar os objetivos e as atividades correspondentes. Afinal, no mundo dinâmico em que vivemos, esses elementos mudam frequentemente. E não é incomum ver, nas empresas, profissionais dedicando grande esforço para cumprir objetivos que eram importantes no passado recente, mas que perderam prioridade em função da mudança de estratégia (por sua vez, resultado da mudança da estratégia de um concorrente ou mudança numa variável do ambiente contextual importante, como economia, legislação ou tecnologia). Mais absurdo ainda, e ainda assim existentes, são casos de profissionais investindo tempo em projetos ou processos que foram descontinuados sem que ninguém os tivesse alertado.

Vamos supor, entretanto, que essa dimensão esteja bem equacionada para determinado profissional. Vamos entender que o nível de importância esteja bem definido e que haja clareza com relação ao que é prioritário. Ainda assim, corre-se o risco de ser ineficaz. Por quê? Porque existe uma dimensão perpendicular a essa que dificulta o estabelecimento de prioridades: o nível de urgência de cada atividade.

Cada projeto ou processo, assim como suas subatividades, pode ser classificado em termos da sua importância, mas também de sua urgência. Se o impacto nos objetivos define o nível de importância, a necessidade de que seja feito logo define a urgência. Tudo aquilo que traz consequências negativas (ou deixa de trazer consequências positivas), quando não é feito no curto prazo, é chamado de *urgente*. E são dimensões bem diferentes. Posso ter um projeto que contribui muito pouco para o atingimento dos meus objetivos amplos, mas cujo abandono me traria dissabores políticos imediatos. Nesse caso, estamos falando de algo urgente, mas não importante. Da mesma forma, posso ter um projeto que trará enormes benefícios para a empresa no futuro próximo, mas cujo abandono imediato não me traria grandes dores. Importante, mas não urgente.

Comecemos com alguns exemplos na esfera pessoal que são mais intuitivos e emocionalmente envolventes, para depois migrar para a dimensão profissional/empresarial.

Se não pratico exercício físico hoje, as consequência negativas são bem pequenas. Aliás, é até possível que eu sinta consequências positivas (hoje), como mais tempo para ficar com os amigos ou descansar. Mas no longo prazo pagarei um preço alto por isso: doenças cardiovasculares, falta de disposição etc. Eis algo importante, mas que não é urgente.

Se não participo de uma reunião de condomínio, em que meu vizinho de porta é o síndico, hoje à noite, ele vai me cobrar e ficar chateado comigo. Mas pense na contribuição que essas reuniões de condomínio têm para minha vida e bem-estar. Geralmente, muito baixa. Eis algo urgente, mas que talvez não seja importante.

Migremos agora para a esfera empresarial.

Ir a treinamentos, estudar e me informar são coisas que contribuem com a minha formação e que ao longo do tempo me trarão dividendos importantes. Mas se eu não fizer isso hoje, as consequências serão mínimas. Não vou ser demitido (agora) porque não li um livro ou não estou fazendo um curso. Por isso, muita gente se esquiva desse tipo de atividade, sem perceber que estão diante de uma atividade importante, mas não urgente. Dar *coaching* ou *feedback* para o liderado, manter sua mesa organizada, planejar uma ação ou mudar processos que estão funcionando razoavelmente bem, mas que podem ser mais eficazes, são outros exemplos dessa mesma situação. Baixa urgência. Alta importância.

Participar de uma reunião para a qual você sabe que tem pouco a contribuir pode ser urgente porque ela começa em quinze minutos. Mas não é importante. E você vai pelo dissabor de considerar a cara feia ou a retaliação do colega que a convocou. Atender o fornecedor que está na recepção esperando-o agora, e que você aceitou atender porque é amigo de um amigo, idem.

É claro que tudo tem um grau de importância e urgência. Poucas coisas são totalmente desimportantes ou sem urgência alguma. A questão é identificar quais atividades são mais importantes e mais urgentes e a partir dessa constatação dedicar a quantidade de energia e tempo compatível com seu nível de prioridade. Na medida em que é impossível fazer tudo, como já vimos, a capacidade de priorizar e se concentrar no que gera mais impacto positivo e minimizar as consequências negativas imediatas é o caminho das pedras.

E uma ferramenta importante para administrar essa questão é a conhecidíssima matriz de importância e urgência.

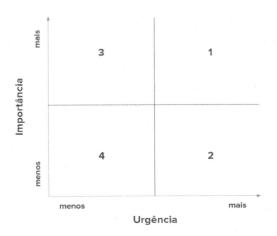

Figura 8
Matriz de importância e urgência

No quadrante superior direito, está tudo aquilo que é importante e urgente. Todos sabem que o que se encontra nesse espaço deve ser feito. A armadilha da boa execução não está aí. É óbvio que projetos, processos e suas respectivas tarefas nesse quadrante precisam ser feitos com a qualidade adequada e no tempo demandado. Vale a pena notar, entretanto, que a qualidade adequada nem sempre é a perfeição. Muitas pessoas no mundo corporativo adicionam esforço descomunal em tarefas que demandam um nível mais baixo de precisão. O chefe pede o valor do faturamento do ano passado para colocar em sua apresentação para defender o *budget* do próximo ano e o subordinado prepara vários *slides* caprichosamente decorados para impressionar, sem se dar conta de que um número em uma folha de papel seria totalmente satisfatório, ou que a agilidade, nesse caso, é mais importante que os arabescos. E a questão fica ainda mais relevante quando lembramos que, a partir de determinado nível de tempo e esforço dedicado, o resultado cresce de forma desacelerada. E que a pessoa tem outras coisas a fazer, o que indica que o custo de oportunidade da dedicação extra é muito alto.

Se o profissional em questão não tivesse nada mais importante para fazer, ele poderia caprichar mais e mais nos *charts* que está preparando para o chefe, mas, como a ideia é maximizar a entrega do resultado total de um conjunto de projetos, processos e suas atividades concorrentes, ele deve parar de se dedicar a uma atividade assim que ela atingiu o nível de qualidade que traz a melhor contribuição para o resultado total.

No extremo diagonal oposto (quadrante inferior esquerdo), está o que é menos importante e menos urgente. Todos sabem que essas são atividades que não devem ser feitas ou podem ser feitas em momentos em que existe um vale de quantidade de trabalho (momentos em que a demanda cai por sua flutuação aleatória natural). Ou ainda momentos em que a energia pessoal está tão baixa que o melhor é fazer algo que acabe funcionando mais como um relaxamento que como uma atividade real. A menor relevância dessas atividades é óbvia. E, portanto, o segredo da excelência em execução não está aí. Encontrar um sabonete um pouco mais barato para os banheiros da empresa (que não são muitos, em uma situação hipotética) ou deixar a planilha de controle de gastos um pouco mais bonita são exemplos. Navegar pela internet ou trocar mensagens irrelevantes pelo *smartphone* também se enquadram aí.

Bom... se o segredo não está em fazer as coisas mais importantes e mais urgentes (pois todos sabem que essas são as prioridades) nem em colocar o que é menos importante e menos urgente de escanteio (pois todos sabem que isso não tem impacto relevante), então onde está o cerne da questão? Os melhores executores são aqueles que entendem o *trade-off* entre o que é muito importante e pouco urgente e aquilo que é muito urgente e pouco importante.

Por motivos neurobiológicos que dão origem a um modo de funcionamento dual da mente (que pode ser entendido através do modelo desenvolvido pelo professor Daniel Khaneman* e divulgado em seu seminal livro *Rápido e Devagar*), temos a tendência de privilegiar aquilo que traz impacto de curto prazo, pois eventos dessa natureza mobilizam as estruturas mais primitivas do cérebro, criando a sensação de ameaça iminente.

Na prática, isso significa que as pessoas focam mais naquilo que é mais urgente (ainda que menos importante) do que naquilo que é mais importante (ainda que menos urgente). Isso significa que temos a tendência de fazer o que elimina o incômodo imediato em detrimento daquilo que é mais construtivo. Por isso, tantas pessoas se dizem angustiadas por passar dias inteiros apagando incêndios, alimentando a sensação de que não foram efetivamente produtivas.

É óbvio que algumas atividades urgentes vão se impor por sua premência, e seria irrealista pedir para um profissional abandonar totalmente o quadrante das urgências menos importantes. Não é isso que sugerimos. Mas, sim, sugerimos não fazer o que é tão comum no ambiente corporativo: viver no quadrante da urgência enquanto ignora totalmente o quadrante da importância. O que vai cobrar um preço altíssimo no futuro.

Por exemplo: treinar a sua equipe é importante, mas não urgente, então essa atividade é postergada indefinidamente. Um relatório solicitado às pressas por um colega agressivo e insistente é urgente, mas talvez não seja importante, e sendo assim é colocado em marcha rápida.

Interessante notar que, em muitos treinamentos que ministramos, algumas pessoas dizem: "Você não entende, professor. A questão é que tudo em minha vida está no quadrante do urgente E importante". Essa provocação que parece desmontar toda a argumentação encaminhada até agora é na verdade o resultado de uma armadilha muito comum. Se todos os processos e projetos de uma pessoa, e suas atividades decorrentes, são urgentes e importantes, existe uma grande chance de eles terem migrado para o quadrante em questão porque não receberam atenção quando eram importantes, mas não urgentes.

Chamo isso de "síndrome do estudante universitário". Vejo acontecer o tempo todo como professor de graduação e até nos cursos de pós-graduação e MBA. No início do semestre, combino com os alunos que a avaliação será composta, entre outros, por uma prova final e um trabalho de conclusão. Digo ainda que o trabalho deve ser entregue no dia da última avaliação. Na semana seguinte, os alunos pensam: "Ainda está longe. Tenho tempo". Na segunda semana, idem. E assim, indefinidamente. Adivinha quando a maioria esmagadora dos alunos faz o trabalho? Na última semana, dia ou, bastante comumente, na derradeira madrugada. A essa altura, o que era apenas importante no passado, se transformou em urgente e importante agora.

E meus mais de trinta anos de experiência no universo empresarial me dão segurança para afirmar que o mesmo acontece com a maioria das pessoas na maioria das organizações. É o que podemos chamar de *pseudoemergência*: algo que não era urgente mas que, por ter sido ignorado na hora certa (quando era apenas importante), acaba virando um pesadelo na hora errada.

A partir dessas constatações, o profissional precisa se organizar de forma a dar o mínimo de atenção ao que é importante. Como? Nossa sugestão é a realização de um planejamento semanal. Antes do início de cada semana, o profissional deve confrontar a sua lista de processos e projetos (levantados no tópico anterior) com os espaços disponíveis na agenda e alocar tempo para as atividades importantes, como se fossem compromissos. Pois, na verdade, são. São compromissos com sua eficácia. Compromissos com as contribuições que a empresa espera dele.

Nesse momento, o gestor tem um papel bastante relevante. É ele que cria parâmetros para que o colaborador possa definir o grau de importância de cada atividade. Como o gestor tem uma visão mais ampla do *job description* do colaborador e sua conexão com a estratégia da organização, ele tem a capacidade de iluminar o terreno para que o colaborador tome as melhores decisões. Quando o colaborador em questão é mais maduro (lembrando que, tecnicamente, maturidade significa a intersecção entre comprometimento e competência), o gestor apenas o atualiza sobre a movimentação na estratégia da organização, que pode ter impacto no nível de prioridade dos processos e projetos desse colaborador e o deixa tomar as decisões de priorização. Com os menos maduros, o gestor pode chegar ao limite de definir quais atividades serão realizadas, e quando. É claro que nesse intermédio existe um *dégradé* de alternativas que transferem mais ou menos poder de decisão ao colaborador.

ACOMPANHAMENTO

Da mesma forma que, ao gerenciar um processo, é importante analisar se os resultados são compatíveis com os objetivos estabelecidos para aquele processo (o C do ciclo SDCA/PDCA), um profissional que gerencia uma série de projetos e processos precisa verificar se esse conjunto de processos e projetos eleitos como prioridade está trazendo os resultados gerais desejados.

Lembre que, quando um profissional está na fase de checagem em um processo específico, ele está fazendo o que chamamos de *gestão DE processos* enquanto nessa situação que estamos discutindo, o acompanhamento tem um escopo mais amplo: da *gestão POR processos*.

Nesse sentido, o ponto de partida é ter em mente que tudo começou com a definição dos objetivos e metas, discutidos no início deste capítulo. E, depois de percorrer todo o caminho, que passou pela definição das ideias centrais de funcionamento (estratégias e diretrizes) e por sua materialização (processos e projetos), com a respectiva execução, é chegada a hora de verificar se aquilo que foi concebido e praticado está gerando os *outputs* desejados.

> O gestor deve estabelecer momentos nos quais, periodicamente, confronta, juntamente com o profissional responsável pela área em questão, o que foi realizado *vis-à-vis* o que era pretendido.

Na prática, isso significa que o gestor deve estabelecer momentos nos quais, periodicamente, confronta, juntamente com o profissional responsável pela área em questão, o que foi realizado *vis-à-vis* o que era pretendido. Os resultados finais devem ser confrontados com os indicadores finais, e os resultados intermediários devem ser avaliados à luz dos indicadores intermediários.

Então, por exemplo, um gerente de vendas deve sentar com seu vendedor e confrontar as vendas que realizou no mês com sua meta para aquele mês (indicador final), mas também precisa analisar indicadores intermediários, como número de ligações para marcar visitas, número de visitas, índice de conversão, número de itens por pedido, preço médio por item, e assim por diante.

Um equívoco cometido com frequência é focar a conversa apenas nos indicadores finais, pois eles não trazem informações relevantes suficientes para mudar um quadro adverso. Um gerente hipotético menos preparado poderia dizer: "Você não atingiu a sua meta nesse mês. Isso não pode se repetir". E o vendedor pode pensar, ou até dizer: "Mas eu trabalhei duro, fiz o melhor que podia. O que devo fazer diferente?". Vários gestores comerciais que conheço bateriam na mesma tecla: "Conto com você. Você precisa dar um gás no próximo mês e atingir sua meta". Esse tipo de abordagem é muito pouco esclarecedora e tende a gerar uma ansiedade inútil.

O gestor deve usar sua visão mais ampla, experiência e capacidade analítica para conduzir o vendedor numa reflexão útil. Algo como: "Vamos entender o que aconteceu: você vendeu para o mesmo número de clientes que no mesmo período do ano passado, mas o pedido médio caiu 6%, por isso suas vendas não atingiram o desejado. Qual sua hipótese para a queda do pedido médio?". Com essa abordagem, o gestor estaria encaminhando uma análise, que nada mais é do que dividir o resultado total em suas componentes e tentar entender de que aspecto influenciável pelo vendedor vem o problema.

Para melhor compreensão do exemplo, analisemos a "anatomia" de um resultado de vendas:

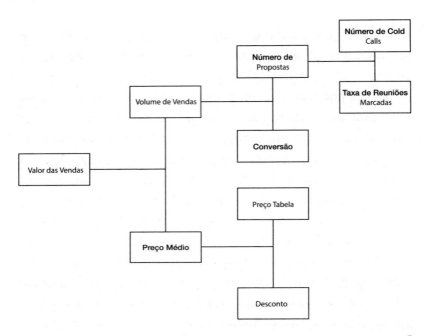

Figura 9
Fluxo decomposto de resultado de vendas

Dizer que a venda não foi boa ajuda muito pouco, pois a venda final não é diretamente influenciável, a menos que se entendam os componentes que levam a ela. Na prática, não é possível aumentar o volume de vendas a partir dele mesmo. Mas é possível, sim, aumentar o número de *cold calls*, que levam a um maior número de reuniões agendadas, que por sua vez conduzem a mais propostas enviadas, que acabam impactando o número de pedidos fechados para por fim impactar a venda.

No caso de profissionais mais maduros, o gestor deve lançar mão de uma abordagem baseada no *coaching*, fazendo perguntas que o ajudem a levantar hipóteses, apontar soluções alternativas e decidir caminhos. Já os menos maduros podem ser orientados a partir da perspectiva do *mentoring*, em que algumas perguntas são feitas, mas cujo cerne da abordagem está em oferecer alternativas de solução ou até definir as soluções que serão usadas.

É claro que, em atividades em que os resultados são quantificáveis, como em vendas, a abordagem é mais clara e objetiva. Já em situações em que os resultados são mais subjetivos, é necessário levantar possíveis relações de causa e efeito e explorá-las com o colaborador. Então, se a contribuição esperada de um, digamos, contador gerencial que responde para você é garantir que os tomadores de decisão da unidade de negócio possam tomar melhores decisões baseados nas informações oferecidas e o indicador final usado é o nível de satisfação de tais decisores, a questão é mais subjetiva. O melhor é que essa satisfação seja quantificada através de uma pesquisa e que, no processo de análise de uma eventual insatisfação, os componentes da situação sejam considerados. A insatisfação nasce da periodicidade no provimento das informações? Do formato? Da precisão? Da confiabilidade das fontes? Da agilidade? Esses são os componentes. A fonte dessa informação pode estar na própria pesquisa que pergunta por esses aspectos. Ou, uma vez diante de uma avaliação insatisfatória por parte dos clientes internos, pode-se entabular uma conversa ou entrevista para entender as fontes de insatisfação.

De qualquer forma, seja em situações mais ou menos quantificáveis, estamos sempre em busca de constatar se os resultados finais desejados foram atingidos e buscando entender quais indicadores intermediários estão conectados com os finais.

Com o objetivo de instrumentalizar esse modelo mais amplo de avaliação, uma ferramenta que pode ser bastante útil é a matriz que confronta o atingimento dos resultados com as ações que haviam sido propostas para caminhar em direção a eles.

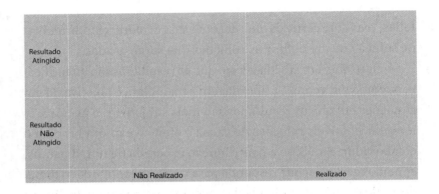

Figura 10
Matriz: realizado/não realizado × resultado atingido/não atingido

Então, quando olhamos para os projetos e processos definidos, podemos chegar basicamente a quatro situações.

O processo/projeto foi colocado em prática e o resultado foi atingido: nesse caso, deve-se manter o que está sendo feito e complementarmente perguntar se há algo que possa potencializar ainda mais a performance em questão, introduzindo ajustes.

O processo/projeto foi colocado em prática e o resultado não foi atingido: aqui, cabe questionar, primeiramente, se esses processos e projetos devem continuar vivos ou se eles não trazem as contribuições esperadas. Outro caminho é descer um nível em direção à *gestão DE processos*, para ajustá-lo de forma que ele possa contribuir.

O processo/projeto não foi colocado em prática e o resultado não foi atingido: o caminho aqui é óbvio: coloque-se em prática e acompanhe. Uma questão cabível também é: por que não foi colocado em prática?

O processo/projeto não foi colocado em prática e o resultado foi atingido: apesar de ser uma situação menos comum, ela pode indicar ou que a atividade em questão não é relevante ou que se perdeu a oportunidade de melhorar ainda mais o resultado em função de sua ausência.

Uma decorrência natural desse processo de verificação do atingimento dos objetivos e metas é a necessidade de dar *feedbacks*. Óbvio. Depois de verificar se o que foi estabelecido foi atingido ou não e entender os motivos subjacentes, é fundamental garantir que a pessoa responsável por um papel específico, sob a responsabilidade do gestor, entenda o que foi feito bem ou mal para repetir as práticas exitosas e redirecionar as que não funcionaram.

No capítulo anterior, dedicamos um tópico inteiro ao *feedback*, quando o analisamos como instrumento de engajamento. Agora, podemos colocar outra lente sobre o mesmo tema: o *feedback* como forma de redirecionar o comportamento do liderado, o que vai gerar ajuste nos processos e projetos para por fim culminar nos resultados desejados.

Para recordar os conceitos essenciais e a abordagem prática do *feedback*, basta reler o tópico ao qual nos referimos no capítulo precedente.

O ESTRATEGISTA

4

Daniela não só entendeu como também colocou em prática tudo aquilo que discutimos até aqui. Ela conseguiu olhar para cada ser humano do seu time e perceber as particularidades que fazem as pessoas funcionarem de maneiras diferentes. Com base nisso, usou abordagens personalizadas para gerar engajamento e desenvolver cada pessoa da equipe, levando em conta seus talentos e adicionando conhecimentos e técnicas que permitiram um nível de comprometimento e competência superior. Com a orientação de Luciana, sua diretora, agiu como uma verdadeira *leader coach*, estabelecendo metas e métodos individuais claros em parceria com cada membro da equipe, e acompanhando cada um na execução, o que os levou a atingir as metas individuais e a garantir o bônus no final do ano. Mas algo não estava funcionando como deveria. A área ainda não parecia uma equipe. Era um grupo. As pessoas agiam de forma fragmentada, preocupadas apenas com os planos e interesses individuais, que não se encaixavam tão bem como deveriam. Além disso, a interação com os outros departamentos era turbulenta. Conflitos improdutivos surgiam com frequência maior que a recomendável. A Daniela precisava ampliar a sua percepção sobre o que significa estar na carreira gerencial. Ela estava focada na excelência da sua área. Mas será que isso é suficiente?

AMPLIANDO OS HORIZONTES

Se você, assim como Daniela, entendeu e está disposto a praticar o que foi exposto até aqui, é grande a chance de que tenha uma equipe competente e engajada trabalhando da maneira certa, ou seja, conduzindo os projetos e processos da sua área da forma mais eficiente possível. Isso não seria suficiente para se dizer que você atingiu a excelência? Depende do que entendermos por "trabalhar da maneira certa".

Você pode trabalhar buscando a perfeição dentro da perspectiva da sua área funcional (o subsistema que gerencia) ou, alternativamente, entender sucesso como a capacidade de contribuir da melhor forma possível para o funcionamento da empresa como um todo. A primeira perspectiva pode até criar uma sensação de conforto e garantir o bônus no final do ano (já que muitas empresas supervalorizam a performance subsistêmica – departamental), mas não garante a excelência. Para se aproximar do nirvana da carreira gerencial, é necessário pensar de forma sistêmica e cuidar para que todos os colaboradores do seu time também pensem assim. Ou seja, a questão inicial é fazer com que as pessoas acreditem que "trabalhar da maneira certa" significa trabalhar pelo todo, e não pela sua parte. Afinal, é como enfatizamos no capítulo inicial deste livro: "Pessoas inteligentes, agindo inteligentemente de forma individual, podem gerar um resultado coletivo não inteligente". É isso que queremos evitar.

> O primeiro passo na construção do papel de Estrategista de um executivo é entender que uma organização é um sistema e fazer com que todos os colaboradores também entendam assim.

A EMPRESA COMO SISTEMA

O primeiro passo na construção do papel de estrategista de um profissional na carreira gerencial é entender que uma organização é um sistema e fazer com que todos os colaboradores também entendam isso. Um sistema é um "conjunto de elementos interdependentes que interagem com objetivos comuns, formando um todo". As palavras-chave aqui são *interdependência* e *objetivos comuns.* Em primeiro lugar, é preciso ter em mente que as decisões que uma área toma impactam o funcionamento de várias (ou, às vezes, todas) outras áreas que compõem a organização. E não basta que se entenda a questão apenas racionalmente. É importante que todos sintam a premência de pensar constantemente nas consequências que causam nos demais a cada passo dado. Então, por exemplo, se a área de desenvolvimento de produto de uma empresa vai mudar o formato do produto, ela precisa levar em conta que isso vai ter um impacto na área de desenvolvimento de embalagem, que também precisa ser reconfigurada, de logística, que precisa pensar como armazenar e transportar o novo formato, e de merchandising, que precisa pensar na melhor forma de expor o produto no ponto de venda e projetar um novo *display*. Ou se a área de RH vai mudar um programa de treinamento, de totalmente presencial para parcialmente presencial e parcialmente virtual, ela precisa envolver a área de TI para garantir que o servidor da empresa tenha capacidade de disponibilizar os módulos de *e-learning* e que os equipamentos e conexões dos participantes sejam adequados para receber o curso. Esse ponto parece tão óbvio que chega a soar frívolo levantá-lo. Mas quem trabalha em uma organização (principalmente uma grande organização) esbarra cotidianamente em situações em que as coisas (frequentemente simples) não funcionam como deveriam, porque quem deveria tomar uma providência (simples) não sabia o que estava acontecendo. As pessoas, normalmente, chamam isso de *problemas de comunicação*. E talvez a comunicação seja mesmo a forma como a questão se manifesta, mas no fundo e por trás de tudo está a falta de perspectiva sistêmica.

Algumas consequências dessa lacuna sistêmica são apenas incômodas, por exemplo, um *coachee* que precisa adiar sua sessão de *coaching* porque a pessoa de treinamento não reservou uma sala. Isoladamente, isso traz poucas consequências para a organização, mas, se somado às dezenas ou centenas de pequenos desencontros diários, acaba construindo uma perda de eficiência considerável. De qualquer forma, outras situações têm potencial individual mais dramático, como uma máquina de milhões de reais que não pode ser transportada a tempo para o cliente porque a área de logística não foi informada de que sua dimensão havia mudado e o caminhão alocado para a tarefa não era grande o suficiente, atrasando a entrega e gerando uma multa para a empresa, que compromete a rentabilidade da venda. Tais situações podem ainda ser catastróficas quando a área de operações de uma empresa de reformas prediais deixa de consultar a área de engenharia e, no afã de ser produtiva, mexe num pilar com função estrutural importante, o que faz o prédio desabar, ceifando vidas. E o triste é que essa última situação não é um exemplo hipotético, mas algo que realmente aconteceu e mereceu cobertura extensiva da mídia brasileira.

A situação fica ainda mais desafiadora quando nos damos conta de que uma empresa não é apenas um sistema, mas um sistema complexo. Um sistema complexo, de acordo com Minai et al., é aquele

> cujas propriedades não são uma consequência natural de seus elementos constituintes vistos isoladamente. As propriedades emergentes de um sistema complexo decorrem em grande parte da relação não linear entre as partes.

Ou seja, em sistemas dessa natureza, uma relação de causa e consequência que parece óbvia não se dá como previsto. Lembro-me de um caso relatado num dos nossos treinamentos, de um comprador que recebeu a visita de um vendedor do fornecedor de uma matéria-prima importante. Para ser mais preciso, essa matéria-prima era responsável por mais de 60% do custo final do produto. E, como esse fornecedor estava com problemas no fluxo de caixa, o vendedor fora orientado para esquecer a rentabilidade da venda e focar na entrada de dinheiro. Na prática, isso significou uma proposta de 50% de desconto, desde que o cliente fizesse uma compra quatro vezes maior que a média dos meses anteriores. O comprador tinha o *budget* já alocado para o ano e portanto tinha o recurso disponível em seu centro de custos. Ele sabia, ainda, que o consumo mensal daquela matéria-prima era inevitável. Como a matéria-prima não era perecível, a empresa iria utilizar o produto nos meses seguintes. E com um custo muito menor. Sendo assim, ele aceitou a proposta e fechou o negócio. E se considerou um herói. Afinal, diminuir em 50% o custo de uma matéria-prima que representa 60% do custo final do produto é uma redução de 30% no custo final!

O que ele perdeu, entretanto, foi a perspectiva do todo. Ao não se dar conta de que a área financeira da sua própria empresa tinha o *budget* alocado, mas não tinha o caixa para pagar, ele obrigou a área financeira a tomar um empréstimo que consumiu, na forma de juros, uma parte da economia que ele tinha feito. Quando a matéria-prima foi entregue, não havia armazém disponível para estocá-la. Era uma matéria-prima de baixa densidade: pouco peso e altíssimo volume. Então a área de logística precisou alugar galpões terceirizados para receber essa matéria-prima, e, como isso foi feito às pressas, o custo conseguido não foi nada atrativo. O que consumiu todo o resto da rentabilidade que ele tinha obtido, e ainda gerou um aumento no custo do produto.

Veja como, agindo num subsistema que está em um sistema complexo, você pode gerar o efeito contrário daquele pretendido. O objetivo era diminuir o custo final do produto, e o resultado foi um aumento do custo do produto. A história é tão caricata que parece até uma fábula criada para defender um ponto de vista. Mas quem trabalha no mundo empresarial há algum tempo sabe que essas coisas infantis acontecem. Se você tem alguma estrada nas organizações, deve ter suas próprias histórias "tragicômicas" para contar.

Para evitar esse tipo de situação, os membros de uma organização precisam estar preparados para agir sistemicamente. E para isso as pessoas precisam (1) querer agir dessa forma e (2) conseguir agir dessa forma. Você se lembra do capítulo de liderança? O papel do líder é fazer com que as pessoas queiram e possam? Lembra-se de que chamamos isso no ambiente empresarial de *motivação / comprometimento / engajamento* (querer) e *competência* (poder)? A essência aqui é a mesma. Quando investido do papel de estrategista, o presidente / diretor / gerente / coordenador / supervisor precisa fazer primeiro com que as pessoas queiram agir sistemicamente. O que vamos chamar de *Intenção Sistêmica*. E, ao mesmo tempo, ele precisa garantir que elas consigam fazer isso, tendo como base o entendimento do funcionamento do sistema em que estão inseridos, o que estará dentro do tema Visão Sistêmica.

INTENÇÃO SISTÊMICA

No livro *Metamanagement*, Fredy Kaufman diz que "A pretensão arrogante de se considerar o dono da verdade é a principal barreira à comunicação respeitosa e à interação efetiva".

E todos aqueles que conhecem o mundo empresarial sabem que ele está repleto de pessoas cheias de certezas. Talvez você mesmo já tenha tido essa sensação, de que está absolutamente certo e que não entende como o outro pode estar pensando de um jeito tão incompatível com a "realidade". "Não é possível. Será que esse cara não percebe o tamanho da besteira que está dizendo?" O curioso é que talvez, do outro lado, o interlocutor esteja repetindo: "Como é que esse cara não enxerga um palmo diante do nariz?".

Como é possível? Duas pessoas tendo certezas tão diferentes! Um dos dois tem que estar louco? A resposta passa pela constatação, nada intuitiva, de que a realidade objetiva não é percebida fielmente por ninguém. O que consideramos a realidade é fruto de nossa experiência subjetiva, peneirada por vários filtros sucessivos que nos levam a construir um paradigma mental que está baseado na realidade, mas que foi distorcido pelo nosso processo de cognição.

> O que consideramos a realidade é fruto de nossa experiência subjetiva, peneirada por vários filtros sucessivos que nos levam a construir um paradigma mental que está baseado na realidade, mas que foi distorcido pelo nosso processo de cognição.

Aquilo que chamamos de *realidade* é moldado por pelo menos quatro grandes filtros: exposição seletiva, percepção seletiva, retenção seletiva e distorção seletiva.

EXPOSIÇÃO SELETIVA

Tudo começa no ambiente cultural no qual somos criados. E não apenas no ambiente macrocultural (o país ou a região), mas também na microcultura (a família e suas crenças e valores). Ambas as dimensões nos influenciam de forma tão profunda que mal conseguimos perceber o quanto somos frutos dela. Na esfera macro, as evidências são marcantes e abundantes. Vejamos, por exemplo, algo tão fundamental quanto a forma como as pessoas se alimentam. Enquanto em alguns países cachorros, cavalos e macacos são considerados alimentos cotidianos, em outros isso parece absurdo. Enquanto carne bovina é consumida em

244   O ESTRATEGISTA

quase todo o planeta, alguns países não ousam fazer isso por considerar esses animais divindades. E o curioso é que, enquanto consideramos comportamentos muito diferentes dos nossos como aberrações, não nos damos conta de que somos, nós mesmos, aberrações para outros.

Várias vezes narrei, ministrando aulas em graduações, MBAs e cursos nas empresas, uma história contada para mim por um amigo executivo em viagem para a Ásia, que provoca reações de repugnância e evidencia o quanto não temos consciência de nossos vieses. Disse-me esse amigo que, depois de um dia longo de trabalho, seus anfitriões, no intuito de entretê-lo e impressioná-lo, levaram-no a um restaurante sofisticado, onde haviam reservado uma sala privada. Ao sentar-se à mesa, percebeu um tipo de uma morsa e um buraco abaixo dela, sem poder, entretanto, prever para que serviria. E eis que, depois de alguns tragos e petiscos diferentes (ele nem quis saber do que se tratava, para não recuar, já que eram saborosos, apesar de terem aparências e texturas bastante incomuns), percebeu que alguns garçons carregaram gaiolas com macacos para dentro do lugar onde estavam. Os clientes então se levantaram e se afastaram da mesa, sinalizando para ele fazer o mesmo. Cada macaco foi preso pela cabeça em uma morsa, e um espadachim arrancou-lhes o topo da cabeça com golpes de afiadas lâminas. E, depois de assistir cada animal se debater por alguns segundos, seus anfitriões se aproximaram da mesa e passaram a se alimentar do que havia dentro do crânio aberto. Meu amigo, em respeito às tradições locais, apesar de chocado com a crueldade, seguiu o rito, ainda que a contragosto. Honestamente, não sei se houve exagero na história para me impressionar ou se a iguaria foi servida modestamente em uma cuia, mas sei que comer cérebro de macaco não é incomum em alguns países (não na Índia, contudo, como me fez crer Steven

Spielberg em um dos filmes de Indiana Jones). Enfim, a forma como a história foi a mim contada, e por mim repetida, causa o impacto que pretendo causar nos ouvintes. E que imagino ter provocado nos leitores. Desagradável à luz da nossa cultura. Mas o impressionante é que esses mesmos chocados expectadores são aqueles que levam os "gringos" para comer feijoada como ritual de acolhida e demonstração dos hábitos locais. Eu, particularmente, como a maioria dos brasileiros que conheço, adoro uma bela feijoada. Mas guardemos o distanciamento cultural requerido e analisemos do que se trata a iguaria: um caldo preto borbulhante, cheio de pequenas sementes onde boia aquilo que na maioria dos países vai para o lixo: orelha, focinhos, rabos e peles (às vezes com pelos ainda espetados) de porco, que em algumas culturas é um animal considerado impuro.

Além da dimensão macrocultural que expus através de um exemplo mais dramático, existem as questões microculturais. Uma pessoa é educada em uma família mais rígida, enquanto outra, numa mais liberal. Uma nasce num núcleo onde se observam preceitos religiosos, enquanto outra, num núcleo com traços de ceticismo. Uma, em uma cidade pequena, onde as diversas classes sociais se encontram o tempo todo, e outra, em um município maior, em que *clusters* mais homogêneos fazem com que se conviva mais com pessoas com o mesmo nível de oportunidades e prosperidade material.

Tudo isso leva a uma estruturação específica de parâmetros para a leitura do que é normalidade e gera tendências na avaliação de situações que mal são percebidas e podem ser consideradas vieses inconscientes.

PERCEPÇÃO SELETIVA

A mente humana tem uma capacidade enorme de armazenamento de fatos e dados. Mas ela não é infinita. Além disso, o cérebro consome uma grande quantidade de energia ao internalizar informações. Por isso, nossos sistemas de percepção filtram os sinais que vêm do mundo, introjetando apenas aquilo que parece ser útil de alguma forma. E, obviamente, esse filtro é constituído a partir da matéria-prima oriunda da nossa história de vida e que está ligada à anteriormente citada exposição seletiva.

Se você fechar os olhos agora e alguém lhe fizer perguntas específicas sobre o ambiente em que você está, ficará evidente quantos detalhes são filtrados por sua mente. Informações que nos são visualmente evidentes, mas que não registramos, por uma questão de defesa da capacidade limitada de absorção da nossa mente, na medida em que ela se lança a um processo automático de priorização. Nos treinamentos relativos ao tema na Ynner, peço para que os participantes experimentem isso. E assim que eles bloqueiam sua visão, pergunto coisas do tipo: qual a marca do meu computador (que está em cima da mesa, virado para eles)? E a marca na garrafa de água que está à sua frente? Qual a cor da garrafa de café em que vocês se serviram? Que roupas os seus colegas do lado estão vestindo? Qual a cor da cortina? E a cor da cadeira em que vocês estão sentados? É óbvio que todos acertam algumas coisas, mas todos ignoram muitas informações que evidentemente estão disponíveis aos seus sentidos, mas que não são registradas, comprovando a tese.

Interessante notar que os filtros individuais são diferentes, levando cada um a lembrar de coisas distintas. Uma participante oriundo da área de TI percebe a marca do computador, outro, que tem uma esposa decoradora, sabe a cor da cortina, e aquela que adora *design* de sapatos sabe o que as colegas estão calçando.

Um experimento marcante que circulou pelas redes sociais e é citado no seminal livro *Rápido e Devagar,* do Prêmio Nobel Daniel Khaneman, mostra esse fenômeno de forma interessante. Num vídeo, pessoas de camisetas brancas passam bolas de basquete umas para as outras enquanto quem assiste é instigado a contar o número de vezes que a bola troca de mãos das pessoas de camisetas brancas, enquanto evitam prestar atenção em outras que estão de camisetas pretas. Enquanto isso, uma pessoa vestida de Gorila atravessa o cenário, não sem antes parar em primeiro plano e bater freneticamente no peito. A constatação é que a maioria esmagadora das pessoas não percebe o símio, evidenciando a nossa limitação de perceber não apenas detalhes, mas também elementos (e informações) de grande relevo, quando nosso foco está direcionado para elementos que nos interessam mais, por algum motivo.

Transporte esse evento para o cotidiano empresarial e você entenderá como é possível que algumas pessoas não vejam coisas aparentemente óbvias em sua empresa. E é muito provável que você esteja entre essas pessoas, já que essa é uma característica neurobiológica transversal na humanidade.

Não consigo evitar a lembrança de um *focus group* do qual participei, quando executivo da área de marketing, para avaliar um novo lançamento de produto, em que uma das pessoas que assistiam à pesquisa só conseguiu perceber os argumentos que eram favoráveis às suas teses iniciais sobre a aceitação do produto. Estamos falando de um viés inconsciente chamado de *viés de confirmação,* que não vamos detalhar aqui, mas que vale a pena ser conhecido por aqueles que têm maior interesse no tema.

O próprio livro de Khaneman é útil nesse sentido, bem como o trabalho intitulado *Iludidos pelo Acaso*, de Nassim Taleb.

Então, a exposição seletiva, que podemos considerar aleatória em função das circunstâncias incontroláveis do nosso nascimento e criação, gera nossos filtros, que desencadeiam o fenômeno da percepção seletiva, fazendo com que, apesar de vivermos no mesmo mundo real, enxerguemos coisas significativamente diferentes. Mas não é só isso.

RETENÇÃO SELETIVA

A maioria das pessoas sabe o nome dos personagens de um filme enquanto está assistindo a ele, mas após algum tempo – às vezes, o dia seguinte – já não lembra mais. Isso é retenção seletiva. Também acontece quando você memoriza o endereço ou um número de telefone enquanto não encontra um lugar para anotar, mas o esquece logo após. Sim, sua mente deixou aquela informação passar pelo filtro da percepção seletiva e se instalar em seus arquivos cerebrais, mas, a partir do momento em que o dado deixa de ter relevância, ele é esquecido. Então, ainda que duas pessoas tivessem o mesmo tipo de exposição e percepção seletiva, elas acabariam formando universos cognitivos diferentes em função daquilo que retêm. E, considerando que a exposição e a seleção já são diversas, a retenção seletiva apenas amplifica o distanciamento entre os mundos mentais em que cada um de nós vive.

Organizando a história até agora: partimos da exposição a culturas diferentes e depois percebemos o mundo através do filtro da nossa percepção e da nossa capacidade de retenção. Isso já seria suficientemente dramático se a história parasse por aí, mas não para.

DISTORÇÃO SELETIVA

Quando explico essa fase do processo de gestão mental da informação para meus alunos, a reação inicial é de descrença. E não é para menos. É extremamente desconfortável encarar o fato de que nossa mente tem a capacidade – que utiliza sem cerimônia – de distorcer a realidade para que ela se encaixe no paradigma pessoal estabelecido: nossa forma de ver o mundo. É isso mesmo. Em muitas situações, vemos o que queremos ver. Alteramos o fato para que ele cause o menor desconforto possível. Desconforto que alguns especialistas chamam de dissonância cognitiva.

Para os descrentes, um simples exercício, que realizo nas salas de aula e treinamentos corporativos, reverte o ceticismo. Tomo a liberdade de oferecê-lo para você aqui também.

É possível até que você já tenha recebido algo semelhante por e-mail, redes sociais ou aplicativos de mensagem. Vamos a ele.

Aposto que você consegue ler o texto abaixo apesar dos empecilhos aparentes:

> De aorcdo com uma pqsieusa de uma uinrvesriddae ignlsea, não ipomtra em qaul odrem as lrteas de uma plravaa etãso, a úncia csioa iprotmatne é que a piremria e útmlia lrteas etejasm no lgaur crteo. O rseto pdoe ser uma ttaol bçguana que vcoê cnocseguee anida ler sem pobrlmea. Itso é poqrue nós não lmeos cdaa ltrea szoinha, mas a plravaa cmoo um tdoo. Lgeal, não é msemo?

A pergunta é: isso que você leu é realmente o que está escrito? Não, certo? Sua mente distorceu a informação para combinar com aquilo que ela acredita existir. A palavra *aorcdo* não existe em seu arquivo interno, mas *acordo* existe. Então seu cérebro, deliberadamente, faz a adaptação.

Menos mau se esse fenômeno se desse apenas em brincadeiras que navegam pela internet. Mas o fato é que, sem perceber, fazemos isso em situações cotidianas. Algumas com consequências desagradáveis.

O caso que relatei acima, sobre a pessoa que só conseguiu perceber os argumentos que eram favoráveis às suas teses iniciais sobre a aceitação de um produto prestes a ser lançado (percepção seletiva), ficou ainda mais preocupante quando a ouvi repetir uma frase dita por um dos participantes do painel, mudando sutilmente algumas palavras para que se encaixassem nas suas perspectivas. Distorção seletiva pura.

Obviamente, depois de conhecer mais sobre o funcionamento da mente humana, não descarto a hipótese de que tenha sido eu aquele a cair na armadilha da percepção seletiva e da distorção seletiva na história que contei. Será que meu colega de trabalho teve uma visão mais acurada da realidade e eu é que fiz as seleções e distorções indevidas? Impossível saber agora.

> Aquilo que chamamos de "realidade" e no que acreditamos piamente é simplesmente a nossa interpretação do mundo, e não como ele efetivamente é!

REALIDADES PARCIAIS

A conclusão de toda essa epopeia mental é que, no final das contas, aquilo que chamamos de "realidade" e no que acreditamos piamente é simplesmente a nossa interpretação do mundo, e não como ele efetivamente é! Alguns estudiosos do tema, como Stephen Covey, vêm se referindo a essa realidade individual usando o termo *paradigma,* e dizem que um paradigma é o nosso mapa do território, mas que a maioria das pessoas acredita ser o próprio território.

O fato é que cada um de nós enxerga uma parte da realidade. Por isso, o caminho mais efetivo durante a interação com outros seres humanos é trocar as certezas pela curiosidade, interessando-se por entender as bases sobre as quais se apoiam as visões do outro.

David Bohm, no livro *Diálogos*, sugere um exercício de suspensão das nossas convicções para que, desprovidos de nossas amarras, possamos abraçar novos horizontes, somando perspectivas complementares. Ele não fala de abrir mão das próprias opiniões, mas de suspendê-las temporariamente para se abrir a outros paradigmas para os quais nossa mente não está receptiva. Quando fazemos isso, criamos possibilidades incríveis que nascem da sinergia entre a parte do mundo que conseguimos enxergar e a dimensão da realidade que nosso interlocutor traz.

Um dos motivos que levaram Bohm a deixar a carreira como físico e se dedicar ao entendimento do diálogo foi a frustração de ver duas das mais brilhantes mentes do século 20 se fecharem uma à outra pela incapacidade de admitir sua incompletude de visão: Albert Einstein apegado à sua Teoria da Relatividade e fechado à Teoria Quântica, e Niels Bohr fazendo o contrário. Diz Bohm no livro que os resultados de uma conversa genuinamente aberta entre os dois poderia oferecer progressos incalculáveis, que não aconteceram por falta da capacidade de ambos suspenderem temporariamente as próprias convicções.

Essa mesma incapacidade permeia a maioria das pessoas nas organizações contemporâneas, levando a uma falta de intenção sistêmica caracterizada por uma insistência inflexível de enxergar o mundo apenas pela perspectiva oferecida por seu ponto de vista.

Ponto de vista esse que, como vimos nos argumentos acima, nasce das circunstâncias em que cada pessoa vive.

Não afirmo isso recorrendo a minha intuição, mas baseado numa reclamação recorrente da alta liderança e de profissionais da área de RH com quem temos contato através da Ynner. Ao longo dessas últimas duas décadas, como parceiros para o desenvolvimento de competências, temos recebido frequentemente pedidos de ajuda para "fazer com que as pessoas trabalhem de forma harmônica e sinérgica". "As pessoas aqui são competentes, mas estão fechadas em seus silos, trabalhando duro dentro de seus próprios feudos", dizem, com palavras diferentes, profissionais do RH e a alta liderança de organizações admiráveis que temos tido a honra de atender.

São, por exemplo, profissionais da área financeira, pensando na eficácia do seu subsistema, enquanto os de vendas focam no seu subsistema, os de TI idem, e assim por diante com logística, marketing, operações e todas as outras áreas, sem perceberem que, como disse o Frei Leonardo Boff, "cada ponto de vista é a vista a partir de um ponto". Sim! Você enxerga o que enxerga porque está onde está. E já tive dezenas de provas disso. Uma situação particular que presenciei me marcou bastante nesse sentido. Um profissional de crédito e cobrança que vivia reclamando dos vendedores e de sua postura "irresponsável" foi convidado a trabalhar por um tempo na área de vendas para cobrir a licença-maternidade de uma vendedora, e não precisou de mais de três meses no campo para mudar totalmente a sua perspectiva. Quando voltou para sua área, não só passou a se relacionar de forma totalmente diversa com os vendedores, mas também passou a ser o porta-voz dessa nova forma de encarar a situação junto aos seus pares, promovendo o que Albert Bandura (citado do livro *Influencer,* de Grenny et al.) chama de *experiência vicarial,* em que os seus colegas, ao ouvirem sua experiência, passaram a perceber a realidade como se eles mesmos tivessem estado no campo, atuando frente aos clientes.

O PAPEL DE ESTRATEGISTA NA PROMOÇÃO DA INTENÇÃO SISTÊMICA

Na prática, ao encarnar seu papel de estrategista, um profissional que está na carreira gerencial deve, em primeiro lugar, se dispor a interagir com os gestores das outras áreas, pensando no todo, e não na parte, o que é teoricamente simples, mas bastante desafiador com a pressão cotidiana.

Pude sentir o tamanho do desafio durante um treinamento de gestão do tempo que estava ministrando para um time de executivos de uma das maiores empresas do mundo na área de alimentos. Um dos temas mais importantes num treinamento como esse é a capacidade de priorizar, e os participantes estavam discutindo, em grupos, a questão da priorização de atividades dentro da unidade de negócio, quando um deles ergueu a mão, pedindo a palavra, e disparou: "Isso não funciona. Estamos conversando aqui e ficou claro que o que é prioridade para ele não é prioridade para mim". Imagino a "cara" que fiz ao escutar essa frase. Ela é absurda! Sei que para muitas pessoas ela pode até parecer razoável, mas insisto. É absurda! E traz consequências negativas intensas para a prosperidade de qualquer organização. Não podem existir prioridades subsistêmicas se queremos que o sistema seja bem-sucedido.

Dividir a empresa em pedaços para entendê-la melhor é saudável. Acreditar que ela existe aos pedaços é "esquizofrenia organizacional". Só existe uma lista de prioridades, e essa é a lista de prioridades da organização.

Sim, posso discutir com meu colega se aquilo que quero fazer ou o que ele quer fazer é prioritário para a organização, mas nunca colocar em discussão a "minha prioridade" e a "prioridade dele". Elas simplesmente não fazem sentido. E não é uma questão meramente semântica. Se o debate está ao redor das prioridades do sistema, os argumentos e parâmetros vão sendo colocados na mesa para equalizar a melhor tomada de decisão para o todo. Se me sinto confortável para discutir prioridades subsistêmicas, o ganhador da discussão vai fazer o que é melhor para ele, seu time e sua área. E, como discutido no Capítulo 1, quando otimizo a performance de um subsistema, roubo performance do sistema.

Uma pergunta que pode emergir a essa altura é: por que a maioria das pessoas age assim, se isso não faz sentido? E é uma ótima pergunta, pois muitos profissionais inteligentes e bem preparados dentro das organizações pensam subsistemicamente. E o motivo potencial está entranhado na neurobiologia humana, mas é alavancado por políticas organizacionais amplamente disseminadas, que Richard Thaler chamaria de *Nudges*, em livro homônimo. Ou seja, a ação fragmentada nasce de um impulso vital, e ele é amplificado pela cultura corporativa.

O fato é que fomos programados pela evolução para priorizar recompensas de curto prazo em detrimento daquelas de longo prazo – para entender melhor a questão, vale a pena ler *Rápido e Devagar,* de Daniel Kahneman, ou o livro de Thaler que citamos acima. E isso é muito mais forte do que imaginamos. Essa é a parte do potencial neurobiológico. É a natureza humana como ponto de partida, mas que se manifesta com mais intensidade na medida em que existe uma ignição desse sistema via cultura organizacional – *Nudge*.

E como esse movimento é detonado pelas corporações? Note que as ações subsistêmicas (o que faço dentro do meu departamento e para o meu departamento) geram impactos de curto prazo em função da forma como as empresas estão organizadas: em silos funcionais (marketing, vendas, finanças etc.). Se você faz algo bem dentro da sua área, isso pode ser percebido rapidamente pelo seu chefe, e você é recompensado por ele – com um reconhecimento subjetivo (um agradecimento ou um elogio) e, às vezes, até com uma recompensa material (prêmios, aumentos de salário ou promoções). Se você comete um erro, ele é percebido por esse mesmo chefe e você é repreendido ou até punido imediatamente. Ou seja, recompensas e punições de curto prazo e circunscritas ao nosso silo na empresa. Isso estimula nosso *sistema automático* (nomenclatura de Thaler, ou o que Kahneman chama de *Sistema 1*), estabelecendo disparos de repetição, que Charles Duhigg chama de *gatilho* no conhecido livro *O Poder do Hábito*.

Já aquilo que traz impactos sistêmicos, geralmente, demora mais para se materializar, está distante da sua área e frequentemente não gera nem recompensas nem punições. Na melhor das hipóteses, isso vai ser notado bem adiante, na avaliação anual ou na convenção de fim de ano. Ou seja, no longo prazo. Longe da fonte do comportamento. Desconectado da sua origem, o que não é suficiente para estabelecer hábitos corporativos, que são, em sua essência, a manifestação da cultura.

E, quando uma empresa estabelece um programa de premiação para o desempenho individual ou departamental, ela está reforçando ainda mais essa inclinação humana básica, trazendo ainda mais recompensas para quem age pensando em si ou na sua área.

Algumas empresas tentam minimizar essa situação, constituindo programas de premiação "amarrados", pelo menos em parte, ao desempenho global, o que alivia um pouco, mas não resolve o problema. Primeiro porque os reconhecimentos e repreensões cotidianas têm um impacto neurobiológico muito forte (apesar de muitas vezes inconscientes), e depois porque o bônus de fim de ano está muito longe e tem uma correlação nem sempre fácil de perceber com a atuação sistêmica.

Uma solução, aparentemente positiva, seria eliminar todos os reconhecimentos e premiações individuais, mas, nesse caso, o tiro sairia pela culatra. Aqueles mais dedicados não se esforçariam tanto, pois saberiam que seu comprometimento adicional não seria reconhecido, e aqueles desengajados continuariam assim, pois confiariam no esforço dos colegas para a obtenção dos resultados. É quase a aplicação do conceito de comunismo no universo empresarial. A consequência seria a queda de performance coletiva, repetindo os resultados dos sistemas econômicos que seguiram por esse caminho.

A solução passa por fazer as pessoas entenderem que, apesar de a atuação focada nos próprios indicadores de performance realmente trazer mais benefícios de curto prazo, o êxito no desenvolvimento e crescimento na carreira é mais provável para aqueles que agem de forma sistêmica e altruísta. Os estudos de Adam Grant, de Wharton, apresentados no livro *Dar e Receber* mostram, de forma muito clara, que isso realmente acontece. E quanto mais essa situação estiver explícita nas políticas da organização, tanto melhor.

No começo deste tópico, dissemos que

> ao encarnar seu papel de estrategista, um profissional que está na carreira gerencial deve, em primeiro lugar, estar disposto a interagir com os gestores das outras áreas, pensando no todo, e não na parte, o que é teoricamente simples, mas bastante desafiador com a pressão cotidiana.

Até agora trabalhamos nesse aspecto. Sigamos.

O segundo lugar é ainda mais desafiador. O estrategista precisa fazer seus liderados agirem dessa forma, pois uma coisa é o gestor pensar e agir sistemicamente, e outra é ele provocar esse mesmo comportamento no seu time. Para isso, precisa conduzir os liderados pela trilha da compreensão, aceitação profunda e criação do hábito de agir sistemicamente. Se já é difícil agir sistemicamente lutando contra os próprios instintos, imagine influenciar o seu time a fazê-lo.

A abordagem ADKAR (*Awareness, Desire, Knowledge, Ability* e *Reinforcement*) pode ser um guia prático interessante nessa caminhada.

O primeiro passo é deixar claro que a organização (e o líder), verdadeiramente, quer que cada um aja de forma sistêmica (*Awareness*/Consciência). Isso pode ser feito através, por exemplo, de mensagens da alta liderança para todos os colaboradores, conversas um a um do líder com os liderados, registro no *Job Description*, campanhas de endomarketing, entre outras. O importante é que a mensagem fique clara: acreditamos na ação sistêmica. E quem agir assim sairá ganhando.

Mas não basta ter consciência de que a organização precisa disso. Cada colaborador deve desejar agir assim. Estamos falando da dimensão emocional. Do *Sistema 1* (na nomenclatura de Khaneman) ou *Automático* (Thaler), se preferir. E a premissa fundamental para desenvolver essa afinidade mais profunda com tal comportamento é olhar para o próprio superior hierárquico e vê-lo agindo assim. E, em um grande número de casos, esse é um desafio, com os altos executivos adotando, francamente, um discurso corporativista com relação às outras áreas. Em uma grande empresa de tecnologia para a qual demos consultoria na Ynner, ficamos chocados ao realizar o diagnóstico e perceber que os diretores de projetos alimentavam fofocas e intrigas. Falavam mal das outras áreas. Abertamente. Era uma batalha campal. Chegava a ser infantil. E sabemos que esse exemplo que presenciamos em proporções extremas é apenas a manifestação absoluta de uma situação que acontece nos mais diversos matizes em grande parte das organizações. Outra forma de gerar desejo é reconhecer o colaborador cada vez que ele agir sistemicamente. Melhor ainda é dar *feedbacks* positivos cada vez que isso acontecer (lembrando que reconhecimento e *feedback* positivo são coisas diferentes, embora estejam na mesma direção). Para isso, os líderes precisam ser treinados de forma que identifiquem e estejam atentos às oportunidades de reconhecer a atuação sistêmica.

Programas de incentivo e premiações em eventos e convenções da empresa para aqueles que agem sistemicamente também contribuem aqui, lembrando que o aspecto simbólico da ação sistêmica é que importa. O valor do prêmio pode, inclusive, jogar contra, se for muito alto, pois leva ao esvaziamento do valor intrínseco de agir pensando no todo. Ou seja, premie, mas cuidado com os incentivos materiais, principalmente os mais vultosos.

As campanhas de endomarketing visam, num primeiro instante, gerar consciência (*Awareness*), mas, à medida que se desenrolam, podem ganhar um tom emocional, gerando, também, desejo. Contar com a ajuda de uma empresa especializada em comunicação que possa desenvolver um apelo que provoque emocionalmente as pessoas pode ajudar bastante.

Uma última contribuição nesse sentido é identificar os pontos de resistência a essa nova abordagem sistêmica e trabalhar essas pessoas de forma personalizada, ouvindo suas preocupações e atuando junto a elas para minimizá-las. Muito da resistência emocional à mudança vem do medo, muitas vezes fruto de fantasias, que podem ser contornadas através de conversas transparentes.

A fase de conhecimento (*Knowledge*) é importante para começar a instrumentalizar as pessoas para colocarem em prática aquilo que entendem que é importante fazer (*Awareness*) e que desejam fazer (*Desire*). Por meio de treinamentos presenciais ou virtuais, é possível explicar que uma empresa é um sistema complexo aberto, mostrar como tais sistemas funcionam e a importância de agir pensando neles. Nessa fase, a abordagem pode ser mais conceitual, pois, na medida em que uma pessoa entende o modelo que rege a ação que ela vai tomar, aumenta a chance de desenvolver discernimento para aplicar o que vem na fase posterior (*Ability*). É muito comum, no mundo empresarial contemporâneo, a preferência por cursos que partam diretamente para a prática, taxando negativamente de *teoria* tudo o que é conceitual. Mas entender a técnica sem entender o conceito que a sustenta é a base da ação medular e dificulta a adaptação do que foi aprendido para outras situações. O recurso da dedução só acontece quando uma pessoa parte de um conceito geral para chegar a conclusões relativas a questões particulares, o que é fundamental num mundo em que os paradigmas mudam o tempo todo.

> Muito da resistência emocional à mudança vem do medo, muitas vezes fruto de fantasias, que podem ser contornadas através de conversas transparentes.

A citada fase de desenvolvimento das habilidades (*Ability,* no modelo ADKAR) pode ser iniciada no próprio treinamento, expondo como se dá a prática, mas só vai se consolidar à medida que as pessoas tiverem a oportunidade de executá-la. Nesse sentido, o papel do líder é fundamental. Ele pode observar cada liderado em seu cotidiano e propor discussões sobre se cada um está agindo em consonância com o que foi aprendido no treinamento. Ele estaria agindo como um líder *coach*. Mas também poderia lançar mão do trabalho de um *coach* externo para ajudar algumas pessoas específicas a pensarem e agirem sistemicamente. *Feedbacks* positivos e corretivos dados do jeito certo e na hora certa também geram grande impacto, na medida em que reforçam a ação sistêmica quando acontecer e cobram-na quando ela estiver ausente.

E, por fim, o reforço fecha o ciclo. Pequenas mensagens, constantemente presentes, ajudam a manter a prática em mente e contribuem para que ela se transforme em hábito corporativo, que com o tempo se transforma na cultura da organização.

Resumindo: o líder precisa começar garantindo que as pessoas saibam que a ação sistêmica é importante (*Awareness*/Consciência). Depois, cultivar a conexão emocional com essa ideia (*Desire*/ Desejo). Em seguida, capacitar as pessoas para adotarem essa postura: (*Knowledge*/Conhecimento e *Ability*/Habilidade). E fechar lembrando as pessoas continuamente da importância da ação sistêmica (*Reinforcement*/Reforço).

VISÃO SISTÊMICA

A intenção sistêmica é condição essencial para a atuação sistêmica, mas, ainda que exista a mais genuína intenção, a atuação pode não vir. E o principal motivo costuma ser falta de visão sistêmica. Peça para profissionais das organizações que você conhece explicarem o seu funcionamento global e você vai se surpreender com a quantidade de pessoas que não entendem muito além do próprio silo. As pessoas, frequentemente, entendem bem o que fazem, mas não sabem como essa peça se encaixa no grande quebra-cabeças organizacional no qual estão inseridas. Às vezes, mal entendem como a sua atividade se encaixa na sua área funcional. E quem não entende o todo não consegue trabalhar pelo todo. Então, é papel do gestor da área criar condições para que todos entendam, holisticamente, a empresa em que trabalham e depois consigam fazer a ponte entre a sua área e esse todo. Não menos importante é saber dar um passo atrás e fazer a ligação entre a sua função e a sua área, pois tudo começa aí: primeiro, entendo como o meu trabalho contribui com o trabalho da minha área e, depois, como o trabalho da minha área contribui com o trabalho da empresa.

Existem muitas formas de enxergar a empresa sistemicamente, e, entre elas, três merecem destaque, pelo seu potencial de aplicação: o Business Model Generation, a Cadeia de Valor e o Business Process Management. Cada uma oferece uma perspectiva particular, e um gestor pode lançar mão de uma ou outra, dependendo do nível de maturidade dos profissionais que receberão a informação, bem como das características da organização em análise. Lembrando sempre que são modelos: simplificações da realidade. E, por serem simplificações, não pretendem ser representações precisas daquilo que existe – nem têm condições de ser. Por isso cada uma tem suas vantagens e desvantagens, privilegiando certos aspectos enquanto abrem mão de outros.

O Business Model Generation é uma forma de enxergar a organização da perspectiva dos elementos conceituais que formam a estratégia. Ele se propõe a amarrar logicamente os ingredientes mais importantes da grande ideia que rege a existência organizacional. Podemos dizer que essa ferramenta ajuda a enxergar a organização como se ela fosse vista de um "helicóptero conceitual" que está muito alto. Nele é possível enxergar os grandes elementos que constituem o modelo de negócio de uma organização. Vejamos um exemplo.

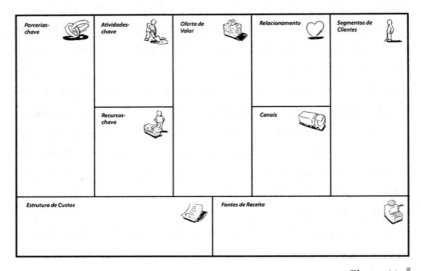

Figura 11
Canvas BMG

O cerne desse modelo está na relação entre dois elementos: a proposta de valor e os clientes atendidos; e entendê-los é compreender a essência que proporciona a possibilidade de uma organização existir. Afinal, uma empresa ganha o direito de "ser" na medida em que sabe fazer algo (proposta de valor) que é relevante para alguém (cliente).

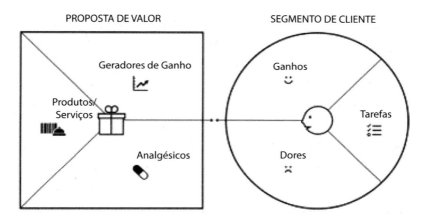

Figura 12
Canvas proposta de valor

Ao redor e entre esses dois elementos, existem outras entidades que trazem mais concretude à estratégia:

- Os Canais dizem como acontece a transposição concreta do produto para os clientes.
- O Relacionamento mostra como se dá a conexão emocional com os clientes.
- As Fontes de Receita indicam como a empresa captura o valor gerado e transferido.
- As Atividades-chave apontam quais são os processos essenciais para a geração de valor.
- Os Recursos-chave falam sobre quais são as entidades mais importante para que os processos aconteçam.
- Os Parceiros-chave são as entidades externas mais relevantes para a geração de valor.
- Os Custos resultam de todos os esforços para a geração de valor.

Quando um colaborador entende cada um desses elementos, ele passa a ter condições de identificar em quais áreas acontecem as suas contribuições mais importantes e ganha perspectiva para tomar iniciativas individuais que colaborem com o sistema em sua totalidade. Para agir assim, no entanto, precisa de uma capacidade de abstração que demanda certa maturidade e até inclinação pessoal. Para alguns colaboradores, é necessário baixar um pouco o nosso helicóptero imaginário, para dar maior concretude. Ao fazermos isso, chegamos à visão da Cadeia de Valor. E mesmo aqueles que conseguem entender bem o BMG ganham outra perspectiva com essa ferramenta.

A Cadeia de Valor é um conceito estabelecido e consagrado por Michael Porter no clássico trabalho *Vantagem Competitiva*, e, como o nome diz, entende a empresa como uma sequência de etapas de construção de valor em direção ao mercado, suportadas por atividades de apoio.

A estrutura convencional apresentada por Porter é a seguinte:

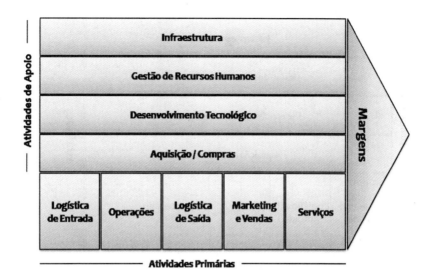

Figura 13
Cadeia de valor

Tudo começa mostrando que a empresa incorpora recursos externos: Logística de Entrada. As Operações cuidam de transformar as "matérias-primas" em "produto final". A Logística de Saída leva tais produtos até o mercado, onde são consumidos à medida que as funções de Marketing e Vendas são acionadas. Após a compra, a área de Serviços cuida para que o cliente seja apoiado durante o uso. Complementando o modelo, existem atividades de apoio, representadas por setas longas e estreitas relativas a funções de suporte (Recursos Humanos, Compras, Tecnologia e Infraestrutura).

Dependendo da empresa, entretanto, a ordem das atividades pode se inverter. Então, existem situações em que a venda acontece antes da Logística de Entrada, por exemplo.

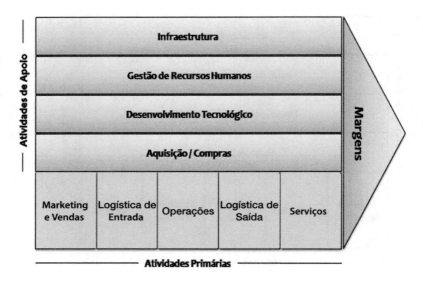

Figura 14
Cadeia de valor alterada

Esse modelo oferece uma visão sistêmica de muito alto nível da organização, embora de um ponto mais baixo que a BMG. O que se enxerga nesses casos são grandes blocos de atividade. Mas ainda assim é possível usá-lo para ajudar as pessoas a entenderem o todo e até localizar onde está a contribuição da sua equipe e sua como indivíduo, embora para isso seja ainda necessário certo grau de abstração.

Se fizermos o helicóptero conceitual baixar ainda um pouco mais, começaremos a ver certos detalhes do sistema organizacional e poderemos notar que os grandes blocos se subdividem, permitindo que enxerguemos a organização como um processo um pouco mais concreto. Chamo isso de *macroprocesso,* e a figura a seguir é um exemplo.

OS QUATRO PAPÉIS 267

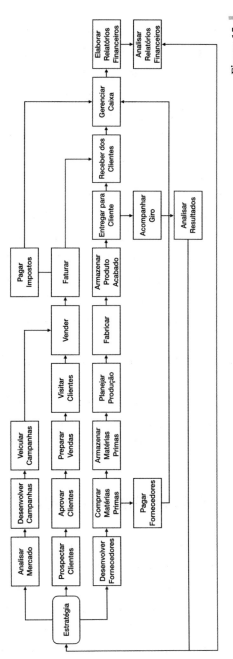

Figura 15
Macroprocesso

Nesse nível de granularidade, já fica mais fácil entender a contribuição da própria área e a sua como indivíduo. Cada caixa representa um subprocesso específico que se conecta cronologicamente com a atividade posterior. A necessidade de abstração aqui é menor. Uma regra prática que me tem sido útil é desenhar a estrutura toda com algo entre vinte e quarenta grandes subprocessos. Com menos de vinte, a abordagem se parece muito com a Cadeia de Valor de Michael Porter, e com mais de quarenta fica complexo demais para a compreensão visual.

Essa é a área de domínio do Business Process Management, que pode mergulhar em níveis mais detalhados dos processos. Podemos ir baixando o "helicóptero" cada vez mais até enxergar cada movimento dentro do complexo sistema da organização. Do ponto de vista operacional, pode ser útil chegar a uma profundidade maior, mas, da perspectiva sistêmica, de que estamos tratando aqui, o detalhamento exagerado pode ser contraproducente, gerando desentendimento, em função da complexidade visual gerada.

Quanto mais baixamos, mais granular fica a visão. Se chegarmos a um nível detalhado demais, perderemos a visão de conjunto. Deixaremos de ver a floresta e passaremos a ver as árvores, com provável perda da perspectiva sistêmica.

O PAPEL DO ESTRATEGISTA NA VISÃO SISTÊMICA

Quanto mais alguém sobe a ladeira gerencial, mais tem acesso a mirantes conceituais que permitem enxergar holisticamente a empresa. E um equívoco fácil de cometer é imaginar que todo mundo está vendo o que ela/ele vê. Uma vez, li uma frase marcante que pode ser inspiradora nesse contexto: "Ser professor é se lembrar de como era quando você não sabia". O mesmo vale para aqueles que assumem posições na carreira gerencial ou para empresários. É importante lembrar que a visão ampla que nasce naturalmente da sua posição não está facilmente disponível para todos. Então, é necessário empreender um esforço intencional e consciente para proporcionar essa perspectiva para todos do seu time.

Na prática, isso pode significar oferecer *workshops* para que as pessoas possam desenhar o Canvas BMG da empresa, sua Cadeia de Valor ou mesmo mapear os macroprocessos e discutir como suas atividades específicas impactam o todo. Ou, então, promover eventos com outras áreas – principalmente aquelas com as quais existem interface – também pode ser útil. E me refiro tanto a eventos sociais, em que se constroem laços pessoais que acabam resultando em maior facilidade de interação, quanto eventos empresariais, em que uns podem apresentar suas áreas para os outros. O roteiro de tais apresentações pode incluir missão, visão, valores, objetivos, estratégia, estrutura, cultura e principais processos de cada área. Assim com os *dos* e *dont's* – o que se deve ou não fazer –, para a maior conexão e colaboração entre os departamentos.

No dia a dia, à medida que o estrategista faz perguntas de *coaching* dirigidas a esse propósito, para seus times, durante as tomadas de decisão dos colaboradores, ele estimula a ação sistêmica. Por exemplo:

- Que outras áreas seriam impactadas por essa decisão da nossa área?
- Qual o impacto de tal decisão nessas áreas?
- Quem, em cada uma dessas áreas, deve saber que estamos tomando essa decisão?
- Quem deve ser envolvido nessa decisão?

Se perguntas como essas forem automatizadas e incorporadas aos hábitos das pessoas da empresa, tanto melhor. O ideal é que, a cada decisão a ser tomada, as pessoas pensem naturalmente nos impactos potenciais que elas geram. Existem modelos destinados a ajudar essa automatização. Ferramentas que geram *checklists* que aumentam a probabilidade da ação sistêmica.

Um dos mais conhecidos é o RACI:

R = Responsabilidade: quem se encarrega de garantir que a atividade deve ser feita?

A = Aprovação: quem precisa autorizar a atividade?

C = Consulta: quem deve ser consultado ou trazer conselhos para o sucesso da atividade?

I = Informação: quem deve saber sobre a atividade?

Mas existem muitos outros, e cada empresa pode escolher aquele que faz mais sentido na sua cultura e características operacionais.

Alguns deles são:

PARIS

P = *Participant*: quem deve participar da decisão?

A = *Accountable*: quem é responsável pela ação?

R = *Review*: quem precisa rever e validar a decisão?

I = *Input*: quem pode adicionar informações importantes?

S = *Sign-off*: quem deve aprovar?

PACSI

P = *Perform*: quem é responsável pela operacionalização?

A = *Accountable*: quem é responsável pelo resultado?

C = *Control*: quem vai acompanhar o atingimento dos resultados?

S = *Suggest*: quem pode trazer sugestões?

I = *Informed*: quem deve ser informado?

RASI

R = *Responsible*: quem é responsável?

A = *Approve*: quem deve aprovar?

S = *Support*: quem precisa apoiar?

I = *Inform*: quem deve ser informado?

RAPID

R = *Recommend*: quem traz a recomendação do melhor caminho a seguir?

A = *Agree*: quem deve concordar?

P = *Perform*: quem cuida da implementação e resultados?

I = *Input*: quem traz informações e *insights*?

D = *Decide*: quem toma a decisão?

O AMBIENTE IMPACTANDO O SISTEMA ORGANIZACIONAL

No início deste capítulo, dissemos que a organização é não apenas um sistema, mas um sistema complexo, o que demanda um nível de atenção e coordenação elevado para evitar que as suas partes joguem umas contra as outras, gerando uma resultante de forças nula, ou até arrastando a instituição para trás. Então, discutimos como alguém no papel de estrategista deve trabalhar a intenção sistêmica e a visão sistêmica para gerar ação sistêmica. A história, porém, não para por aí. Por um motivo simples: a empresa é não apenas um sistema complexo: é um sistema complexo aberto. Um sistema aberto é um sistema que interage com o ambiente dentro do qual está inserido, sendo influenciado por ele. E eventualmente o sistema também influencia o ambiente – ou uma parte dele.

Então, ao encarnar o papel de estrategista, um profissional na carreira gerencial deve entender não apenas como os outros subsistemas da sua organização o impactam, mas também como as variáveis exógenas impactam sua atividade e, obviamente, como as suas atividades impactam o ambiente, o que, como dissemos, nem sempre é possível, mas eventualmente o é.

Quanto mais alta é a posição na trilha gerencial, mais ampla é a responsabilidade por equacionar a relação de toda a organização com o ambiente. Então, a alta liderança cria os parâmetros gerais para que a empresa interaja com o ambiente em uníssono. É ela que decide o caminho que a empresa toda segue nesse ambiente. Que, em última instância, é aquilo que chamamos de *estratégia*: as regras gerais que norteiam toda a empresa para que todos tomem decisões coerentes entre si. Então, por exemplo, quando se decide o perfil (ou a persona) do consumidor que a empresa vai atender, nasce uma ideia norteadora que serve de parâmetro para toda a organização agir. Com base nessa decisão, a área de P&D cria e aperfeiçoa um produto compatível com o consumidor escolhido. A área de logística define a forma de distribuir o produto para que chegue aos locais onde está esse consumidor. A área de comunicação desenvolve mensagens compreensíveis e que despertem o desejo desse mesmo consumidor. E assim por diante.

Mas o papel de estrategista não se restringe aos degraus mais altos da hierarquia empresarial. No começo da carreira, a forma de ser estratégico muda, mas continua presente. Já vimos, anteriormente, no início deste capítulo, que cada profissional na carreira gerencial tem o desafio de agir em uníssono com o todo e, como anotamos no parágrafo anterior, em linha com o que é definido pela alta direção. Essa é uma das formas de atuação estratégica. Mas não é só isso. Cada área (mesmo as mais operacionais), além de contribuir com o todo, também tem relações diretas com o ambiente externo e precisa cuidar disso adequadamente. A área contábil, por exemplo, precisa entender e atender os tributos impostos pelo governo, que é um agente externo. A fábrica precisa captar água limpa e deve devolver essa mesma água da melhor forma possível para o ambiente natural, seguindo regulamentações e expectativas sociais. O marketing lança mão de veículos de comunicação para interagir com os clientes e consumidores, outros agentes ambientais. Realizar essa interação de forma a gerar o menor atrito possível e fortalecer as sinergias com o ambiente é parte do papel dos profissionais da carreira gerencial, usando seu chapéu de estrategista.

Se o ambiente é tão importante para a representação desse papel, conhecê-lo de forma clara é fundamental. Vejamos a seguir os principais elementos ambientais e exemplos de como os gestores de algumas áreas específicas podem cuidar para otimizar a relação da organização com esses elementos.

O AMBIENTE ORGANIZACIONAL

Para organizar didaticamente a compreensão do ambiente, dividimo-nos em dois grandes blocos: ambiente transacional e ambiente contextual.

O ambiente transacional é aquele cujas variáveis estão mais próximas da empresa. Os impactos nessa esfera são bidirecionais, ou seja, tanto o ambiente influencia a empresa quanto a empresa pode influenciar o ambiente. Os principais agentes dessa esfera são fornecedores, concorrentes, substitutos, novos entrantes, canais de distribuição, canais de comunicação e clientes.

Os fornecedores são todos aqueles que proveem algum tipo de *input* material ou imaterial para a empresa. Os gestores da área de suprimentos são os mais diretamente impactados por eles, mas praticamente qualquer profissional adquire insumos para suas atividades. Então, estar atento a essa variável e atuar junto à área de compras para otimizar essa relação é parte do papel de todos aqueles que estão na carreira gerencial. Seja identificando novas alternativas, orientando aqueles que vão negociar com os provedores ou ajudando a otimizar o processo de aquisição em si, cada profissional deve ajudar a otimizar a relação com esse agente ambiental.

Os concorrentes impactam toda a empresa, apesar de a área de vendas ser aquela que sente, mais diretamente, a sua atuação. Muitas organizações articulam o que chamam de *sala de guerra*, que cada vez mais migra para o ambiente virtual na forma de *softwares* de colaboração. Nesses locais, todo o conhecimento sobre o mercado de forma geral e concorrentes específicos é absorvido, organizado e disponibilizado, para que aqueles que precisarem tomar decisões possam considerar essa importante variável. E, quando funcionam da forma certa, qualquer pessoa que saiba qualquer coisa sobre os concorrentes pode abastecer o sistema. O mercado em que as empresas competem é crescentemente complexo e multifacetado, então, depender apenas de estudos estruturados para entender e agir sobre a concorrência é abrir mão da inteligência coletiva e seu poder como fonte de conhecimento. Uma corporação tem tantas antenas de captação de informação sobre os concorrentes quanto colaboradores, mas geralmente quem organiza as informações dessa dimensão e disponibiliza para os demais departamentos é a área de marketing. Os gerentes, no gozo de suas funções de estrategistas, devem catalisar o aprendizado de sua área e direcionar da forma certa.

Os substitutos são aqueles agentes que disputam os mesmos clientes e curam as suas dores usando formas de produtos e modelos de negócios distintos. Se no passado esses elementos ambientais já eram importantes, atualmente são fundamentais. Afinal, grande parte das empresas sucumbe diante de outras que, inicialmente, nem parecem concorrentes. No passado, exemplificávamos dizendo que tênis podiam substituir sapatos, ou então motos podiam substituir carros. É verdade que os primeiros até roubavam uma parte dos clientes dos segundos, mas não condenavam as respectivas organizações à morte. Atualmente, as novas tecnologias surgem sorrateiramente e, de um momento para o outro, destroem mercados inteiros, colocando grandes organizações diante do que Clayton Christensen chamou de *Dilema da Inovação*. Foi dessa forma que a Blockbuster sentiu o peso das estratégias inovadoras da Netflix e do *streaming*, que os jornais se ajoelharam diante da internet, que o WhatsApp vem ferindo as operadoras de celular, e assim por diante. Nesses casos, o papel dos estrategistas de todas as áreas é captar sinais de mudança de rumo e sinalizar para o resto da organização. Isso ajuda muito, mas nem sempre funciona, como não funcionou para a Nokia, que, mesmo alertada por um grupo de executivos, demorou demais para reagir às mudanças de rumo. Por isso, não basta que a gerência média cumpra seus papéis de estrategistas. A alta liderança precisa valorizar as informações e absorver os *insights* que escalam até ela.

Novos entrantes são todos aqueles concorrentes ou substitutos que não atuam ainda no mercado da empresa, mas que mostram ter potencial para tal. E muitas vezes a sinalização de que isso vai acontecer vem de lugares inesperados e entra na organização por subsistemas específicos, que, se não tiverem um canal para espalhar a informação para o sistema como um todo, pode deixá-la encalhada até que seja tarde demais. Por exemplo, um vendedor descobre que um novo concorrente está usando sua região, ou a cadeia de lojas que atende, como mercado-teste para um produto com potencial de roubar mercado da empresa. Se a empresa não tiver um canal de comunicação para esse tipo de coisa e se o gerente desse vendedor não valoriza e estimula esse tipo de relato, esse fato só vai ser descoberto quando o concorrente fizer o *roll-out* nacional. Outro exemplo: um comprador vai visitar um fornecedor para aprovar uma embalagem e descobre que outra empresa está imprimindo um rótulo de um lançamento de que sua organização não tem conhecimento. Se não existir um processo para encaminhar essa informação, ele apenas conta para seu gerente, que, sem saber como agir, interrompe o fluxo de comunicação, roubando a oportunidade de a empresa reagir com mais agilidade à ameaça.

Canais de distribuição são constituídos por entidades que fazem a ponte com o cliente ou consumidor final. Atacadistas, distribuidores, varejistas, consultores, revendedores e franqueados são alguns exemplos. Todos agentes externos à organização, mas com altíssimo impacto nos seus resultados. E, apesar de a área de vendas ser o subsistema com contato direto com tais entidades, muitas outras áreas podem trazer contribuições para otimizar a relação. Por exemplo, a área jurídica pode antever a existência de franqueados mal-intencionados que queiram se aproveitar de brechas no contrato para se beneficiar indevidamente da franqueadora. Se o líder desse departamento tiver uma postura não sistêmica, ele pode considerar que seu trabalho termina quando o contrato está pronto. Numa visão holística, contudo, ele deve estar sempre atento ao dinamismo do mundo real e às relações com tais parceiros, acompanhando a respectiva jurisprudência, antevendo problemas e atuando junto à consultoria de campo para que as ações preventivas cabíveis sejam tomadas.

Os canais de comunicação se configuram, principalmente, através das diversas mídias analógicas ou digitais de que a empresa lança mão para chegar aos seus *suspects*, *prospects* e clientes. A área de marketing é responsável por estar atenta à movimentação desses agentes ambientais e se questionar continuamente sobre quais os caminhos mais adequados de interação, considerando as estratégias da empresa em questão. E, cada vez mais, a área de compras se configura como parceira do marketing na atuação com tais canais, na medida em que a mídia é vista como um insumo e que os valores envolvidos, geralmente altos, precisam ser submetidos a negociação, competência que a área de suprimentos domina.

Os clientes são os agentes mais importantes do ambiente transacional e aqueles que, em todos os mercados onde há mais oferta do que demanda, sentenciam o direito de viver ou a inevitabilidade de morrer de qualquer organização. Então, cada pequena área da empresa deve se perguntar que contribuição pode trazer para gerar valor para eles e entender como capturar o valor gerado como contrapartida. Suprimentos deve se perguntar que insumos precisa comprar para que a área de desenvolvimento e produção possa oferecer o produto que o cliente quer. Essas devem entender, junto com marketing, que produto ou serviço é esse e produzi-lo de forma eficaz; a área financeira deve buscar os financiamentos de que ele precisa; logística deve se perguntar onde o cliente está e como disponibilizar o produto de forma mais conveniente possível para ele; RH deve contratar pessoas que saibam fazer isso e, eventualmente, atender bem o cliente;

vendas deve oferecer esse produto; e assim por diante. Isso é tão óbvio que os exemplos acima chegam a ser triviais. Como já disseram: se alguém na empresa não está trabalhando pelo cliente ou ajudando quem o está, essa pessoa não está adicionando valor.

O ambiente contextual é aquele cujas variáveis afetam mais indiretamente a empresa. São áreas que impactam os negócios das organizações, mas sobre as quais essas empresas não têm nenhum ou quase nenhum impacto. Ou seja, nesses casos, os profissionais, quando investidos de seus papéis de estrategistas, devem identificar as movimentações e se adaptar a elas, já que só é possível influenciá-las em circunstâncias muito específicas.

As principais dimensões dessa esfera são economia, legislação, tecnologia, demografia, cultura e ambiente natural.

As variáveis econômicas têm impacto direto na organização: o Produto Interno Bruto, a medida mais ampla da vitalidade de um país, deve ser objeto de atenção, principalmente para as áreas que interagem diretamente com o mercado, como marketing e vendas. Mas essa é só a ponta do *iceberg*. Muitas outras variáveis econômicas, além de impactarem o PIB, influenciam as decisões em áreas distintas. Questões ligadas a renda e desemprego mexem com o RH, a taxa de câmbio pode impactar compras se houver insumos importados, e os juros, eventualmente, mudam as estratégias e táticas financeiras. Geralmente, é essa última área (finanças) que se encarrega de monitorar o ambiente econômico e alimentar os demais departamentos com os *insights* pertinentes. Mas cabe a cada executivo a responsabilidade de acompanhar as informações de que necessita e usá-las adequadamente. E, quando não houver uma área responsável por isso, cada profissional deve criar mecanismos para rastrear esse ambiente.

A legislação estabelecida num país cria oportunidades e limitações com as quais as empresas precisam saber lidar. Algumas indústrias são menos impactadas por leis e regulamentos específicos, mas outras, como as farmacêuticas, devem seguir diretrizes bastante rígidas. Geralmente é a área jurídica que se encarrega de fazer a varredura dessas questões, mas não só. A área contábil também tem sistemas de acompanhamento muito sofisticados para tal. De qualquer forma, todas as áreas acabam sofrendo algum impacto: leis que regulam a propaganda dirigida ao público infantil e entidades de autorregulamentação, assim como o Código de Defesa do Consumidor, influenciam a área de marketing de todas as empresas. Outras diretrizes legais ligadas à proteção ambiental impactam as áreas industriais. As questões ligadas a cobrança de impostos são relevantes para a área financeira, e a legislação trabalhista é importante para a área de RH, e assim por diante.

A tecnologia talvez seja a variável que, nos dias atuais, tem potencial de tocar o maior número de subsistemas dentro das empresas. Principalmente, mas não só, as tecnologias da informação. Novas formas de produzir e controlar a produção surgem a todo instante, e a internet das coisas cria oportunidades ímpares para o monitoramento da operação fabril. A internet de forma geral e as redes sociais de maneira específica impactam a área de marketing. Os novos meios de pagamento provocam mudanças na área financeira de todas as organizações. Sistemas de rastreamento tornam frotas e depósitos mais eficazes nos departamentos de logística, que ainda podem contar com *drones* e veículos autodirigidos. O RH pode contar com novas tecnologias para dar flexibilidade ao processo de aprendizado contínuo e desenvolvimento das pessoas. Os sistemas de gestão, implementados por TI, são cada vez mais sofisticados. E se você estiver lendo esta edição algum tempo depois de sua publicação, certamente considerará esses exemplos anacrônicos e terá acesso a outras ferramentas inimagináveis para si mesmo alguns anos antes.

As mudanças na demografia podem trazer impactos tanto na relação com os *stakeholders* externos (como o consumidor) quanto com os internos (como os colaboradores). Afinal, à medida que aspectos como idade, gênero, renda, religião, etnia, localização geográfica e outros se movimentam, geram impactos no sistema empresarial como um todo e em seus subsistemas em particular. Por exemplo, clientes mais velhos têm necessidades diferentes dos mais novos, afetando a atuação da área de marketing, que por sua vez demanda uma distribuição diferente de produtos com benefícios diferentes, o que requer que a área de pesquisa & desenvolvimento desenvolva características diferentes nos produtos e serviços. A localização geográfica das pessoas pode levar a uma política diferente de gestão humana, caso a empresa queira contar com os melhores profissionais. A conclusão é que as características demográficas de uma população geram mudanças comportamentais que espalham impactos por todos os cantos da organização.

Estamos, então, desembocando na necessidade de atenção às variáveis culturais, que muitas vezes se originam em mudanças na demografia, mas não apenas. Afinal, ainda que uma população mantenha sua composição razoavelmente estável, podem existir alterações na forma como cada pessoa se relaciona consigo mesma, com seus entes próximos, com as instituições e com a sociedade de forma geral. A Área de RH, por exemplo, deve considerar os valores e crenças de uma sociedade para apresentar um *employer branding* (marca empregadora) que seja atraente para os talentos que quer em suas fileiras. Se no passado o objetivo da maioria dos jovens era trabalhar em uma empresa sólida e reconhecida, cada vez mais os recém-formados considves abraçar um projeto mais ousado em uma *startup*. A área de vendas também precisa estar atenta a esses fatores, pois interage com clientes embebidos nesse caldo cultural, e, se os profissionais comerciais não estiverem em sintonia com eles, podem cometer equívocos imperdoáveis, por exemplo, não lidar adequadamente com mulheres em posições de alta liderança em empresas-cliente.

Por fim, estar atento aos impactos do ambiente natural nos negócios é fundamental. A mudança na temperatura, por exemplo, impacta o consumo de produtos alimentares e a indústria farmacêutica, o que traz consequência por toda a cadeia operacional: distribuição, fabricação, suprimentos e assim por diante. A presença ou ausência de chuvas impacta todas as empresas ligadas ao *agrobusiness* e seus diversos subsistemas. As doenças transmissíveis trazem consequências na área de RH, que precisa cuidar para que os colaboradores não se contaminem, e, em casos dramáticos, como as pandemias, as providências para que todos os profissionais possam trabalhar em suas casas de forma produtiva e segura.

Após todos esses exemplos, fica claro que cada profissional da empresa precisa olhar para o ambiente de forma sistemática e estruturada, focando as variáveis que mais impactam o seu subsistema. Aqueles que estão na carreira gerencial devem não apenas identificar essas variáveis e acompanhá-las, mas também garantir que todos os membros dos seus times façam o mesmo.

CONCLUINDO

Então, ao assumir o papel de estrategista, um profissional que está na carreira gerencial tem duas grandes funções: primeiro, garantir a coesão interna, de forma que todos os membros remem juntos na mesma direção, e, segundo, cuidar para que essa direção que está sendo seguida leve em consideração o ambiente em que a empresa está inserida. Afinal, não existe nenhum mérito em garantir que todos estejam remando juntos se for em direção ao abismo.

O EMPREENDEDOR

5

Estrela. Essa era a maneira como a alta liderança e os colegas se referiam a Daniela. *Cometa*, no entanto, talvez fosse mais apropriado. Afinal, passar de gerente júnior a pleno e depois sênior em tão pouco tempo tinha sido uma trajetória *cometária* (sim, essa palavra existe). E tudo baseado na sua capacidade de entender a diferença entre ser líder, gestor e estrategista. Não só sua equipe era motivada e competente, com metas e métodos de trabalho claros. Ela trabalhava em uma sincronia notável internamente e com as outras áreas. E ia além: tinha uma leitura clara do ambiente em que a organização estava inserida e contribuía de forma contundente para o seu sucesso. Mas será que Daniela estava "pronta" para atingir e se manter no patamar da excelência em sua carreira gerencial?

Ainda não é suficiente?

Quando você, assim como Daniela, conseguir incorporar os três papéis discutidos até aqui, talvez se pergunte se a jornada percorrida não é suficiente. Afinal, se tiver seguido todos os passos de forma bem-sucedida, terá em seu time profissionais comprometidos e competentes (liderança), fazendo um bom trabalho individual com metas e métodos claros (gestão) e conseguindo articular a ação coletiva em direção aos resultados desejados, considerando o ambiente em que está inserido (estratégia). Isso não é bom o bastante?

Se o mundo contemporâneo fosse estável, a sua missão (e a da Daniela) estaria cumprida, mas o fato é que estabilidade não é um predicado da nossa realidade atual. E será cada vez menos no futuro. Aliás, a tendência é que o mundo de forma geral e cada mercado específico sejam cada vez mais nervosos. Então, um executivo que não desenvolver competências ligadas à realização e promoção de mudanças pode até ser bem-sucedido hoje, mas estará fadado ao fracasso em algum momento próximo.

DESPERTANDO ATRAVÉS DA METÁFORA DO ESPORTE

Seguindo meu ritual matinal de trabalho, no dia 17 de agosto de 2009, abri o navegador do meu computador em busca das notícias. E lá estava, estampada em destaque, a manchete principal do site: "Usain Bolt Vence com Grande Diferença e Crava Novo Recorde Mundial para os 100 m Rasos". Não me surpreendi com a informação em si. Afinal, tinha acompanhado, pela TV, a prova no dia anterior durante o Campeonato Mundial de Atletismo em Berlim e já sabia do feito. Nenhum amante dos esportes tinha perdido a oportunidade de ver a história sendo escrita ao vivo. Comigo não foi diferente.

A foto que acompanhava a matéria mostrava, mesmo, uma distância que parecia grande de Bolt para Tyson Gay, o segundo colocado. Finais olímpicas e mundiais dessa prova tendem a ser acirradas e dependem frequentemente da tecnologia para decretar o vencedor. Nesse caso, foi desnecessário. Na imagem que ilustrava a matéria em minha tela, cabia um dedo entre Gay e Bolt no momento em que este último cruzava a linha de chegada.

Mas o título me deixou intrigado. Refiro-me à expressão "com grande diferença" da manchete. Não resisti e fui checar. O tempo do vencedor tinha sido 9,58 (o recorde ainda está ativo no momento em que escrevo este livro). O segundo colocado cruzou a linha de chegada em 9,71. Foi quando levantei a cabeça para o horizonte que mostra minha janela e disse para mim mesmo: Yuri, bem-vindo ao mundo em que 13 centésimos de segundo é uma grande diferença.

Sempre gostei do esporte como metáfora para a vida em geral e para a realidade empresarial de forma específica. A tensão, as emoções e os desafios dessa área da realidade humana me parecem ser a própria vida embrulhada para presente. Quem acompanha

Olimpíadas, Copas do Mundo e campeonatos mundiais de qualquer esporte sabe que os dramas que acompanhamos em quadras, piscinas e pistas são paralelos interessantes para os desafios pessoais, profissionais e corporativos. E o que li na manchete do dia 17 de agosto de 2009 não foi diferente. Assim como os atletas nas pistas, as empresas se veem cada vez mais pressionadas a atingir a excelência, para, ainda assim, vencer por margens muito apertadas. E, olhando pela perspectiva financeira, com margens igualmente diminutas.

Num mundo assim, quem não se mexe em busca de mudanças contínuas, com melhorias revolucionárias ou pelo menos evoluções constantes, acaba ficando para trás. Pequenos tropeções vindos da desconexão com o mercado podem cobrar preços amargos.

E, já que estamos nas pistas de atletismo, apelo a outra metáfora esportiva para ilustrar esse parágrafo que você acabou de ler. Estamos agora na final dos 100 metros com barreiras na Olimpíada de Pequim de 2008. A americana Lolo Jones era a favorita para vencer a prova e conquistar o ouro. O começo da corrida parecia confirmar o favoritismo. Já perto do final, ela estava se afastando do pelotão quando superou o nono obstáculo (de dez) e raspou o pé nessa penúltima barreira, perdendo ligeiramente o ritmo e caindo para a sétima colocação, entre os oito competidores. A companheira de equipe Dawn Harper surgiu para ganhar o ouro. Jones foi imediatamente para o chão às lágrimas, tentando compreender o que havia acontecido. "Você bate em um obstáculo cerca de duas vezes por ano, o que afeta sua corrida. É uma pena que isso tenha acontecido na maior corrida da minha vida." Jones foi vista mais tarde chorando sozinha em um corredor, murmurando: "Ora, por quê? Por quê?". Uma história triste que reforça as consequências de perder o passo em um mundo onde seus concorrentes estão a um respiro de distância de você.

MUITO ALÉM DO ESPORTE

É claro que as metáforas esportivas nos sensibilizam e nos ajudam a sentir com mais força o nervosismo do mundo em que vivemos, mas os desafios, obviamente, não ficam circunscritos às pistas e quadras. A hipercompetitividade na seara empresarial é só a ponta do *iceberg* e nasce de um mundo com características afiadas, que a Academia Militar de West Point, nos Estados Unidos, batizou, já na década de 80, de VUCA. Um acrônimo para representar as quatro características mais marcantes desse turbulento ambiente em que vivemos:

- **Volátil**: é uma palavra comumente usada em química para representar o nível de agitação de uma molécula (o que leva uma substância a se gaseificar mais rapidamente). Ou seja, um mundo volátil é um mundo em que as coisas se movimentam rapidamente. Não é preciso muito esforço para constatar isso. Basta abrir qualquer site de notícias e vasculhar um pouco para ver novas descobertas e conquistas humanas abrindo espaço para novos mercados, produtos e serviços. Mudanças em variáveis contextuais são constantes: economia, política, tecnologia, cultura, demografia e meio ambiente se movimentam o tempo todo, trazendo ameaças e oportunidades contundentes. Não é à toa que existem tantas empresas especializadas em rastrear tendências e modas. Quando a mudança acontece de forma mais perene, chamamos de *tendência*; quando o movimento é mais rápido e de vida mais curta, chamamos de *moda*. Chega a ser frívolo dar exemplos neste tópico e acelerar a desatualização deste livro. Afinal, o que era novidade ontem vira "feijão com arroz" hoje e algo anacrônico amanhã. A evolução do

LP para o CD e, finalmente, para os aplicativos de música, no entanto, ilustra essa situação. O mesmo vale para VHS, DVD e *streaming*. Ou então: *page*, celular, *smartphone*. Ou o surgimento dos *drones* como forma de entrega de produtos. Mudanças nos hábitos alimentares. A intolerância com a intolerância, na esfera sociocultural. A lista é interminável. E, quando você ler este livro, ela já estará desatualizada.

- **Incerto** (*uncertain*, em inglês): não só as coisas mudam, mas também elas mudam de forma pouco (ou nada) previsível. Quando algo se reconfigura, mas você sabe antecipadamente que isso vai acontecer, consegue se preparar. Mas, quando as variáveis que mudam as regras do jogo emergem de forma inesperada, tudo fica muito mais difícil. Todos sabiam que a forma de se comunicar evoluiria, mas quem poderia prever que seria na forma atual das redes sociais e dos aplicativos de comunicação e que estes últimos substituiriam grande parte dos e-mails e se configurariam como uma ferramenta de comunicação profissional tão presente?
- **Complexo**: as pessoas confundem *difícil* com *complexo*. Difícil é algo que requer uma quantidade grande de energia e destreza para ser realizado. Resolver uma equação sofisticada é difícil. Arremessar uma bola dos três pontos no basquete e acertar é difícil. Desmontar um motor é difícil. Já a complexidade está mais ligada à simultaneidade de variáveis agindo e interagindo de formas não lineares e não previsíveis. O desafio do mundo contemporâneo nasce não apenas das mudanças incertas em variáveis tecnológicas, mas também de essas mudanças serem acompanhadas e interagirem com mudanças comportamentais, climáticas, econômicas e culturais, por exemplo. As novas tecnologias de produção de alimentos proteicos em laboratório

290 O EMPREENDEDOR

são uma grande mudança (volátil) e pouco previsíveis há algum tempo (incerta), mas o que vai acontecer a partir de agora depende do comportamento das pessoas diante dessa situação, do impacto da renda na capacidade de consumo e até do clima e da forma como ele vai afetar a produtividade dos vegetais que servirão de ingredientes para a sua constituição.

- **Ambíguo**: quando você não sabe algo, mas sabe o que não sabe, está no reino da incerteza. Quando você nem sabe o que não sabe, entrou na esfera da ambiguidade. A mudança incerta turbinada pela complexidade leva à ambiguidade. E a ambiguidade se configura na forma de eventos absolutamente imprevisíveis. Quantas pessoas no mundo levavam a sério a possibilidade de uma pandemia antes de ela acontecer? E quantas poderiam prever a forma como ela afetou todas as dimensões da nossa vida? E imagine o que está por vir e as perguntas que não sabemos responder: como serão as relações entre as pessoas no futuro? Que novas ferramentas existirão para nos comunicarmos? Que novas tecnologias surgirão, mudando totalmente os paradigmas reinantes? Quando o carro surgiu, ele mudou muitas dimensões da vida humana de formas imprevisíveis. Isso é ambiguidade. O impacto da energia elétrica, idem. Ou os computadores. Ou a radioatividade. Que outra grande descoberta irá mudar o rumo de pelo menos uma dimensão da nossa vida? Ou de todas? E, como consequência, a forma de fazer negócios?

O mundo é tão inquieto que os pensadores se sentem impelidos a criar novas formas de pensar a própria instabilidade. Algumas pessoas dizem até que o mundo não é mais VUCA. Que VUCA já é insuficiente para descrever o mundo, que agora é BANI. Na verdade, esse novo acrônimo traz algumas reflexões adicionais sobre a nossa realidade e aponta algumas decorrências do mundo VUCA. Veja como o BANI é, na verdade, o resultado do VUCA.

- **Brittle** (frágil): segundo essa perspectiva, o excesso de volatilidade do mundo trouxe fragilidade para tudo que existe. Se as coisas mudam o tempo todo, aquilo que é um sucesso num instante passa a ser um fracasso no instante seguinte e perde o sentido, e com ele o seu valor, quebrando-se como um objeto frágil. Ou seja, volatilidade gera fragilidade.
- **Anxious** (ansioso): a incerteza sobre como as coisas vão mudar leva as pessoas a um estado de ansiedade constante que nasce, em grande parte, da sensação de impotência diante do desconhecido que vai emergir. Mais do que isso, as empresas buscam criar o novo para se anteciparem às mudanças e, em vez de serem vítimas delas, querem vitimar outras organizações, principalmente seus concorrentes, impondo a sua nova realidade disruptiva. Ou seja, incerteza gera ansiedade.
- **Non linear** (não linear): a complexidade, como já foi dito, leva a resultados não lineares característicos dos sistemas complexos. As relações de causa e consequência não são óbvias, e é cada vez mais difícil se antecipar aos desafios que vão se impor. A realidade de amanhã é construída a partir de variáveis múltiplas interagindo entre si. Portanto, cada vez menos previsível. Ou seja, complexidade gera não linearidade.
- **Incompreensível**: a enorme ambiguidade do mundo leva a uma desorientação profunda que faz com que as pessoas se perguntem a todo instante: o que eu nem sei que não sei? A quantidade de pontos cegos é tão grande que as pessoas e as organizações que gerenciam mal entendem em que jogo

estão, quais são as regras e como afirmar se estão ganhando ou perdendo. As viradas de paradigmas são tão bruscas que alguém que impõe uma disrupção hoje, e prospera abundantemente, pode ser vítima de uma próxima mudança amanhã, que vai levar a uma derrota tão amarga quanto a falência ou a irrelevância. Ou seja, ambiguidade gera incompreensão.

CADA VEZ MAIS RÁPIDO

Uma das consequências visíveis do mundo VUCA com impactos BANI é o aumento da velocidade de adoção de novas tecnologias no mundo.

Se observarmos as curvas de velocidade de penetração de tecnologias importantes ao longo da história recente, veremos como as coisas acontecem de forma cada vez mais rápida. Esse gráfico desenvolvido pela Asymco, empresa de *software* em Helsinque, Finlândia, permite uma percepção visual de tal fenômeno.

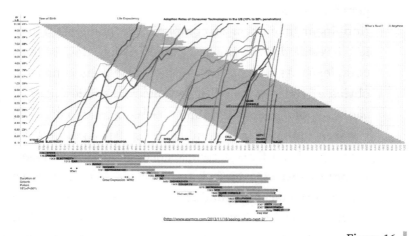

Figura 16
Aumento da velocidade de adoção de novas tecnologias

Note que, quanto mais recente a inovação, mais inclinada é a curva, o que mostra que a tecnologia foi adotada por um maior número de pessoas em menor tempo (http://www.asymco.com/2013/11/18/seeing-whats-next-2/).

Outro dado que circula com frequência nas apresentações empresariais, e que talvez seja mais compatível com uma percepção intuitiva, dá conta de quanto tempo foi necessário para as diversas tecnologias atingirem 50 milhões de usuários:

Produto / Tecnologia	Tempo que levou para atingir 50 milhões de usuários
Empresas aéreas	64 anos
Automóveis	62 anos
Telefones	50 anos
Eletricidade	46 anos
Cartões de crédito	28 anos
Televisão	22 anos
ATMs	18 anos
Computadores	14 anos
Celulares	12 anos
Internet	7 anos
Facebook	4 anos
WeChat	1 ano
Pokemon Go	19 dias

Fonte: https://www.visualcapitalist.com/how-long-does-it-take-to-hit-50-million-users/.

E a velocidade de adoção não é a única forma de perceber os impactos do mundo VUCA/BANI. No livro *Organizações Exponenciais*, Salim Ismail nos mostra o impacto econômico que a evolução tecnológica traz. Os custos de novas tecnologias estudadas por

Ismail despencaram em curtos períodos de tempo. E, à medida que os custos diminuem abruptamente, a possibilidade de aumento na demanda cresce significativamente, pela diminuição potencial de preços e consequente ampliação da base de clientes que podem acessá-la. Eis alguns exemplos citados no livro:

- A impressão 3D teve seus custos diminuídos 400 vezes em sete anos.
- Os robôs industriais tiveram seus custos diminuídos 23 vezes em cinco anos.
- Os *drones* tiveram seus custos diminuídos 142 vezes em seis anos.
- A energia solar teve seus custos diminuídos 200 vezes em 20 anos.
- Os sensores tiveram seus custos diminuídos 250 vezes em cinco anos.
- O sequenciamento de DNA teve seus custos diminuídos em 10.000 vezes em sete anos.
- As interfaces cérebro-computador tiveram seus custos diminuídos 44 vezes em cinco anos.
- O escaneamento completo do corpo teve seus custos diminuídos 20 vezes em 14 anos.

E o que torna toda essa situação ainda mais desafiadora para as empresas estabelecidas é que o crescimento de novas tecnologias ou modelos de negócio começa devagar e vai acelerando cada vez mais. No início, isso cria, naqueles que dominam o mercado, sensação de segurança, já que se trata de algo muito pequeno em comparação aos colossos reinantes. Mas, como o crescimento é exponencial, quando a empresa líder acorda, ela está a um passo de ser engolida.

Apenas para entendermos o poder do crescimento exponencial, imagine a seguinte situação: uma empresa estabelecida em seu mercado fatura 1 bilhão de dinheiros (pode ser qualquer moeda) por ano. E eis que surge uma nova pequena empresa com uma nova tecnologia, faturando 500 mil dinheiros, com potencial de crescimento exponencial. Vamos supor que estejamos falando do menor multiplicador inteiro possível: 2. Ou seja, a empresa dobra a cada ano. Para uma empresa que fatura D$ 1 bi, alguém faturando D$ 500 mil está fora do radar, ela nem percebe. Afinal, é uma empresa que fatura menos de D$ 50 mil por mês, ou 0,05% do seu próprio faturamento. Virtualmente, nada.

- No segundo ano de existência, a empresa está faturando D$ 1 milhão, e pouquíssimos clientes conhecem seu produto. Ela ainda está fora do radar da gigante.
- No terceiro ano, são D$ 2 milhões, e ainda está fora do radar, e continua assim até o oitavo ano, quando o faturamento chega a D$ 64 milhões.
- Ao longo do nono ano, a empresa líder está consciente do surgimento da *startup*, mas não se incomoda, afinal, ela entrou no radar, mas ainda é muito pequena. O faturamento chega a D$ 128 milhões.
- No ano seguintes, fica claro que muitos clientes já conhecem e gostaram do novo produto (ou modelo de negócio ou tecnologia), mas a organização dominante ainda continua negando o risco, baseada num histórico secular de sucesso. E a neófita já chegou a D$ 256 milhões. "Ainda somos quatro vezes maiores. Se eles realmente forem ameaçadores, nos mexemos e os esmagamos."
- E ela continua crescendo por mais um ano. E considerando o expoente que estabelecemos, o faturamento da nova

concorrente agora é de D$ 512 milhões. Muitos clientes estão mudando, e a rainha do mercado realmente se assusta. Reuniões são convocadas e projetos de combate, estabelecidos. É hora da guerra. Entretanto, a lentidão e a burocracia da gigante fazem com que ela demore mais um ano para transformar ideias em ação.

- Chegamos ao 12º ano do nascimento da nova concorrente, mas são apenas três anos no radar da maior. O faturamento agora é um pouco maior que D$ 1 bi. Jogo empatado. A briga é dura, e a mais antiga defende com brio seu espaço.
- Mais um ano se passa. Mas agora a nova tem o dobro do tamanho da antiga. E no próximo, é quatro vezes maior. Depois, oito vezes maior. Isso se considerarmos que a primeira mantém seus clientes, o que sabemos que não é verdade. Em pouco mais de uma década, alguém irrelevante está pronto para esmagar quem havia dominado o mercado por décadas.

Isso se o fator de multiplicação for 2. Se esse fator for 3, com o mesmo ponto de partida (D$ 500 mil anuais), o tempo para o empate cai para sete anos. Se for 4 o fator, aproximadamente quatro ou cinco anos. E Salim Ismail nos deu exemplos de crescimentos ainda mais dramáticos do que o fator 4.

É claro que não é toda *startup* que tem esse desempenho. Muito pelo contrário. O índice de fracasso é enorme. Mas, como existem muitas empresas surgindo todo dia, a estatística joga a favor da possibilidade de que, em algum momento, alguma delas ganhe na loteria do crescimento e seja a algoz em seu setor.

O PAPEL DA ARROGÂNCIA

Jim Collins, no livro *Por que as Gigantes Caem*, estudou várias empresas que um dia foram potências em seus setores, mas que em algum momento mergulharam rumo ao desaparecimento ou à irrelevância.

Aparentemente, cada uma delas seguiu seu destino de forma única, mas o olhar científico de Collins e sua equipe detectou um padrão curioso. Todas as grandes derrocadas passaram por cinco grandes fases, ilustradas por ele através do gráfico que se segue:

Figura 17
Por que as gigantes caem

O livro é muito interessante e vale a leitura, mas o ponto que nos cabe comentar aqui é a primeira fase: o excesso de confiança proveniente do sucesso. Ou, dizendo de uma maneira mais crua: o começo de uma debacle empresarial é a arrogância que nasce do sucesso.

Essa autoconfiança exagerada está firmemente enraizada na percepção de que, se sou bom o suficiente para ter dominado o mercado, serei bom também para mantê-lo sob controle – o que cega a cultura organizacional e a atira numa espiral viciosa, que pode terminar no cemitério corporativo.

Sumantra Goshal e Betania Tanure consideram essa situação uma enfermidade organizacional que batizaram de *Síndrome do Subdesempenho Satisfatório* no livro *Estratégia e Gestão Empresarial**. Segundo os autores, o percurso de sete fases rumo à crise é o seguinte:

1. Estratégia bem-sucedida.
2. Competitividade, crescimento e lucro.
3. Os gestores começam a acreditar que são os melhores.
4. Criam-se vários níveis para lidar com o crescimento.
5. Arrogância externa com o mercado internamente, foco em controle.
6. Iniciativa e inovação são cerceadas.
7. Declínio gradual que leva ao subdesempenho satisfatório e depois à crise.

Apesar de ser uma versão distinta do mesmo drama, vivido por tantas empresas, o protagonista é o mesmo: a arrogância. Essa praga, quando se alastra pela cultura corporativa, é capaz de feri-la de morte.

E não é preciso muita imaginação para entender o que acontece quando o mundo nervoso (fique à vontade para escolher entre VUCA ou BANI) se encontra com a arrogância.

TROPEÇÕES CORPORATIVOS

A imagem que retorna à minha cabeça nesse momento é a de Lolo Jones sendo detida por seus próprios pés encontrando a barreira. Não conheço a atleta, mas sinto que o caso dela não foi arrogância, e sim um acidente de percurso. A metáfora, contudo, continua válida. Quando ela raspou o pé no obstáculo, perdeu momentos preciosos que a levaram do primeiro para o penúltimo lugar. Assim como acontece em qualquer arena hipercompetitiva contemporânea.

Afinal, o que não falta são histórias de raspadas de pé ou tropeções em barreiras no universo organizacional. E o preço frequentemente é o desaparecimento. Ou, como diz Jim Collins no consagrado livro *Como as Gigantes Caem*, já citado acima: a irrelevância.

Posso apostar que, após o lançamento deste livro, muitos exemplos continuarão, infelizmente, se consumando, mas neste momento algumas debacles do passado recente são especialmente chamativas, seja pelo porte de seus protagonistas, seja pela consequência para os *stakeholders*:

- Kodak: depois de criar a tecnologia da fotografia digital, preferiu continuar focando na analógica, de onde vinham seus ganhos, e saiu de uma posição de domínio para a irrelevância.
- Blackberry: a rápida ascensão e queda dessa interessante empresa revela a perigosa velocidade na qual a corrida dos inovadores do mundo da tecnologia acontece. Ela tinha tudo para dominar o mercado de *smartphones* e chegou a ter 50% dele, mas feudos internos e um crescimento caótico feriram de morte a organização na hora em que ela mais precisava

de todas as suas forças: a entrada da Apple e do Google em seu promissor mercado.

- Nokia: tendo dominado o mercado mundial de aparelhos celulares, não percebeu a tempo que as tecnologias disponíveis e as mudanças nos desejos dos consumidores estavam se cruzando em algum lugar longe de seus muros; acabou saindo completamente desse mercado e se alojando em outros negócios.
- Yahoo!: talvez nem todos saibam, mas Jerry Young, fundador da empresa, foi o criador do negócio dos mecanismos de buscas. E, mesmo tendo criado o mercado do zero, não conseguiu acompanhar as mudanças impostas pelo Google e ficou muito, muito para trás, sobrevivendo em mercados específicos, mas com uma participação pouco relevante no mercado global.
- Toys R' Us: quem esteve em uma das portentosas lojas da rede até a década de 90 não conseguiria imaginar seu fim trágico, imposto pelas mudanças da comercialização de brinquedos via *e-commerce*, não acompanhadas pela empresa.
- Blockbuster: por mais de duas décadas, a Blockbuster foi a maneira favorita de as pessoas assistirem a filmes. Milhões de clientes visitaram mais de oito mil lojas em todo o mundo! Semana após semana! O curioso é que essa gigante corporativa teve mais dados sobre o público de filmes do que qualquer organização na história. Ninguém tinha mais contato direto e pessoal com seus usuários. Se alguma empresa deveria ter previsto as forças disruptivas que estavam se acercando, essa seria a Blockbuster. Mas, à medida que novas ameaças surgiam, nenhum de seus cinco CEOs conseguiu reagir, e a empresa entrou em colapso muito antes do tempo.

O OUTRO LADO DA MOEDA

É importante notar que essa história não tem apenas uma face sombria. Um contraponto emerge para equilibrar essa equação: muitas empresas nascem e se desenvolvem, gerando prosperidade, exatamente a partir das oportunidades que surgem com as mudanças. Organizações que por motivos diversos estavam atentas ao mundo VUCA/BANI e o exploraram da forma certa. As tendências são a face reversa da realidade que se apresenta.

- Netflix: muita gente no Brasil acha que essa empresa surgiu oferecendo *streaming*, o que não é verdade. Ela nasceu no mundo dos *"bricks"*, mas soube fazer a transição para os *"bits"*, competentemente. Tinha muito menos recursos que a Blockbuster, mas, em compensação, contava com um *mindset* menos comprometido com o *status quo*. No livro *A Regra é não ter Regra*, Reed Hasting, fundador da empresa, fala sobre esse momento com incrível lucidez.
- Google: um sucesso tão estrondoso não pode ser explicado de forma simples. Certamente, muitas variáveis agiram simultaneamente para que fosse dessa forma. Mas certamente dois desses fatores foram a capacidade dos seus fundadores de entender o que os usuários da internet queriam e conseguir elaborar um algoritmo que entregasse o benefício desejado, desbancando aquele que tinha criado o mercado.
- IBM: o livro de Lou Gerstner *Quem Disse que os Elefantes não Dançam?* conta a história do renascimento da IBM. E se tem algo que essa empresa já mostrou que sabe fazer é se reinventar. Ao longo de sua história, ela teve flexibilidade para se apoiar em suas competências essenciais e pivotar rumo a novos negócios que faziam mais sentido no mundo

que mudava rapidamente. Quantas vezes mais a empresa vai conseguir fazer isso, não se sabe. Mas, até o momento em que este livro era escrito, o sucesso era evidente.

- Brittanica: poucos negócios foram tão atingidos pelas mudanças impostas pela tecnologia da informação quanto as enciclopédias. E o ícone entre elas era a Enciclopédia Brittanica, que deveria ter desaparecido caso não tivesse desenvolvido a capacidade de entender e se adaptar ao novo mundo. Segundo o professor da Columbia University David Rogers, no livro *Transformação Digital*, não só a empresa sobreviveu, mas também atingiu um nível de prosperidade inédito ao se entender como provedora de informações, e não vendedora de volumes de papel impresso.

- Lego: competir com os videogames parecia impossível para essa centenária empresa dinamarquesa, mas sua capacidade de ir além das aparências e se reinventar foi notável, e a empresa conseguiu praticar seu lema: "Somente o melhor é bom o suficiente". Enfatizando a alta qualidade em tudo que faz, a marca Lego conseguiu mostrar para pais e filhos que brincar é um elemento-chave no crescimento e desenvolvimento das crianças e estimula a imaginação, o surgimento de ideias e a expressão criativa.

- Apple: com uma velocidade de inovação incrível, a Apple se consolidou como uma marca que é o objeto de desejo de seus consumidores em todo o mundo, e, apesar de ter momentos mais e menos proeminentes, vem conseguindo se reinventar continuamente e oferecer produtos e serviços relevantes para seus clientes ao longo do tempo.

O interessante é que é possível que, no momento em que você estiver lendo este livro, alguma das empresas dessa lista de "bem-sucedidas" possa já ter passado para a lista anterior. Afinal, enquanto estiverem se adaptando e evoluindo, elas continuarão prosperando; mas, no exato momento em que se desconectarem do mundo, ou forem ultrapassadas por outras organizações exponenciais, passarão a correr riscos agudos. E podem, sim, amargar sérias derrotas. Como dizem os administradores de fundos de investimento (obrigados pelas leis): sucesso passado não é garantia de sucesso futuro.

OS DESAFIOS DO INTRAEMPREENDEDOR

Depois desse mergulho nas profundezas do mundo VUCA/BANI e nas consequências para as organizações, fica ainda mais clara a importância de executivos que possam vestir seus chapéus de empreendedor intracorporativo, ou *intraempreendedor*, para quem preferir um termo mais sintético.

Existem dois desafios nesse sentido: o primeiro é manifestar as competências intraempreendedoras através de si mesmo. O segundo, e talvez mais importante, por ter ligação com a carreira gerencial e seu poder multiplicador, é estimular as equipes para agirem de forma intraempreendedora.

Como qualquer coisa na vida, empreender dentro de uma organização traz vantagens e desvantagens. Quando comparamos o intraempreendedorismo ao empreendedorismo independente, fora de uma empresa, isso fica claro. Gifford Pinchot III, no clássico *Intrapreneuring*, destaca algumas dessas vantagens. O intraempreendedor pode contar com:

- A imagem ou marca estabelecida de uma empresa e seu poder de investimento em marketing.

> Como qualquer coisa na vida, empreender dentro de uma organização traz vantagens e desvantagens.

- A base tecnológica instalada para desenvolver seu produto, serviço ou processo interno a partir dela.
- Uma equipe de apoio ao seu projeto com pessoas que você já conhece e nas quais pode confiar.
- Um ambiente mais seguro para o seu projeto, em que os outros profissionais têm a obrigação moral (e às vezes contratual) de não compartilhar informação fora da empresa.
- Mão de obra compartilhada que pode ajudá-lo em seu projeto sem que você necessite contratar alguém, pelo menos no início.
- Recursos financeiros para impulsionar e acelerar o desenvolvimento da sua ideia.

Como sempre, a moeda tem duas faces, e o intraempreendedorismo tem suas desvantagens, como:

- Necessidade de aprovar sua ideia ou projeto com pessoas que tenham o poder de decisão que você não tem.
- Limitação no tipo de apoio externo com o qual você pode contar, seja por falta de recursos, seja pela necessidade de sigilo.
- Caso o projeto dê certo, o retorno financeiro é da empresa, e não seu. Você fica com o crédito moral e alavanca uma carreira bem-sucedida, que também significa melhores ganhos, mas não no mesmo nível do retorno de um projeto bem-sucedido.

INGREDIENTES FUNDAMENTAIS

Para vestir o seu chapéu de empreendedor corporativo, você precisa de dois ingredientes básicos, assim como qualquer profissional (como vimos no nosso capítulo que trata de liderança): querer e poder, que no mundo corporativo chamamos de *motivação* e *competências*. Vejamos como isso se aplica a esse papel.

MOTIVAÇÃO INTRAEMPREENDEDORA

No livro *Ser Empresário*, Antônio Costa fala sobre os dois tipos de motivações que movem uma pessoa: motivações materiais e motivações não materiais.

As motivações materiais são ligadas ao impulso para ter coisas, conquistar riquezas e possuir recursos financeiros. Enfim, estão relacionadas ao ter e conquistar bens materiais. As motivações não materiais são aquelas ligadas ao impulso de ser importante para alguém de alguma forma, fazer algo que tenha sentido para si ou para os outros, ou ainda, dentro de uma perspectiva menos altruísta, ser respeitado, admirado e valorizado como pessoa e profissional.

E, obviamente, uma pessoa pode ter mais ou menos de cada um desses tipos de motivação. Se cruzarmos essas duas variáveis, considerando que elas podem ser altas ou baixas, teremos quatro perfis no tocante à motivação:

- **Baixa motivação material e baixa motivação não material:** esse indivíduo não tem impulso de origem nenhuma e é chamado de *demissionário*, fazendo alusão ao fato de que seu caminho aponta para fora da organização.
- **Baixa motivação material e alta motivação não material:** chamado de *missionário*, é o indivíduo que se satisfaz e busca

sua energia em recompensas subjetivas. É impulsionado a partir de uma perspectiva mais abstrata.

- **Alta motivação material e baixa motivação não material:** em função de sua preocupação, principalmente, com aspectos concretos, é chamado pelo autor de *mercenário*, o que pessoalmente considero pesado, em função da percepção com relação ao peso da palavra.

- **Alta motivação material e alta motivação não material:** esse profissional recebe do autor a alcunha de *empresário*, que, no vocabulário contemporâneo, é mais conhecido como *empreendedor*. Se esse empreendedor estiver atuando internamente em uma organização, podemos chamá-lo, como já dissemos, de *intraempreendedor*. Isso aponta para o fato de que alguém com motivações empreendedoras costuma ser movido simultaneamente por sua ambição material e impulsionado por aspectos mais subjetivos. É alguém que quer construir uma empresa lucrativa ou galgar os degraus mais altos de uma organização para usufruir dos benefícios financeiros e materiais decorrentes, desfrutando dos confortos associados a essa condição e oferecendo o mesmo para sua família. Mas também é alguém que vê valor em impactar positivamente a vida das pessoas, promover mudanças (seja no seu ambiente específico, seja no mundo de forma mais ampla), ou ainda ser admirado e valorizado pelas pessoas que o cercam.

É claro que esse modelo (como qualquer modelo) é uma simplificação da realidade, e as pessoas não estão divididas em apenas quatro estilos estanques. Cada uma dessas dimensões (motivações materiais e não materiais) é um contínuo, e existem infinitos níveis de ambição concreta e busca por recompensas subjetivas. Além do que, existem empreendedores que buscam energia basicamente em uma dessas dimensões. Não podemos dizer que seres iluminados como Ghandi ou Madre Teresa de Calcutá não tenham tido espírito empreendedor. O próprio Steve Jobs parecia mais movido por suas ideias do que pelas benesses financeiras de seus empreendimentos, embora isso devesse ter lá seu peso. E todos nós conhecemos algum empreendedor que é impulsionado predominantemente, para não dizer totalmente, por ter mais e mais.

Na prática, isso significa que, se você cultivar e fomentar seus impulsos materiais e não materiais, vai aumentar a probabilidade de fazer emergir com mais força a motivação de que precisa para agir de forma empreendedora. Como fazer isso? O primeiro passo em qualquer jornada de desenvolvimento é o autoconhecimento. Uma vez que você entenda os elementos que o impulsionam, precisa valorizá-los, ao invés de ficar brigando contra eles, tentando ser uma pessoa que você não é. Por fim, entender como a sua essência empreendedora se conecta com o tipo de organização em que você está e com sua estrada na carreira gerencial. Quanto mais suas ambições materiais e/ou não materiais estiverem conectadas com a cultura da sua organização, maior a chance de emergir uma sinergia entre elas e de você conseguir empreender internamente.

Na sua jornada de autoconhecimento, é importante entender que o ser humano que somos emerge de múltiplas variáveis, mas devemos prestar atenção, particularmente, a duas delas: valores e talentos.

Seus valores são os parâmetros internos que você usa para separar o que é bom do que é ruim, o que é certo do que é errado no seu ponto de vista. São suas convicções mais profundas sobre a sua existência e seu papel no mundo. Você pode trabalhar essa questão de uma maneira mais informal e desestruturada, perguntando simplesmente para si mesmo: quais são as coisas mais importantes para mim? O que é inegociável? E, obviamente, respondendo com sinceridade. Ou pode lançar mão de técnicas desenvolvidas por especialistas para ajudá-lo a pensar nesse tema. Você pode tentar aplicar essas técnicas sozinho ou recorrer a profissionais que tenham mais intimidade com elas e estejam acostumados a aplicá-las. Psicólogos, mentores e *coaches* são exemplos de profissionais que podem acompanhá-lo.

Um dos bons modelos capazes de norteá-lo na reflexão sobre seus valores foi apresentado por Valdiney Gouveia e coautores no livro *Valores Humanos e Gestão,* em que são apontados dezoito valores divididos em seis dimensões.

- Dimensão Existência, cujos valores são saúde, sobrevivência e estabilidade.
- Dimensão Realização, cujos valores são êxito, prestígio e poder.
- Dimensão Normativa, cujos valores são tradição, obediência e religiosidade.
- Dimensão Suprapessoal, cujos valores são conhecimento, maturidade e beleza.
- Dimensão Experimentação, cujos valores são sexualidade, prazer e emoção.
- Dimensão Interacional, cujos valores são afetividade, convivência e apoio social.

O exercício que realizo com os participantes de nossos treinamentos na Ynner e que você pode experimentar é escrever cada um desses valores em cartões individuais e, tomando um a um, aleatoriamente, ir construindo um *ranking* que vai do mais importante para o menos importante para você. Uma constatação que emerge com grande frequência é a de que "tudo parece importante". E não deixa de ser verdade. Cada um desses valores tem certo grau de importância em nossa vida. A questão é, quando dois deles estão em conflito (o que acontece com certa constância em nossa vida), qual deles guia a sua decisão.

Tendo claro quais são seus valores mais importantes, você vai poder entender melhor quais são seus motivadores materiais e não materiais, investir neles e buscar empresas que também os valorizem.

Entretanto, o autoconhecimento não se encerra aí. Uma segunda variável tem um peso fundamental na compreensão dos seus motivadores: seus padrões naturais de sentimento, pensamento e comportamento, que a Gallup, empresa mais importante na área de *people analytics* do mundo, chama de *Talentos*. A forma mais simples de entender quais são esses seus direcionadores naturais é realizar o *assessment CliftonStrengths*. Com ele, você vai poder entender como os 34 Temas de Talento se organizam em você, através de um *ranking* que aponta do seu primeiro até seu trigésimo quarto Tema de Talento. Tais temas tão divididos em quatro áreas, chamadas *Domínios de Talentos*:

- Execução, cujos Temas de Talento são Crença, Disciplina, Foco, Imparcialidade, Organização, Prudência, Realização, Responsabilidade, Restauração.
- Influência, cujos Temas de Talento são Ativação, Autoafirmação, Carisma, Comando, Competição, Comunicação, Excelência, Significância.
- Relacionamento, cujos Temas de Talento são Adaptabilidade, Conexão, Desenvolvimento, Empatia, Harmonia, Inclusão, Individualização, Positivo, Relacionamento.

310   O EMPREENDEDOR

- Pensamento, cujos Temas de Talento são Analítico, Contexto, Estratégico, Estudioso, Futurista, Ideativo, *Input*, Intelecção.

Entendendo seus valores e talentos, você terá os elementos de que precisa para cultivar os motivadores que tenham a ver com sua essência e buscar organizações afins.

Por exemplo, quando um intrapreendedor se dá conta de que tem o Talento Intelecção, ele compreende que precisa de um tempo sozinho para refletir e ter *insights* sobre as oportunidades disponíveis e para alimentar sua criatividade. Ou então, ao descobrir que tem o Talento Carisma, ele percebe que a energia de que precisa para empreender vem do contato com outras pessoas, e as inclui em todo o processo de inovação.

Mais do que isso, ao entender os talentos de seu time, o profissional que está na carreira gerencial pode desenvolver estratégias diferentes para lidar com cada um. Ele sabe que aquele que tem o Talento Adaptabilidade irá se abrir mais rapidamente às mudanças, e que aquele com o Talento Positivo será um grande aliado no processo pela forma otimista e leve de encarar os novos desafios.

Unindo uma visão clara dos seus valores com uma percepção aguçada dos seus talentos, será muito mais fácil alimentar sua motivação para empreender, seja se colocando em empresas e áreas que agucem esses fatores, seja fazendo as coisas de forma compatível com sua essência. Afinal, como sempre repito: pessoas diferentes atingem a excelência de formas diferentes. Então, ao se conhecer, você conseguirá encontrar o seu jeito de se sentir energizado para empreender.

Mas só estar engajado com a ideia do intraempreendedorismo não basta. Esse é o ponto de partida, que só leva a uma postura realmente empreendedora quando é complementado pelas competências essenciais nessa área. Digo novamente o bordão de uma famosa campanha da Pirelli, um de nossos queridos clientes: potência não é nada sem controle. Ou, aplicando à nossa realidade: motivação não é nada sem competência.

E quais as competências essenciais para aquele que quer agir de forma empreendedora na carreira gerencial?

COMPETÊNCIAS

Se você quiser mergulhar nesta parte do livro de forma mais divertida, proponho-lhe um desafio. Vá a este endereço na internet (www.ynner.com.br/blog/filmeempreendedor) e veja o filme que está lá. É um comercial americano que estimula o empreendedorismo. E o interessante é que, metaforicamente, esse filme apresenta em um minuto as seis competências essenciais do empreendedorismo. Veja se consegue descobrir.

Descobriu? Então vamos confirmar. Não descobriu? Deixe-me ajudá-lo.

A primeira é:

CAPACIDADE DE PERCEBER OPORTUNIDADES

Se queremos entender a capacidade de perceber oportunidades, primeiro precisamos chegar a um acordo sobre do que se trata. O que é uma oportunidade?

Para os nossos objetivos aqui, podemos dizer que oportunidade é uma lacuna entre a forma como uma realidade se apresenta e a maneira como ela poderia ser. Então, se o produto de uma empresa não é vendido em um mercado, mas poderia ser, isso é uma oportunidade. Ou, então, se pago dado preço por uma matéria-prima e percebo que poderia pagar menos, também estou diante de uma oportunidade. O curioso é que essa é exatamente a definição de problema segundo Vicente Falconi no livro *Gerenciamento da Rotina de Trabalho*: "a diferença entre seu resultado atual e o valor desejado". Então, problemas e oportunidades são a mesma coisa? Em essência, sim, mas a existência de dois termos suscita uma pergunta adicional: para que duas palavras? Existe uma sutil distinção prática entre elas: toda vez que a lacuna constatada é entre um estado atual e um estado futuro desejado ainda não atingido (principalmente se ele for recentemente detectado), chamamos de *oportunidade*; já quando o *gap* é entre um estado atual e um estado que já foi melhor e piorou (ou que se considera que já deveria ser melhor), chamamos de *problema*.

E qual a importância dessa constatação? Ou é só verborragia? A questão é que tanto um profissional que visualiza estados futuros promissores quanto aquele que se dá conta de que algo está errado e deveria ser melhor estão cultivando esta competência: a capacidade de perceber oportunidades. De formas diferentes. Aquela pessoa que está sempre chamando a atenção para possibilidades é um detector de oportunidades. Mas aquele que sempre aponta problemas, também. Na metodologia CliftonStrengths da Gallup, existe um talento que se chama *Futurista,* descrito como alguém que "se inspira pelo que pode acontecer", e outro talento com o nome de *Restauração*, que se apresenta naquele que é "bom em descobrir o que está errado e resolver o problema". Em essência, os dois carregam o mesmo ponto forte, que é a tendência a ser excelente na capacidade de perceber essas lacunas, mas cada um à sua maneira, em função de diferentes "padrões de sentimento, pensamento e comportamento". Quando um líder percebe isso, ele pode mobilizar a atenção do liderado da melhor forma possível para que ele seja a melhor versão de si mesmo, valorizando aquilo que faz melhor.

Seja por um caminho ou por outro, a capacidade de visualizar realidades alternativas (inéditas ou perdidas) é o primeiro passo para o empreendedorismo.

No filme que cito no início do capítulo, isso está representado pelos dois amigos indo para um lugar inóspito, onde cai o meteoro. Algumas pessoas podem pensar num primeiro momento: que sorte! Estavam lá bem na hora em que aquele fenômeno atraiu um monte de clientes para perto do seu carrinho de lanche. É claro que não é essa a narrativa implícita. O que o criador do filme está insinuando é que, provavelmente, muitas pessoas viram no jornal a notícia sobre a queda do meteoro, mas só os empreendedores do filme visualizaram uma realidade em que eles ganhavam dinheiro com aquilo.

Podemos dizer que as oportunidades estão espalhadas pelo mundo, esperando para serem descobertas. Mas nem sempre se oferecem assim facilmente. É importante estar atento, com a mente aberta e se questionando o tempo todo. Às vezes, elas não são perceptíveis por estarem escondidas.

No livro *Oportunidades Disfarçadas*, Carlos Domingos diz que muitas delas estão escondidas por trás de situações de diversos tipos. Por isso, diz que estão disfarçadas. E, segundo o autor, seus disfarces mais comuns são:

- Crises
- Concorrência acirrada
- Reclamações de clientes
- Falta de recursos

> Podemos dizer que as oportunidades estão espalhadas pelo mundo, esperando para serem descobertas. Mas nem sempre se oferecem assim facilmente. É importante estar atento, com a mente aberta e se questionando o tempo todo.

- Problemas com a equipe
- Erros
- Problemas pessoais
- Fracassos
- Sofrimento
- Proximidade
- Fatalidade
- Ressentimento
- Dificuldades de mercado

Um dos exemplos interessantes que ele dá, e que ilustra o que significa uma oportunidade disfarçada, diz respeito ao "disfarce" de "Reclamações de Clientes". Segundo o autor, o surgimento do iPod, que foi a porta de entrada para o iPhone e o iPad, além de ser em si um estrondoso sucesso (que passou a responder por 33% do faturamento e transformou um prejuízo de US$ 25 milhões em um lucro de US$ 276 milhões), nasceu da insatisfação de clientes da Apple com o iMac. A ausência de gravadores de CD e de drive de disquetes suscitou muitas reclamações. A Apple poderia simplesmente introduzir essas funcionalidades ou ignorar as reclamações (o que ela faz com competência, quando assim decide). Mas não! O tamanho do barulho feito pelos consumidores insatisfeitos unido à curiosidade da empresa levou-a a investigar mais a fundo o que estava acontecendo e

> Steve Jobs se surpreendeu com o que viu: estava ocorrendo uma mudança radical na forma como as pessoas consumiam música. O computador havia se transformado num tocador de MP3. A tecnologia havia convertido cada pessoa em editora. E a possibilidade de enviar arquivos pela internet fazia de cada usuário uma distribuidora.

Continuando com o raciocínio, Jobs imaginou: depois de editar e compartilhar suas músicas preferidas, o que as pessoas vão querer? Se locomover por aí ouvindo música digital, claro. Imediatamente, o executivo se recordou da revolução que o walkman tinha representado em sua juventude, nos longínquos anos 70 e 80. E decidiu: a Apple vai criar o walkman do século 21. É verdade que o iPod não foi o primeiro tocador portátil de MP3. Outras empresas já haviam desenvolvido o aparelho, mas nenhum tinha emplacado. Jobs convocou a equipe e lançou um desafio: criar um aparelho com o estilo e a facilidade da Apple, num curtíssimo espaço de tempo.

Como se pode ver, a capacidade de olhar para uma reclamação com outros olhos possibilitou a visualização de um futuro alternativo, que é exatamente a oportunidade.

Em algumas situações, não percebemos as oportunidades, por serem óbvias demais. Afinal, por causa da nossa proverbial cegueira à mudança, já discutida no capítulo sobre o estrategista, deixamos de ver aquilo que se apresenta de forma evidente. O exemplo que me ocorre e que sempre me traz um sorriso aos lábios é o da melancia em forma de cubo. Na primeira vez que vi uma foto dessa fruta, apresentando-se com tal simetria, pensei "que obra de engenharia genética". Mal sabia eu que sua produção era muito mais simples do que eu podia imaginar. Quando a melancia ainda está bem pequena, ela é colocada dentro de uma caixa de madeira, e à medida que cresce, vai se moldando ao seu entorno. Enfim, ela adapta seu formato quando encontra um anteparo suficientemente firme. E hoje, principalmente no Japão, produtores oferecem melancias nos mais diversos formatos: coração, cilindros, pirâmides e até com a cara do Mickey. E o que isso tem a ver com percepção de oportunidades? Bem, imaginem como se descobriu isso. Algum fazendeiro deu o azar (nesse caso, sorte) de ter uma de suas melancias crescendo encostada numa pedra. O resultado foi uma melancia toda torta e inadequada para a comercialização. A mensagem óbvia que a situação trazia era: melancias se adaptam aos anteparos firmes. E com um pouco de perspectiva ele pôde perceber isso. E depois colocá-la numa caixa para deixá-la cúbica. E não se trata apenas de uma questão estética. Imaginem a facilidade e economia de espaço no transporte e até a praticidade para armazenar na geladeira. Ainda não entendeu o que isso tem a ver com oportunidades imperceptíveis por serem óbvias demais? Então pense em quantas centenas, talvez milhares, de vezes na história melancias cresceram encostadas em pedras, árvores ou outros anteparos e ficaram distorcidas por isso. E quantas vezes um produtor não entendeu estar diante do óbvio e jogou-a fora. Ou levou-a para consumir em casa por não ter valor comercial. E não conseguiu visualizar realidades alternativas com base nisso.

E o que temos que fazer para aumentar a probabilidade de enxergar o óbvio? Perder o foco. Isso mesmo. O foco é nosso maior inimigo na percepção de oportunidades óbvias. Quando um objeto está próximo demais de nós, não o enxergamos. Precisamos vê-lo em perspectiva para entendê-lo. Quer experimentar isso agora, na prática? Pegue um objeto qualquer que esteja perto de você e encoste-o no seu nariz. E perceba o que vê. Agora afaste-o um pouco e compare. Quando estamos muito perto de um objeto ou mergulhados em uma situação, perdemos perspectiva.

Então, foco é ruim? Depende. Quando estamos na fase de execução de uma atividade, ter foco é indispensável. É ele que nos permite entrar em *flow* e manter ritmo e atenção aos detalhes que nos levam à eficácia. Mas, quando estamos em busca de novas perspectivas, o foco pode nos cegar e nos roubar a visão lateral que nos permitiria ver o óbvio que se nos apresenta. Quando desfocamos, conseguimos perceber as oportunidades que focados não podemos ver.

Mas o que devemos fazer, então? Focar ou desfocar? No dia a dia, enquanto estamos trabalhando, devemos procurar manter o foco. Mas temos que criar momentos em que podemos parar, dar alguns passos para trás e enxergar a situação a partir de uma perspectiva mais ampla. Momentos para nos questionar: existe outra forma de fazer o que estou fazendo? Faz sentido agir dessa forma? Que outras perspectivas não estou analisando?

CRIATIVIDADE

Uma coisa é perceber que algo pode ser feito de forma diferente; ou seja, detectar uma oportunidade. Outra é visualizar a forma como a oportunidade será aproveitada. É aí que entra a segunda competência do intraempreendedorismo: criatividade. Depois de imaginar uma realidade alternativa àquela que existe, é preciso construir a ponte até ela.

No vídeo que uso para ilustrar metaforicamente as competências intraempreendedoras, o ponto de partida é perceber que a queda do meteoro seria uma oportunidade. Que esse evento atrairia uma grande quantidade de curiosos e interessados no assunto. Escolher uma forma de explorar a situação entra na esfera da criatividade. Com essa introdução, você já pode antever que a forma como pretendo tratar a criatividade aqui tem menos a ver com soluções fantásticas (apesar de elas também serem desejadas) e mais a ver com a capacidade de resolver de forma eficaz os desafios que se nos apresentam.

Existem muitas formas de entender a criatividade e, frequentemente, quando nos referimos a essa qualidade humana, tendemos a pensar em sua dimensão artística, mas a verdade é que é possível exercitar a criatividade em qualquer área organizacional e da vida de forma geral. Picasso, Van Gogh, Fernando Pessoa e Shakespeare realmente foram expoentes da criatividade. Einstein e Niels Bohr idem – de outra forma. E empreendedores contemporâneos, como Bill Gates, Steve Jobs e Mark Zuckerberg também foram pontos fora da curva – de uma terceira maneira. Mas essa criatividade radical é apenas o extremo. Cada um de nós consegue ser criativo em nosso dia a dia de outras formas, resolvendo problemas a partir de uma perspectiva inusitada. Aposto que você tem seus próprios exemplos.

Nesse sentido, uma das formas de entender a criatividade tem a ver com a capacidade de fazer algo de maneira não convencional. De uma forma que ninguém ainda fez. Mas o que leva algo a ser criativo não é o fato de ser inusitado. Para ser considerada criativa, uma solução deve ser eficaz. Alguns especialistas diferenciam essas situações chamando-as de *inventivas* ou *inovadoras*. Ser inventivo não significa ser inovador. A criatividade emerge à medida que traz a inovação, que é a invenção relevante. Ainda que seja subjetivamente relevante, como uma obra de arte.

Lembro-me de uma palestra do sociólogo Domenico de Masi no Brasil, muitos anos atrás, em que ele disse para a plateia que os italianos (como ele) são considerados um dos povos mais criativos da Europa e que os brasileiros (como os ouvintes daquela palestra) são considerados um dos povos mais criativos do mundo. Depois, perguntou se todos concordavam com isso. Empolgados com a exaltação coletiva do ego, todos disseram que sim. Foi quando ele "jogou um balde de água fria" em todos, dizendo que discordava. "*Siamo fantasiosi*" (somos imaginativos), disse ele. E continuou explicando que tanto os brasileiros quanto os italianos "são imaginativos, mas não são tão bons em colocar as ideias em prática". Para ele, a criatividade se consolida quando é viável, exequível.

Resumindo, a partir dessa definição, quando fazemos algo de forma inusitada, mas que resolve o problema que está na mesa, somos criativos e inovadores. Caso contrário, apenas imaginativos e fantasiosos.

Outra perspectiva da criatividade emergiu em minha mente quando fui gerente de produtos na Unilever. No começo de um dos anos em que trabalhei lá, aprovei com meu chefe um *forecast* (previsão de vendas) e um *budget* (orçamento) para fazer as vendas do produto que eu gerenciava acontecerem. Por volta do meio do ano, houve um corte generalizado das despesas de marketing, devido à dificuldade da unidade de negócios de entregar a rentabilidade prometida para a matriz. Meu *budget* foi cortado pela metade. E eu, inocentemente, fui discutir com o gerente de marketing qual seria o corte na previsão de vendas. Afinal, se eu teria menos recursos promocionais, é de se esperar que vendesse menos. "Quanto vamos cortar nossa previsão de vendas?", perguntei. E a resposta: "Não vamos cortar. Seja criativo e entregue o mesmo volume de vendas com metade do orçamento". E foi aí que formulei a minha definição de criatividade para o universo empresarial (mas não só): "Criatividade é a capacidade de entregar resultados incompatíveis com os recursos". E por isso a criatividade é uma competência tão valorizada no mundo corporativo. Quem consegue entregar os resultados compatíveis com os recursos? Praticamente qualquer um minimamente competente. Com os recursos e a ferramenta certa, a solução certa emerge como consequência. Não é necessário mais que bom senso e um pouco de trabalho. Se tenho um martelo, bater um prego é quase obrigação. O desafio é bater o prego se sua ferramenta for uma chave de fendas.

No mundo contemporâneo, a exigência por resultados é cada vez maior, e a disponibilidade de recursos, cada vez menor, então, ser capaz de gerar resultados incompatíveis com os recursos é algo de muito valor, e os profissionais que conseguem imaginar como fazer isso são disputados ferozmente pelas organizações.

A "capacidade de criar soluções não convencionais" e a "capacidade de gerar resultados incompatíveis com os recursos" são duas definições de que gosto muito. Mas aquela que mais me mobilizou, pela simplicidade, chegou até mim pelo Tadeu Brettas, consultor associado da área de criatividade e inovação na Ynner. Diz ele que criatividade é a capacidade de realizar "conexões incomuns". Se observarmos atentamente, veremos que as soluções criativas vêm, em grande parte, da capacidade de unir duas ideias ou entidades aparentemente pertencentes a universos diferentes, se não incompatíveis. Quer exemplos? Continue lendo e eles virão. Vários. Antes, quero apenas lhe sugerir expulsar de sua mente a ideia de que as áreas de comunicação e marketing são os reinos por excelência da criatividade. Esses são, realmente, ambientes com maior visibilidade para as ideias criativas. Exatamente porque aquilo que é criado nessas áreas é dirigido ao consumidor e ao ambiente externo, gerando audiência. Mas não é necessariamente nessas áreas que as inovações acontecem. E, quando aí ocorrem, manifestam-se não apenas na forma de anúncios, filmes ou *posts* criativos. Muitas vezes, a grande ideia na área de marketing está, exatamente, na decisão de não fazer anúncios, filmes ou *posts*.

Como no clássico exemplo, que cito com frequência nos treinamentos, em que a 3M resolveu promover seu vidro de segurança de maneira não convencional. Em vez de recorrer à publicidade tradicional, a empresa construiu uma caixa feita com seu vidro de segurança e dentro colocou um milhão de dólares. E depois a instalou numa avenida de grande movimento. Isso mesmo: um milhão de dólares numa caixa de vidro no meio da rua. Quer uma forma mais evidente de demonstrar a confiança no seu produto do que essa? O resultado: as pessoas, atônitas, paravam para olhar aquilo que gerava uma dissonância cognitiva tão grande. Algumas tentavam quebrar a caixa. Socos, marteladas, tiros? Nada adiantava. Porque o produto era feito, exatamente, para resistir a tudo isso. A movimentação foi tão grande que a mídia passou a cobrir o pequeno evento que aquela peça gerou, e o que era para ser apenas propaganda viralizou de forma surpreendente e gerou um grau de exibição totalmente incompatível com o investimento realizado. Bingo! Essa é uma das definições de criatividade apresentadas. Também foi, como dissemos, uma forma inusitada de promover o produto? Bingo de novo! É a outra definição. E foi uma conexão incomum? Demonstrações de produto são coisas feitas geralmente em ambientes fechados e controlados. Fazer isso no meio da rua, principalmente em uma situação que gera uma enorme sensação de risco, é bastante incomum. Bingo triplo! A situação atende às três definições. Não seria necessário ir ao encontro dos três conceitos para que considerássemos essa situação criativa, mas o fato de ser assim reforça a envergadura dessa iniciativa.

Outro exemplo, na área de marketing, vem do livro *O Salto*, de Bob Schmetterer. Ele conta que uma agência em Buenos Aires "precisava criar um comercial para um empreendimento imobiliário situado em frente a um rio". Segundo Schmetterer,

> eles eram talentosos e inovadores, mas, por mais que tentassem, não se convenciam de que uma campanha publicitária conseguiria se destacar e fazer barulho suficiente no mercado. Enquanto eles procuravam por

alternativas, a equipe de criação fez uma observação engenhosa e perspicaz: eles constataram que, ao contrário da maioria das grandes capitais do mundo, Buenos Aires tinha poucos pontos de referência que servissem de cartões-postais da cidade... Em vez de construir uma campanha publicitária, eles decidiram aconselhar o cliente a construir um cartão-postal instantâneo. O empreendimento imobiliário – que incluía escritórios, prédios de apartamentos, lojas, restaurantes e um hotel – ficava numa área de pouco trânsito da cidade. Era fora de mão, não muito fácil de alcançar. Então a agência concebeu a ideia de construir uma ponte para pedestres, de forma que as pessoas tivessem acesso fácil à área. Uma ponte. Literalmente uma ponte sobre o rio... No caso de Buenos Aires, a ideia tinha um outro salto criativo: a ponte poderia ser projetada por um arquiteto de fama mundial... E, naturalmente, a ponte seria um ímã, atraindo gente para as margens do rio – e para o empreendimento imobiliário. A ideia gerou uma enorme quantidade de ações gratuitas de relações públicas, comentários e repercussão na mídia. Muito mais que qualquer campanha publicitária. Construir uma atração turística em vez de criar um punhado de anúncios e estabelecer um plano de mídia?

É não convencional, gerou resultados ainda maiores do que os recursos – que não foram poucos nesse caso – e uniu ideias totalmente díspares – uma ponte como forma de fazer propaganda. Criatividade em seu estado puro.

Mas espera aí, Yuri! Você não escreveu acima que as áreas de comunicação e marketing não são as únicas nas quais a criatividade se manifesta? E esses dois exemplos não são exatamente nessas áreas? Sim. Então, ampliemos o escopo com outros casos inspiradores de áreas distintas no universo empresarial.

Um dos exemplos que mais chamam a atenção dos participantes dos nossos treinamentos na Ynner vem da área de RH. A empresa EA Canada usou, em campanha de recrutamento, um *outdoor* com a seguinte inscrição: char msg [ ] = {78, 111, 119, 32, 72, 105, 114, 105, 110, 103, 0};". Se você não entendeu nada, é porque não é o alvo dessa comunicação. Em código ASCII, o que está escrito é "Agora contratando". A peça era dirigida para programadores, que certamente ficaram muito intrigados quando a viram. E a prova disso é que foi uma das campanhas de contratação mais bem-sucedidas da história da empresa. Se eu fosse um programador e visse um anúncio como esse, certamente pensaria: "Deve ser muito legal trabalhar num lugar assim; que ideia sensacional". E mais uma vez o exemplo se encaixa nas nossas três definições alternativas: é não convencional, gerou resultados que o mesmo dinheiro investido da forma clássica não geraria e é a união de ideias teoricamente díspares (um *outdoor* em linguagem de programação?). Se você quiser ver uma seleção com cinquenta campanhas nessa mesma área, tente https://jobmob.co.il/blog/creative-recruitment-advertising/ ou procure por "50 Most Creative Recruitment Ads in the World" no Pinterest.

Um caso vindo da área industrial me foi apresentado por Ivor Fazioni, presidente à época de um dos nossos clientes: a Westfalia Separator. Como parte de um processo na fábrica, um operário precisava fazer uma porca enorme correr por uma rosca de alguns metros com uma chave de boca. O trabalho era entediante e demorado. Mas o responsável por essa operação teve a perspicácia de perceber que o catavento do filho era a inspiração para acelerar a coisa. Observando o brinquedo enquanto o menino brincava no parque, criou algo diferente. Fixou algumas abas na porca que precisava deslizar pela rosca e com um secador jogou vento no mecanismo, fazendo a peça virar a uma velocidade dezenas de vezes maior do que no movimento manual. Inusitado, trazendo resultados incompatíveis com os recursos e lançando mão de ideias aparentemente díspares. Ou seja, criativo até a raiz.

E não só os processos-fins estão sujeitos a uma abordagem criativa. Os processos-meio são igualmente fontes potenciais de ação criativa. Conta-se que, há alguns anos, um dos problemas da empresa Bloomberg era o excesso de reuniões – e com uma duração que certamente comprometia a performance dos profissionais dessa organização. Foi então que Michael Bloomberg, presidente da empresa, primeiro percebeu a oportunidade de aumentar a produtividade da equipe, diminuindo o tempo das tais reuniões. Em seguida, agiu de forma criativa. Mandou aumentar a altura de todas as mesas de todas as salas de reuniões e tirou as cadeiras de cada uma delas. Dessa forma, as reuniões teriam que ser realizadas em pé. O resultado foi imediato: o tempo de cada encontro caiu dramaticamente, e até a quantidade de reuniões diminuiu. Incomum? Sim. Uma solução que consumiu recursos desproporcionalmente menores que seus benefícios? Idem. Conexão de duas ideias díspares (reunião e ficar em pé)? Bingo! Interessante notar que, ultimamente, com o crescimento das metodologias ágeis, muitos métodos de gestão sugerem a realização de reuniões em pé, por sua praticidade e objetividade. Não acredito que esses tipos de reuniões tenham sido influenciados por Bloomberg, mas evidenciam que o fundador da empresa – e depois prefeito de Nova York – estava certo.

Para encerrar a série de exemplos de uma forma mais divertida, recorro a um caso que arranca sorrisos – e às vezes gargalhadas – dos participantes dos nossos treinamentos. Um bar – dizem que foi na Alemanha – tinha um sério problema em manter seu banheiro limpo. Afinal, os homens alemães – vejam bem, só os alemães – costumam não ter uma pontaria muito sofisticada quando vão ao toalete. Principalmente nos bares. Então, o chão estava sempre molhado e sujo. O cheiro certamente não era dos mais agradáveis. Os proprietários já haviam tentado de tudo. Cartazes apelando para o bom senso dos clientes e outros até em tom mais duro. Não funcionou. Um faxineiro o tempo todo dentro do banheiro? Além de caro, era pouco efetivo, além de desumano com o trabalhador. Eis então que um dos sócios teve uma ideia: mandou um desenhista pintar uma mosca na parte de dentro do mictório. A certa distância é impossível perceber que se trata de um desenho. Parece mesmo haver uma mosca ali. O resultado? Banheiros limpos. Afinal, os homens sabem que poucas coisas são mais desafiadoras do que desgrudar um mosquito preso no mictório. Então, os clientes caprichavam o máximo que podiam na pontaria no inseto falso, e os derramamentos indesejados acabaram. Além de nos divertir, essa situação nos mostra que... ora, se é possível ser criativo na limpeza de banheiros, não é difícil imaginar que dá para ser criativo em qualquer outra área de uma organização.

CAPACIDADE DE CORRER RISCOS

Existem aqueles que acreditam que os grandes empreendedores são afeitos aos riscos. Gostam deles. Pouco provável. Exceto em situações extremas (algumas até patológicas), o ser humano evita os riscos sempre que possível. Ao máximo. Faz parte da nossa natureza. Está incrustado na nossa biologia. Isso não significa que não temos capacidade de tolerar o risco, alguns mais, outros menos. Existem pessoas que suportam de forma muito mais tranquila a exposição a um leque mais amplo de possibilidades positivas e negativas. E aquelas que conseguem se manter mais serenas nessas circunstâncias tendem a vestir o chapéu de empreendedor com mais naturalidade. Os outros precisam dedicar um esforço consciente nesse sentido. E podem conseguir. Com maior gasto de energia. Mas podem, sim, conseguir. Ou, então, precisam descobrir uma forma de articular seus talentos (padrões naturais de sentimento, pensamento e comportamento) para enfrentar este desafio importante para os empreendedores: a capacidade de correr riscos.

E o primeiro passo para entender essa competência é abordando o seu fundamento básico: o risco. O que é o risco? No contexto que estamos analisando, o risco diz respeito à probabilidade de sucesso ou insucesso de determinado empreendimento. À incerteza sobre se algo vai funcionar como o pretendido ou não.

> Quando percebemos uma oportunidade e criamos uma forma de aproveitá-la (as duas primeiras competências que vimos), podemos ser bem-sucedidos ou não.

Quando percebemos uma oportunidade e criamos uma forma de aproveitá-la (as duas primeiras competências que vimos), podemos ser bem-sucedidos ou não. E à medida que estamos lidando com o novo (tanto as oportunidades quanto a forma aproveitá-las), aumentamos a probabilidade de que as coisas não saiam de acordo com o pretendido. Tecnicamente, quando corremos um risco, o que estamos fazendo é ampliar a variância envolvida na situação. Ou seja, estamos nos sujeitando a uma probabilidade maior de ver nosso empreendimento dar errado para simultaneamente nos expor a uma probabilidade maior de vê-lo dar certo.

Nos abrimos à probabilidade de perda para usufruir da possibilidade de ter um ganho.

Correr riscos não significa se expor à possibilidade de fracasso sem ter um aumento compatível na probabilidade de sucesso. Isso não é correr risco. É estupidez. O problema é que o conceito leigo de risco nos atrapalha para entender o conceito técnico de risco. Então, se saímos caminhando sozinhos em uma vizinhança violenta e desconhecida na madrugada, dizemos de forma coloquial que estamos correndo um risco. Mas, na verdade, não estamos correndo um risco dentro da perspectiva do empreendedorismo. Estamos sendo estúpidos. Porém, se estivermos fazendo isso considerando a probabilidade de ganhar algo, aí, sim, podemos falar de risco dentro da perspectiva empresarial. Então, para efeito de ilustração, se soubermos que naquela vizinhança existe uma sacola cheia de dinheiro deixada no meio da rua para quem encontrar, e estivermos caminhando em busca dessa sacola, aí nos aproximamos do conceito de risco que queremos utilizar. Afinal, nesse caso, estaríamos nos expondo a uma probabilidade maior de perda (ser assaltados, agredidos ou até mortos) para nos expor a uma maior probabilidade de ganho (a sacola cheia de dinheiro). Sem a contrapartida, é só estupidez mesmo.

E quando dizemos que o risco é calculado, estamos nos referindo à consciência com relação ao equilíbrio entre a probabilidade de ganhar e o quanto podemos ganhar *versus* a probabilidade de perder e o quanto podemos perder. Então, no exemplo ilustrativo acima, o quanto o risco corrido é razoável depende do nível de violência da vizinhança em questão, da probabilidade de encontrar marginais, da quantidade de dinheiro na sacola e da probabilidade que acreditamos ter de encontrá-la. E é claro que isso não é uma questão objetiva: o quanto uma pessoa dá de valor à sua integridade física e à sua vida e o quanto essa mesma pessoa dá de valor ao dinheiro influenciam diretamente o equilíbrio dessa equação. Ou seja, na hora de calcular um risco, devemos considerar não apenas o impacto objetivo dos eventos possíveis, mas também a percepção de valor deles.

No mundo corporativo, a questão se repete exatamente da mesma forma. Quando avaliamos um projeto, levamos em conta exatamente essas mesmas variáveis. Consciente ou inconscientemente. Colocamos numa balança de dois pratos, de um lado, o quanto podemos ganhar no projeto caso as coisas venham a dar certo e a probabilidade de auferir esse ganho, e, do outro, quanto podemos perder com esse projeto se as coisas derem errado e a probabilidade de que isso aconteça. É claro que, apesar de haver a possibilidade de calcular isso, ninguém sabe o futuro, então a avaliação de probabilidade é, em grande medida, uma aposta.

Quando fazemos isso conscientemente, temos maior probabilidade de fazer uma avaliação melhor. No entanto, existem pessoas naturalmente muito boas em fazer essas estimativas instintivamente. O que não significa que, se elas passarem a fazer essas escolhas com mais consciência e intencionalidade, não venham a tomar decisões ainda melhores.

Importante enfatizar que, em alguma medida, essa capacidade de suportar o risco está ligada à natureza de cada um. Seja pela sua constituição genética, seja pelas experiências vividas, principalmente nos estágios iniciais da vida. Mas o ambiente e a cultura de cada organização podem funcionar no sentido de amplificar essa propensão, ou, ao contrário, inibi-la.

A professora de Harvard Amy Edmondson vem estudando esse tema há algum tempo e apresenta suas ideias no livro *A Organização sem Medo*. Segundo ela, é essencial que os colaboradores sintam o que chama de *segurança psicológica* para que possam manifestar sua melhor versão. Existem corporações em que a insegurança psicológica é extrema e qualquer deslize pode levar à demissão ou a uma repreensão severa, o que está constatado em estudo da Gallup sobre emoções no trabalho no ano de 2021. Nele 10% das pessoas se dizem desrespeitadas frequentemente por seus gestores. Note que, quando entendemos que o impacto que iremos receber se as coisas não derem certo é muito grande, aumentamos a percepção do lado negativo da equação de risco e diminuímos nosso apetite pelo novo.

Mas não são apenas as ações e pressões objetivas que inibem as pessoas. Existem riscos interpessoais. Quando nos sentimos ridicularizados por errar, ou perdemos espaço social por isso, nos fechamos para possibilidades em que exista risco. E, quando isso se incorpora à cultura de uma organização e essa percepção se generaliza, passamos a operar em um ambiente onde a capacidade de perceber oportunidades e a criatividade para gerar novas soluções se torna ausente.

A minimização do medo interpessoal é um ingrediente importante para o aprendizado e a criatividade. Quando ele está ausente, o desempenho das equipes e organizações passa a ser maximizado em um mundo intensivo em conhecimento. Esse clima em que as pessoas se sentem à vontade para se expressar e ser elas mesmas é o que a professora Edmondson chama de *segurança psicológica*.

Segundo ela, não basta contratar pessoas talentosas. As organizações têm que deixá-las usar seus talentos, e para isso eles têm que sentir segurança psicológica, esquecendo o medo de ferir sua imagem ou relações que os conduzem ao silêncio, ocultação de erros e soluções alternativas. E as vantagens são abundantes em diversos estudos que comprovam relação estatística entre segurança psicológica e aprendizado, engajamento e desempenho, além de ser moderador para erupção de outros efeitos colaterais positivos.

Infelizmente, porém, o mundo está cheio de histórias de líderes temperamentais que inibem a manifestação de pessoas que poderiam ter trazido *insights* para salvar empresas de desastres ou fracassos. Quando os liderados têm liberdade para falar e os líderes entendem as suas verdades como hipóteses transitórias, as chances de fracasso diminuem muito. Caso contrário, o comportamento antiético, o apetite excessivo por resultados ou o bloqueio de informações que fluiriam para o topo podem causar sérios danos.

Em lugares onde falta segurança psicológica, as pessoas sentem que simplesmente não são capazes de falar, resultando em catástrofes como a da Columbia (Nasa) 2003 ou a colisão de dois Boeings 747 nas Ilhas Canárias. A base dessa situação é a crença de que os que estão no topo são os melhores e não estão sujeitos a erros ou contestações, levando os subordinados ao silêncio ou a ser ignorados. Os casos do estrago de um *tsunami* em instalações atômicas em Kyoto e do assédio sexual/moral na Uber são exemplos desta última situação.

Por outro lado, algumas empresas construíram sucesso com base na segurança psicológica. Apesar de ser impossível eliminar o medo interpessoal, é possível trabalhar para minimizá-lo. A Pixar tem uma cultura de franqueza manifestada por meio do *Brain Trust* (uma espécie de revisão por pares) focado em cada novo filme. A Bridgewater tem uma política de transparência radical com, por exemplo, proibição total de falar mal por trás das pessoas. Eileen Fisher construiu uma empresa de sucesso com base na crença de que ela, como líder, precisava ter coragem de "Não saber" e "Perguntar". O Google X promove pessoas envolvidas em projetos Moonshots, como Foghorn. Na Barry Wehmiller, o jeito é tratar todo mundo de forma cuidadosa e compensar de forma justa.

OS QUATRO PAPÉIS 331

Outros exemplos de sucesso através da segurança psicológica são baseados em líderes genuínos: Capitão Chesley Sullenberger, no voo 1549 (aterrisagem no rio Hudson), Kent Thiry, no Da Vita Kidney Care, Cynthia Carrol, na Anglo American, Naohiro Masuda, em Fukushima. Em todos esses casos, houve uma comunicação clara, direta e sincera somada a um propósito convincente e um real incentivo à fala aberta, competências que devem ser promovidas e desenvolvidas pelos líderes. Se quiser conhecer melhor as histórias que cito neste e nos parágrafos anteriores, o livro da Amy Edmondson é uma boa opção. Além disso, uma pesquisa rápida na internet também vai trazer mais informações sobre cada uma delas.

No cerne de toda essa discussão está a pergunta: como a sua organização enxerga e trata o erro? Essa é uma questão fundamental para o sucesso no mundo contemporâneo. Precisamos nos dar conta de que no passado as empresas mais bem-sucedidas eram aquelas que erravam menos. Hoje o sucesso vem da capacidade de acertar mais. Ainda que isso implique errar mais, como um efeito colateral. Vejam o caso da Apple, uma das empresas mais proeminentes e valiosas da nossa era. Não é difícil fazer um levantamento de todos os seus lançamentos bem-sucedidos: iPod, iPhone, iPad, iCloud, Apple Watch e AirPod são alguns dos mais recentes que dão continuidade a uma história cheia de êxitos. Mas algo que talvez seja um pouco mais difícil de elencar – pelo menos sem pesquisar um pouco – são seus fracassos. Se você fizer isso, vai descobrir que a lista de debacle é igualmente longa: Apple III, Pippin, QuickTake, Hockey Puck Mouse, Newton, Elisa, iCube, Macintosh TV, entre muitos

> Precisamos nos dar conta de que no passado as empresas mais bem-sucedidas eram aquelas que erravam menos. Hoje o sucesso vem da capacidade de acertar mais.

outros. E os sucessos não vieram a despeito dos fracassos: muitos deles vieram baseados em aprendizados que emergiram dos fracassos.

Em um mundo com tamanha complexidade e com produtos tão disruptivos, é muito difícil afirmar o que vai decolar ou não – mesmo com pesquisas sofisticadas. Muitas vezes, o melhor teste é o embate com o mercado. Estar aberto à possibilidade de errar e ter coragem para suportar o desconforto e as críticas decorrentes é fundamental para competir no mundo contemporâneo.

E não apenas a Apple nos inspira nesse sentido. A sua rival histórica, Microsoft, também nos ensina. No livro *Aperte o F5*, Satya Nadela, CEO da empresa, nos conta sobre a importância que o pouco exitoso Bing teve na virada de chave organizacional que reverteu o marasmo da empresa e a levou outra vez para o topo do mercado de ações. Segundo ele, os erros acumulados trouxeram conhecimento para a retomada.

Algo importante para entender o papel dos erros nas organizações é perceber que existem erros de naturezas distintas. Os erros morais devem receber um tratamento bastante rigoroso. As empresas precisam ser implacáveis nessa área para não correrem o risco de estabelecer uma cultura moralmente questionável. Afinal, ninguém imagina que seja razoável exaltar um profissional desonesto. "Parabéns, querido, roubando de novo!" seria patético e uma forma certeira para a destruição de qualquer organização.

Por outro lado, o erro que nasce da tentativa genuína de acertar e baseado em uma atitude comprometida deve ser tratado de forma positiva. Quando isso acontece, a mensagem enviada para o colaborador que cometeu o erro é: "Queremos que você continue buscando formas melhores de fazer o que fazemos por aqui". E é claro que um líder pode e deve dar um *feedback* corretivo relativo aos erros, mas a forma como o *feedback* é dado faz toda a diferença.

Quando o líder exalta uma tentativa genuína frustrada e depois aborda as lições decorrentes da falha junto com o liderado, o estímulo à criatividade e à inovação estão lá. E a preocupação em aprender com o erro e evitá-lo no futuro, também. Nesse sentido, a melhor abordagem não é dizer para o liderado o que ele deveria fazer, mas ajudá-lo a pensar no assunto e tirar as próprias conclusões. O que é extremamente poderoso. Muito mais do que adotar uma postura de dono da verdade. Depois de constatar que um erro aconteceu, uma pergunta muito simples pode ser extremamente poderosa nesse sentido: o que você faria diferente se pudesse voltar ao começo da situação?

Para ilustrar a situação e relaxar um pouco com uma história, quero compartilhar com você uma situação – real – que chegou ao meu conhecimento. Num hotel de alto nível em São Paulo, um mensageiro estava observando o movimento no *lobby*, quando notou um hóspede saindo esbaforido do elevador. Com a roupa e o cabelo desalinhados, carregando várias malas, esse senhor se dirigiu ao balcão e disparou: "Por favor, rápido, perdi a hora e se não correr muito vou perder meu voo. Me ajude". A recepcionista agilizou todo o processo e o hóspede saiu rapidamente, carregando sua bagagem em direção ao ponto de táxi. O jovem mensageiro observou sua caminhada e acompanhou com os olhos sua entrada no carro. Quando se voltou novamente para a recepção, notou que o hóspede, com toda a afobação, havia deixado sua pasta de trabalho apoiada do balcão. Imediatamente correu e a agarrou, saindo em direção ao ponto de táxi. Mas já era tarde: o motorista tinha acabado de partir. Num impulso bem-intencionado, entrou no táxi de trás e disse aquilo que todos aqueles que viram filmes policiais clássicos gostariam de dizer um dia: "Siga aquele táxi". E, depois de algum tempo em uma perseguição, conseguiu parar o veículo em que estava o hóspede. Entregou a pasta e recebeu uma chuva de agradecimentos e ovações. Feliz da vida, o garoto voltou para o hotel e foi até o gerente relatar o fato e perguntar como remunerar o taxista que o conduzira pela aventura para a satisfação do cliente. É claro que esse não era o procedimento oficial do hotel de lidar com essa situação. Então, do ponto de vista objetivo, foi um erro. E o gerente, insensível à iniciativa bem-intencionada do colaborador, tratou a situação da pior forma possível. Deu-lhe uma bronca e disse que descontaria o valor do seu salário. Agora, imagine se esse funcionário tomou qualquer iniciativa dali para a frente. Obviamente, não.

Estou querendo dizer que o gerente deveria ignorar a situação? Não. Mas deveria agir de forma diferente. Primeiro, parabenizando o jovem pela iniciativa e pela boa intenção de ajudar o cliente. Depois, poderia constatar que o mensageiro incorreu num custo indevido e pensar junto com ele quais seriam as alternativas. "A sua iniciativa e o desejo de ajudar o cliente são as competências que queremos nos nossos colaboradores por aqui. Parabéns pela atitude! Agora, considerando que tivemos um custo e que esse não é o nosso procedimento, de que outras formas você poderia ter resolvido a situação?" Além de estimular o colaborador a tomar iniciativas semelhantes no futuro, o gerente estaria agindo como um verdadeiro líder, ensinando o liderado a pensar e estimulando o seu desenvolvimento na competência "tomada de decisão".

Além dos diferentes tipos de erros (morais x operacionais bem-intencionados), existem ainda níveis diferentes de proficiência ao lidar com os erros. Vamos a eles:

- O primeiro degrau nessa escada, e altamente indesejável, é cometer o erro e nem perceber que o cometeu. Numa tentativa de ser simpático, você conta uma piada deselegante ou politicamente incorreta para o cliente, que acaba se afastando e deixa de comprar de você, e você nem se dá conta de qual foi a causa.

- Um nível ainda elementar nessa jornada é simplesmente cometer o erro, percebendo-o, pagando o preço por tê-lo feito e ponto final. Você faz um *post* controvertido na rede social, recebe reações negativas, perde seguidores da sua empresa e fica chateado com a situação.

- Um terceiro patamar se configura quando, além de perceber o erro, você se desculpa com aqueles que foram prejudicados e faz o possível para reparar o erro e compensar os envolvidos. Você presta um serviço com uma qualidade deficiente, percebe isso, admite o erro, se desculpa e refaz o serviço sem custos para o cliente.

- Um quarto passo nessa caminhada é aprender com o erro, entendendo a relação de causa e consequência entre suas ações e os resultados negativos e se dispondo a ficar atento para não o cometer novamente. Você usa os serviços de um fornecedor e depois descobre que outro faria a mesma coisa com a mesma qualidade (ou até melhor) muito mais barato. Mentalmente, você faz a ligação: "no meu afã por ser ágil (causa), acabei sendo apressado e pagando mais caro (consequência). Da próxima vez, preciso me lembrar de fazer pelo menos três orçamentos". Isso já é bastante razoável, mas, se você está numa organização, pode ir além.

- Num grau mais sofisticando na sua relação com o erro, a ideia é encontrar uma forma de garantir que outras pessoas na empresa saibam do erro cometido, de forma que eles também possam usufruir do aprendizado. Democratizar qualquer aprendizado, mas principalmente aqueles que nascem dos erros, pode se configurar num grande diferencial corporativo. Aqui é necessária uma qualidade humana adicional: humildade. A tranquilidade para errar e, como diz Brené Brown no título do livro, ter *A Coragem de Ser Imperfeito*. Mas é importante dizer que essa é uma qualidade que é muito mais facilmente colocada em prática quando a cultura favorece. Em uma *Organização sem Medo* (título do livro de Amy Edmondson), as pessoas têm muito mais tranquilidade para fazer isso. Então, puxando o gancho do exemplo do tópico anterior, você vai além e conta para os colegas que pagou mais caro do que deveria pelo serviço do fornecedor em questão e enfatiza que eles devem evitar isso.

- O nível mais alto nessa escala vem com a incorporação dos procedimentos que evitam o erro nos processos da empresa. Ainda usando o exemplo dos dois últimos tópicos, além de compartilhar seu erro, você cria um processo para garantir que todas as compras relevantes da empresa só aconteçam depois da realização de três orçamentos. Um cuidado aqui, e algo que meu sócio e irmão Yan me lembra sempre, é não criar processos para todos os erros que acontecem, independentemente da frequência e impacto dele. Foi um momento iluminador quando, depois de cometermos um erro na Ynner, eu disse para ele: "Bom, não tem problema. Mas isso não pode acontecer novamente. Vamos formalizar um processo para garantir que isso não se repita". E ele sabiamente me perguntou: "Considerando que em vinte anos esse problema só aconteceu uma vez e que o preço a pagar não é tão alto assim, será que vale a pena formalizar um processo para isso? Será que se criarmos processos para cada erro desse tipo não estaremos caminhando para criar uma empresa burocrática e lenta?". Sábias perguntas. Então, na hora de avaliar a necessidade de criar processos para evitar erros, devemos considerar duas variáveis: a probabilidade de o erro acontecer novamente, caso não haja um processo para evitá-lo, e o impacto que o erro traz.

Essa questão dos erros é tão relevante que, nos últimos anos, estampou a capa de duas edições da *Harvard Business Review*: abril de 2011 e maio de 2016. Para quem quiser ampliar as perspectivas, sugiro a leitura dos artigos em referência. Continuam atuais no momento em que escrevo estas linhas e tenho certeza de que assim continuarão por um bom tempo.

Para encerrar esta reflexão, vale a pena pensar sobre a diferença do significado entre correr riscos na esfera organizacional e na esfera de um profissional na carreira gerencial. A forma como um empresário ou uma empresa correm riscos é bastante evidente. Ela investe determinada quantidade de recursos, apostando em uma relação de causa e consequência específica. Se sua aposta estiver certa, ela colhe os frutos na forma de lucro. Se estiver errada, ela amarga os prejuízos relativos. Mas e uma executiva? O que significa correr risco para ela? Ela não diz para a empresa "acredito tanto nesse projeto que quero colocar meu salário nele". Então, como é correr riscos como alguém que está na carreira executiva? A pista para responder a essa pergunta está num dos livros pioneiros na ampla divulgação do conceito de empreendedorismo intracorporativo: *Intrapreneuring,* de Gifford Pinchot III. Logo no primeiro capítulo, ele estabelece os Dez Mandamentos do Intraempreendedor. E sou francamente apaixonado pelo primeiro mandamento: "Vá para o trabalho a cada dia disposto a ser demitido". Sensacional! Além

> Na hora de avaliar a necessidade de criar processos para evitar erros, devemos considerar duas variáveis: a probabilidade de o erro acontecer novamente, caso não haja um processo para evitá-lo, e o impacto que o erro traz.

338 O EMPREENDEDOR

de carregar nas tintas de uma das qualidades humanas que mais admiro (a coragem), tal mandamento deixa claro que um profissional deve agir eticamente com relação à sua empresa, sempre buscando defender aquilo que ele considera a coisa certa a fazer, e não aquilo que o proteja dos riscos ou que agrade superiores. Um intraempreendedor deve se expor, se for necessário, em busca de realizar aquilo que ele faria se fosse dono da empresa. Sempre com educação e respeito. Mas com firmeza e assertividade.

E, nesse sentido, me sinto confortável para dizer que, observando as situações que vivi e presenciei no mundo corporativo nesses mais de trinta anos, os profissionais que se comportam dessa forma passam a ser tão respeitados e relevantes para as empresas que dificilmente são, realmente, demitidos. Note que eu disse *dificilmente*. E não *nunca*. Afinal, se alguém coloca a carreira em risco, um dia pode realmente ter problemas. Mas aí minha longa experiência corporativa me ensinou algo mais e que depõe a favor do intraempreendedor. Essas pessoas que pensam em primeiro lugar na empresa e que fazem o que deve ser feito, não se eximindo de suas responsabilidades, são tão admiradas por fornecedores, colegas e clientes que, no dia em que são dispensadas, têm uma fila de pretendentes abrindo portas para elas. Ao contrário, aqueles que passam o tempo se escondendo pelos rincões corporativos, fugindo dos riscos e tentando não ser notados para se perpetuar mornamente na empresa, quando são percebidos e dispensados, não têm a quem recorrer na busca de apoio.

PLANEJAMENTO

Essa competência inaugura a fase convergente do processo empreendedor. Aquela em que os sonhos caminham para se transformar em realidade – totalmente em linha com uma das definições possíveis de empreendedor: um sonhador que realiza.

Você percebeu a oportunidade e criou uma forma inédita de explorá-la. Uma forma que vai trazer resultados incompatíveis com os recursos. Unindo ideias aparentemente díspares. Está munido de sua coragem empreendedora, pronto para correr riscos calculados de forma arrojada, mas responsável. Tudo isso é divergência. Ampliação. Tudo ainda está na esfera abstrata. É preciso dar concretude a tudo isso. E o primeiro passo é planejar a rota até a materialização da ideia. E é aí que a mística por trás da palavra *planejamento* pode atrapalhar tudo. Existem muitas definições para planejamento; no imaginário profissional, trata-se de um exercício meticuloso e complexo. E realmente pode ser. Mas não necessariamente. A definição que proponho termos em mente e exercitar aqui é: "Planejar é pensar antes de fazer". Simples assim. Para pequenos projetos e iniciativas, o pensamento pode ser uma breve reflexão antes de começar a execução. Em grandes projetos, pode passar pela definição de escopo, desenho da estrutura analítica e estruturação de um diagrama de rede. Com maior ou menor profundidade, um empreendedor deve responder a sete perguntas antes de executar: o que vou fazer? Por que vou fazer? Quando vou começar e terminar? Como vou implementar? Quem vai participar? Onde vou fazer? E quanto vou despender de recursos? Por exemplo, num pequeno projeto, o "quando" pode ser somente uma data de início e uma data de final. Num grande empreendimento, será um cronograma detalhado e talvez um gráfico de Gantt. Mas no final estamos falando de pensar antes de começar a fazer.

Vale a pena enfatizar que as metodologias ágeis de gestão de projetos apontam no sentido de pensar o mínimo possível antes de começar a realizar. Se no passado recente as boas práticas pregavam a necessidade de pensar profundamente em todas as alternativas e planejar meticulosamente todos os passos do começo ao fim, numa abordagem de cascata muito estruturada, atualmente, e cada vez mais, as recomendações apontam no sentido de planejar, executar, errar, aprender com os erros, corrigir a rota e replanejar um novo ciclo curto.

Até mesmo o PMI (Project Management Institute), que tinha uma tradicional metodologia bastante estruturada, com uma fase de planejamento muito robusta, se rendeu às metodologias ágeis e lançou uma versão de seu clássico *Guia PMBOK* que traz elementos com essa perspectiva.

Quando um empreendedor intracorporativo dedica tempo suficientemente adequado ao planejamento, ele colhe um benefício adicional, além daqueles que decorrem naturalmente desse processo. Ele ganha fluência e segurança para defendê-lo diante de instâncias superiores da organização. Dificilmente um intraempreendedor tem autonomia e recursos para colocar seus planos em prática sem o aval de líderes em posições hierárquicas superiores. Na medida em que tem um plano consistente, o executivo consegue defender, argumentar e mostrar a viabilidade econômica e financeira do projeto.

EXECUÇÃO

No livro *The Age of Agile*, Stephen Denning enfatiza que o modelo tradicional de gestão separa pensar e fazer, enquanto, em sua essência, o paradigma ágil preconiza que essas duas coisas devem acontecer simultaneamente, em um processo iterativo.

Então, talvez este tópico devesse ter sido escrito juntamente com o anterior, e não como um item separado. Afinal, como acabei de citar, cada vez mais planejamento e execução estão unidos intimamente. Pensar e fazer devem estar cada vez mais ligados em ciclos curtos e intercalados. E um profissional que queira agir como empreendedor num mundo nervoso como este em que vivemos deve saber fazê-los cada vez mais próximos.

De qualquer forma, essas ainda são entidades diferentes. Certamente, você conhece muitas pessoas ótimas em planejar e ruins em executar. E vice-versa. E um intraempreendedor é alguém que não só tem capacidade de conceber, mas também que faz acontecer. Às vezes, colocando a mão na massa e realizando tarefas que, teoricamente, estão fora do seu escopo de trabalho. Afinal, muitos novos projetos não têm o apoio que deveriam dentro da organização, o que significa que aquele que está comprometido com seu sucesso deve se sujeitar a realizar tarefas menos nobres do que aquelas ligadas ao nome escrito no seu cartão de visitas.

O já citado Gifford Pinchot, no livro *Intrapreneuring*, propõe uma reflexão interessante que fala alto com relação à dualidade pensamento e execução. Ele pergunta ao leitor qual o maior desafio que ele tem em sua área na empresa: se são problemas para os quais ele não conhece a solução ou desafios para os quais ele tem resposta, mas que não são executados como deveriam. Se você já viveu um dia no mundo corporativo, sabe a resposta. Um gestor, na maior parte das vezes, sabe o que sua equipe deveria fazer. Mas as coisas não acontecem como poderiam. Isso é o que Jeffrey Pfeffer e Robert Sutton chamam de *The Knowing-Doing Gap* (a lacuna entre saber e fazer), expressão que dá nome ao livro deles e que traduz um desafio corporativo cotidiano: fazer acontecer aquilo que se sabe que deve acontecer.

Nem sempre, entretanto, o líder deve botar a mão na massa. Muitas vezes, ele deve ser um agente catalisador da ação. E, segundo Larry Bossidy e Ram Charan, autores do clássico livro *Execução*, uma das formas de exercer essa catálise é através da capacidade de fazer as perguntas difíceis. Confrontando de uma forma elegante, mas enfática, aqueles que têm a responsabilidade de fazer acontecer. Ou seja, através do questionamento sistemático, o intraempreendedor gera a tensão necessária para que as coisas aconteçam.

Para finalizar, faço referência a um tema que já foi discutido quando abordamos o papel de gestor e que está intimamente ligado com a capacidade de execução de projetos de mudança: priorização. Devemos lembrar que bons executores não são aqueles que fazem tudo que se espera deles, mas aqueles que têm a capacidade de priorizar, entendendo a diferença entre o que é importante e urgente e sabendo equilibrar as duas dimensões de forma saudável e produtiva.

PERSISTÊNCIA

Um dos empresários mais dinâmicos que conheço é meu irmão Igor. Conhecido pelo apelido de "Federal", no mundo do pôquer, ele foi dos primeiros brasileiros a jogar Texas Holdem profissionalmente em alto nível em torneios de envergadura mundial, fundou um conglomerado de empresas ligadas a esse esporte da mente e viabilizou a associação brasileira e depois latino-americana da área, da qual é o líder no momento em que escrevo este livro. E uma vez ele me disse algo marcante: "Iniciativa é realmente uma qualidade fundamental para um empreendedor, mas o que faz realmente a diferença é a 'acabativa'". Lançando mão desse neologismo, ele traduziu aquilo que marca os grandes promotores de mudança: a capacidade de continuar batalhando até atingir os seus objetivos. Ele sabe bem o que é isso. Sua jornada para que a sociedade brasileira e as instituições entendessem que o pôquer é regido, predominantemente, pela competência, e que a sorte é um fator presente, mas complementar, ele sofreu muitos reveses, mas nunca deixou de acreditar e se dedicar. Até o dia em que conseguiu. Hoje o pôquer é considerado oficialmente um esporte da mente, e sua prática amadora e profissional, encarada legalmente como tal. Foram anos e anos de batalha, em que, mesmo munido de estudos de instituições respeitadas, tais como Harvard, Universidade de Tel Aviv e Unicamp, sofria resistência de pessoas que não acreditavam na ciência e não queriam enxergar o óbvio.

O que ele me disse e que reflete muitas experiências empresariais bem-sucedidas é que começar também é difícil. Mas persistir até que a coisa realmente aconteça é ainda mais desafiador. Analise as experiências de sua vida privada e você vai ver a verdade contida nessa reflexão do Igor. Começar uma dieta é desafiador, mas persistir até você atingir seus objetivos é muito mais complicado. Entrar num curso para aprender a tocar um instrumento necessita de motivação, mas realmente aprender a tocá-lo no nível que você gostaria exige elevar essa motivação a uma potência algumas vezes maior. Começar a jogar um esporte exige certa disciplina, mas jogá-lo em um nível que o satisfaça exige ainda mais. Entrar na escola de inglês exige iniciativa, mas falar inglês com certa fluência demanda o que estamos chamando aqui de *acabativa*.

No filme que cito como metáfora para as competências empreendedoras algumas páginas atrás, o elemento que representa a persistência é o amigo do protagonista que demonstra impaciência enquanto as coisas não acontecem e deixa clara a sua descrença no projeto em curso. É sempre assim: para cada Lippy neste mundo existe um bando de Hardys. Se você nasceu até a década de 1980, sabe do que estou falando. Se você é mais jovem, faça uma busca na internet. Vai encontrar vários vídeos de um leão otimista sempre querendo fazer algo (Lippy) e seu amigo hiena sempre encontrando formas de desacreditar no projeto. "Oh, céus! Oh, vida! Oh, azar" era o chavão usado pelo *cartoon* toda vez que alguma ideia vinha para a tela.

Vídeos e *cartoons* representam essa situação porque ela está realmente presente no mundo. Sempre que um, com espírito empreendedor, se propõe a fazer algo relevante rumo a mares não dantes navegados, muitos outros estarão prontos para jogar uma âncora: "Isso não vai dar certo", "Já tentamos isso por aqui e não funcionou", ou ainda mais vago e cabal: "Você está louco". Pior são aqueles que, em uma postura passivo-agressiva, fingem entrar no jogo para sabotar as boas ideias agindo contra pelas costas.

Para lidar com essa situação, é preciso persistência, principalmente se o projeto for disruptivo, pois nesses casos a resistência dos opositores se torna ainda mais intensa. E muitas vezes essa tal resistência é um bom sinal de que o empreendedor está propondo algo com o potencial real para fazer a diferença. No livro *Marketing Contra-intuitivo* (sic), Kevin Clancy diz que, se você tiver um projeto genial e ninguém rir dele, é grande a chance de que ele não seja tão genial assim. Afinal, as ideias que mudam o mundo (ainda que seja o seu mundo ou o mundo ao seu redor) soam tão absurdas num primeiro impacto que passam a ser risíveis mesmo.

Essas reflexões me fazem lembrar uma palestra a que assisti do Ozires Silva. Antes de ser ministro da Infraestrutura e das Comunicações no Brasil, ele foi presidente e cofundador da Embraer. Nesse evento, que aconteceu na Câmara Americana de

Comércio, doutor Ozires contou detalhadamente a epopeia para criar essa que se transformou numa das maiores empresas da indústria aeroespacial no mundo. Não vou mergulhar tão fundo quanto ele no tema, pois esse não é o objetivo do livro, mas posso garantir que, diante do número de obstáculos, opositores e reveses que ele relatou em sua palestra, a maioria das pessoas teria desistido. Afinal, imagine você se, num país com "síndrome de vira-latas", querer fazer decolar (trocadilho inevitável) uma organização baseada em tecnologia tão sofisticada não seria no mínimo desafiador. As descrenças e os descrentes eram muitos. Ao final da palestra, no momento das perguntas, um dos participantes se levantou e derramou elogios sobre ele: "Doutor Ozires, antes de fazer minha pergunta, eu gostaria de lhe agradecer pela iniciativa de ter criado a Embraer no nosso país". Em seguida, fez sua pergunta, que o ex-ministro, gentilmente, respondeu. Logo após, eu, impulsionado pelos Temas de Talento Ativação e Comunicação, que a Gallup diz que tenho, também quis fazer minha pergunta e, parodiando o colega anterior, falei: "Doutor Ozires, antes de fazer minha pergunta, eu gostaria de lhe agradecer pela *acabativa* no empreendimento da Embraer. Imagino quanto tenha sido difícil iniciar esse projeto, mas não consigo nem imaginar de onde o senhor tirou tanta força para levá-lo a cabo". O sorriso dele contou em uma fração de segundo a história das dificuldades que tinha narrado durante a palestra.

Nessa jornada rumo à persistência, todavia, é importante ter cuidado para não a confundir com teimosia. E, para provocar os participantes dos nossos treinamentos da Ynner na área de empreendedorismo e intraempreendedorismo, sempre pergunto: qual a diferença entre essas duas características humanas? Tomo a liberdade de provocar também você, leitor: o que difere um persistente de um teimoso? Pense um pouco antes de continuar a leitura.

Já ouvi muitas respostas, e com base nelas e em minhas reflexões proponho a seguinte abordagem: uma pessoa persistente é aquela que insiste nas suas ideias enquanto acredita verdadeiramente nelas, mesmo que a maioria – ou todos os outros – não acredite mais. Já uma pessoa teimosa é aquela que continua apostando em suas ideias iniciais quando ninguém mais acredita nelas, nem mesmo a própria pessoa. Geralmente, ela faz isso por vaidade ou medo de parecer fraca. "Agora que eu já disse, não posso voltar atrás" – é o que passa pela cabeça desse infeliz, ainda que de forma não totalmente consciente.

REFERÊNCIAS BIBLIOGRÁFICAS

CAPÍTULO 1

BERTALANFFY, Ludwig von. **Teoria geral dos sistemas**. Petrópolis: Vozes, 2014.

CHARAN, Ram et al. **Pipeline de liderança**. Rio de Janeiro: Sextante, 2018.

CLIFTON, Donald et al. **Descubra seus pontos fortes**. Rio de Janeiro: Sextante, 2019.

COLLINS, Jim. **Good to great**. [s.l.]: Harper Collins, 2011.

COLLINS, Jim. **How the mighty fall**. [s.l.]: CLBusiness, 2011.

DRUCKER, Peter. **Management challenges for the 21th century**. [s.l.]: Harper Collins, 2009.

DRUCKER, Peter. **The essential Drucker**. [s.l.]: Harper Collins, 2009.

DRUCKER, Peter. **The practice of management**. [s.l.]: Harper Business, 2010.

ENGAJAMENTO, Motivação e Comprometimento (Kindle).

FALCONI, Vicente. **Gerenciamento pelas diretrizes**. [s.l.]: Falconi, 2013.

FERNANDES, Márcio. **Felicidade dá lucro**. São Paulo: Portfolio Penguin, 2015.

GARDNER, Howard. **Estruturas da mente**. [s.l.]: Penso, 1994.

HERSEY, Paul; BLANCHARD, Kenneth. **Psicologia para administradores**. São Paulo: EPU, 1992.

KOTTER, John. **Liderando mudanças**. Rio de Janeiro: AltaBooks, 2017.

LI, Charlene. **Liderança aberta**. São Paulo: Évora, 2010.

MACUR, Juliet. **Circuito de mentiras**. Rio de Janeiro: Intrínseca, 2014.

MINTZBERG, Henry. **Managing**. [s.l.]: FT, 2013.

MISCHEL, Walter. **The marshmallow test**. [s.l.]: Little, Brown Spark, 2014.

PINCHOT III, Gifford. **Intrapreneuring**. (Kindle)

PORTER, Michael. **Estratégia competitiva**. São Paulo: GEN Atlas, 2005.

PORTER, Michael. **Vantagem competitiva**. São Paulo: GEN Atlas, 1989.

ROBBINS, Stephen. **Comportamento organizacional**. São Paulo: Pearson, 2020.

WEBER, Max. **Ensaios de sociologia**. Rio de Janeiro: GEN LTC, 1999.

CAPÍTULO 2

ARIELY, Dan. **Positivamente irracional**. Rio de Janeiro: Sextante, 2020

BOULTER, Nick; DALZIER, Murry; HILL, Jackie. **Achieving the perfect fit**. Londres: Taylor and Francis, 1998.

CHARAN, Ram et al. **Pipeline de liderança**. Rio de Janeiro: Sextante, 2018.

CIALDINI, Robert. **As armas da persuasão**. Rio de Janeiro: Sextante, 2012.

CLIFTON, Donald et al. **Descubra seus pontos fortes**. Rio de Janeiro: Sextante, 2019.

CSIKSZENTMIHALYI, Mihaly. **Flow**. São Paulo: Objetiva, 2020.

DECI, Edward et al. **Why we do what we do**. [s.l.]: Penguin, 1996.

DRUCKER, Peter. **The essential Drucker**. [s.l.]: Harper Collins, 2009.

ERICSSON, Anders. **Direto ao ponto**. São Paulo: Gutenberg, 2017.

FERRY, Korn. **For your improvement**. (Kindle)

FRANKL, Viktor E. **Em busca de sentido**. Petrópolis: Vozes, 1991.

GRENNY, Joseph; PATERSON, Kerry; MAXFIELD, David; MC-MILLAN, Ron; SWITZLER, Al. **Influencer**. New York: McGraw Hill, 2013.

GYATSO, Geshe Kelsang. **The new meditation handbook**. [s.l.]: Tharpa, 2013.

KHANEMAN, Daniel. **Rápido e devagar**. São Paulo: Objetiva, 2012.

KOTTER, John. **Liderando mudanças**. Rio de Janeiro: AltaBooks, 2017.

MAQUIAVEL, Nicolau. **O príncipe**. Barueri: Novo Século, 2018.

MCGONIGAL, Kelly. **The willpower instinct**. [s.l.]: Avery, 2013.

MCGONIGAL, Kelly. **The upside of stress**. [s.l.]: Avery, 2015.

MISCHEL, Walter. **The marshmallow test**. [s.l.]: Little, Brown Spark, 2014.

MOTTA, Daniel. **A liderança essencial**. São Paulo: Virgiliae, 2014.

NONAKA, Ikujiro; TAKEUCHI, Hirotaka. **Criação de conhecimento na empresa**. Porto Alegre: Bookman, 2018.

NONAKA, Ikujiro; TAKEUCHI, Hirotaka. **Gestão do conhecimento**. Rio de Janeiro: Elsevier, 1997.

OLIVEIRA, Djalma de Pinho Rebouças de. **História da administração**. São Paulo: Atlas, 2012.

REFERÊNCIAS BIBLIOGRÁFICAS

SPENCER, Lyle; SPENCER, Signe. **Competence at work.** Hoboken: Wiley, 2008.

STONE, Douglas; PATTON; Bruce; HEEN, Sheila. **Conversas difíceis.** Rio de Janeiro: Sextante, 2021.

STONE, Florence. **Coaching, counseling & mentoring.** [s.l.]: Amacom, 2018.

WAGNER, Rodd; HARTER, James. **Os 12 elementos da gestão de excelência.** Rio de Janeiro: Sextante, 2019.

WEBER, Max. **Ensaios de sociologia.** Rio de Janeiro: GEN LTC, 1999.

CAPÍTULO 3

CBOK ABPMP. Business Process Management. (Publicação independente, 2021)

DRUCKER, Peter. **The essential Drucker.** [s.l.]: Harper Collins, 2009.

EDMONDSON, Amy. **A organização sem medo.** Rio de Janeiro: AltaBooks, 2020.

KHANEMAN, Daniel. **Rápido e devagar.** São Paulo: Objetiva, 2012.

MALONE, Michael S.; ISMAIL, Salim et al. **Organizações exponenciais.** Rio de Janeiro: AltaBooks, 2019.

CAPÍTULO 4

BOHM, David. **Diálogo.** São Paulo: Palas Athena, 2008.

CBOK ABPMP. Business Process Management. (Publicação independente, 2021)

CHRISTENSEN, Clayton. **O dilema da inovação**. São Paulo: M; Books, 2008.

COVEY, Stephen. **Os 7 hábitos das pessoas altamente eficazes**. Rio de Janeiro: Best Seller, 2017.

DUHIGG, Charles. **O poder do hábito**. São Paulo: Objetiva, 2012.

GRANT, Adam. **Dar e receber**. Rio de Janeiro: Sextante, 2014.

GRENNY, Joseph; PATERSON, Kerry; MAXFIELD, David; MC-MILLAN, Ron; SWITZLER, Al. **Influencer**. New York: McGraw Hill, 2013.

HIATT, Jeffrey M. **ADKAR**. [s.l.]: Prosci Research, 2006.

KAUFMAN, Fredy. **Metamanagement**. Rio de Janeiro: Elsevier, 2004.

KHANEMAN, Daniel. **Rápido e devagar**. São Paulo: Objetiva, 2012.

MINAI, A. A.; BAR-YAM, Y. (Eds.) **Unifying themes in complex systems**. V. IIIB, Proceedings of the third international conference on complex systems, Spri nger. Berlin, Heidelberg, New York: s/d.

OPERÁRIOS dizem que paredes de concreto e um pilar foram derrubados na reforma de prédio que desabou no Rio. Dispponível em: https://noticias.uol.com.br/cotidiano/ultimas--noticias/2012/04/03/operarios-dizem-que-paredes-de-concreto-e-um-pilar-foram-derrubados-na-reforma-de-predio-que-desabou-no-rio.htm.

OSTERWALDER, Alex; BERNARDA, Greg et al. **Value proposition design**. Rio de Janeiro: AltaBooks, 2019.

OSTERWALDER, Alexander; PIGNEUR, Yves et al. **Business model generation**. Rio de Janeiro: AltaBooks, 2011.

PORTER, Michael. **Vantagem competitiva**. São Paulo: GEN Atlas, 1989.

TALEB, Nassim. **Iludidos pelo acaso**. São Paulo: Objetiva, 2019.

THALER, Richard. **Nudge**. São Paulo: Objetiva, 2019.

CAPÍTULO 5

BOSSIDY, Larry; CHARAN, Ram. **Execução**. Rio de Janeiro Alta-Books, 2019.

BROWN, Brené. **A coragem de ser imperfeito**. Rio de Janeiro: Sextante, 2016.

CLANCY, Kevin. **Marketing contra-intuitivo**. Rio de Janeiro: Campus, 2002.

COLLINS, Jim. **How the mighty fall**. [s.l.]: CLBusiness, 2011.

COSTA, Antônio. **Ser empresário**. [s.l.]: Versal, 2004.

DENNING, Stephen. **The age of agile**. [s.l.]: AMACOM, 2018.

DOMINGOS, Carlos. **Oportunidades disfarçadas**. Rio de Janeiro: Sextante, 2009.

EDMONDSON, Amy. **A organização sem medo**. Rio de Janeiro: AltaBooks, 2020.

FALCONI, Vicente. **Gerenciamento da rotina de trabalho**. [s.l.]: INDG, 2013.

GERSTNER, Lou. **Quem disse que os elefantes não dançam**. Rio de Janeiro: Campus, 2003.

GOSHAL, Sumantra; TANURE, Betania. **Estratégia e gestão empresarial**. Rio de Janeiro: Elsevier, 2004.

GOUVEIA, Valdiney et al. **Valores humanos e gestão**. [s.l.]: [s.n.]. s/d.

MALONE, Michael S.; ISMAIL, Salim et al. **Organizações exponenciais**. Rio de Janeiro: AltaBooks, 2019.

NADELA, Satya. **Aperte o F5**. São Paulo: Benvirá, 2018.

PFEFFER, Jeffrey; SUTTON, Robert. **The knowing-doing gap**. [s.l.]: Harvard Business School Press, 1999.

PINCHOT III, Gifford. **Intrapreneuring**. (Kindle)

PMI. **Guia PMBOK**. [s.l.]: PMI, 2021.

ROGERS, David. **Transformação digital**. São Paulo: Autêntica, 2017.

SCHMETTERER, Bob. **O salto**. [s.l.]: Cultrix, 2003.

SOBRE O AUTOR

Yuri Trafane formou-se em Gestão Mercadológica pela ESPM após haver estudado Química na Unicamp. Aperfeiçoou-se através de dois MBAs, sendo um pela USP e outro pela FGV, seguido de um Pós-MBA pela FIA e uma Especialização em Gestão por Competências. Sobre o sólido embasamento conceitual, construiu experiência profissional em empresas reconhecidas, tais como Johnson & Johnson, Unilever, Parmalat, Bauducco e Grupo Abril. Atualmente dirige a Ynner Treinamentos, empresa de treinamento e desenvolvimento, na qual tem atuado como consultor de diversas empresas de grande representatividade no universo empresarial, tais como 3M, Avery Dennison, Bayer, Bosch, BTG, Ceratti, Coca-Cola, Eaton, EY, FMC, Galderma, Hypera Pharma, IBM, iFood, Ipsos, LG, Mary Kay, Movile, Natura, Nestlé, Nivea, Novartis, Pão de Açúcar, Pirelli, Sanofi, Walmart e Westrock, entre dezenas de outras. É professor de gestão, estratégia e marketing em cursos universitários e de MBA e *coach* certificado pela Association for Talent Development, nos Estados Unidos, com especialização em Strength Based Coach pela Gallup/USA. Foi fundador e presidente do Comitê de Empreendedorismo da Câmara Americana de Comércio em Campinas e membro do Conselho dessa mesma entidade. É autor dos livros *Os Quatro Papéis* e *A Venda com Corpo, Mente e Alma*, além de colaborador dos livros *Liderança Empresarial* e *Os Desafios da Liderança*.

SOBRE A YNNER

A Ynner é a empresa de treinamento e desenvolvimento fundada por Yuri Trafane há mais de vinte anos e liderada por ele e seu sócio e irmão Yan Trafane. Sua missão é "Apoiar as pessoas e organizações para que possam desenvolver as competências que as permitam ser as melhores versões delas mesmas, de forma que possam atingir seus objetivos, ser prósperas e plenas". A Ynner faz isso lançando mão de metodologias que tenham alta aplicabilidade e consistência conceitual, e que sejam estimulantes, desafiadoras e prazerosas. A Ynner chama tal metodologia de "Corpo, Mente e Alma."

A Ynner atua em quatro grandes áreas através de unidades de negócio:

Áreas:

- Competências Gerenciais.
- Competências Humanas (ou Soft Skills).
- Competências Técnicas (ou Hard Skills).
- Competências em Marketing e Vendas.

Unidades de Negócio:

- Treinamentos Presenciais.
- Treinamentos Virtuais (síncronos e assíncronos).
- Coaching & Mentoring.
- Games e Abordagens Lúdicas.

A Ynner tem ainda o grande privilégio e honra de representar oficialmente a Gallup no Brasil, ministra a certificação internacional em *coaching* Gallup Global Strengths Coach e o curso de liderança global da Gallup Leading High Performance Teams, entre outras atividades decorrentes da parceria.

Para saber mais, visite o site da Ynner: www.ynner.com.br, onde você vai encontrar ainda uma conexão via WhatsApp e a página de contato www.ynner.com.br/contato.

Conheça o treinamento on-line deste livro e ganhe 10% de desconto em qualquer curso da Ynner Success Academy, a nossa plataforma de treinamentos on-line, usando o cupom **#CITADEL10**

Livros para mudar o mundo. O seu mundo.

Para conhecer os nossos próximos lançamentose títulos disponíveis, acesse:

🌐 www.**citadel**.com.br

f /**citadeleditora**

📷 @**citadeleditora**

🐦 @**citadeleditora**

▶ Citadel – Grupo Editorial

Para mais informações ou dúvidas sobre a obra, entre em contato conosco por e-mail:

✉ contato@**citadel**.com.br